DECEPTIV CALMA

AF117202

PALMETTO
PUBLISHING
Charleston, SC
www.PalmettoPublishing.com

DECEPTIV CALMA
Copyright © 2024 por Patricia Skipper
Traductora (de inglés a español): Deniz Saygi

Todos los derechos reservados

Este libro o cualquier parte del mismo no puede ser reproducido o utilizado de ninguna manera sin el permiso expreso y por escrito del editor, excepto ISBN.

Primera edición

Rústica ISBN: 978-1-68515-314-4
eBook ISBN: 978-1-68515-315-1

DECEPTIV CALMA

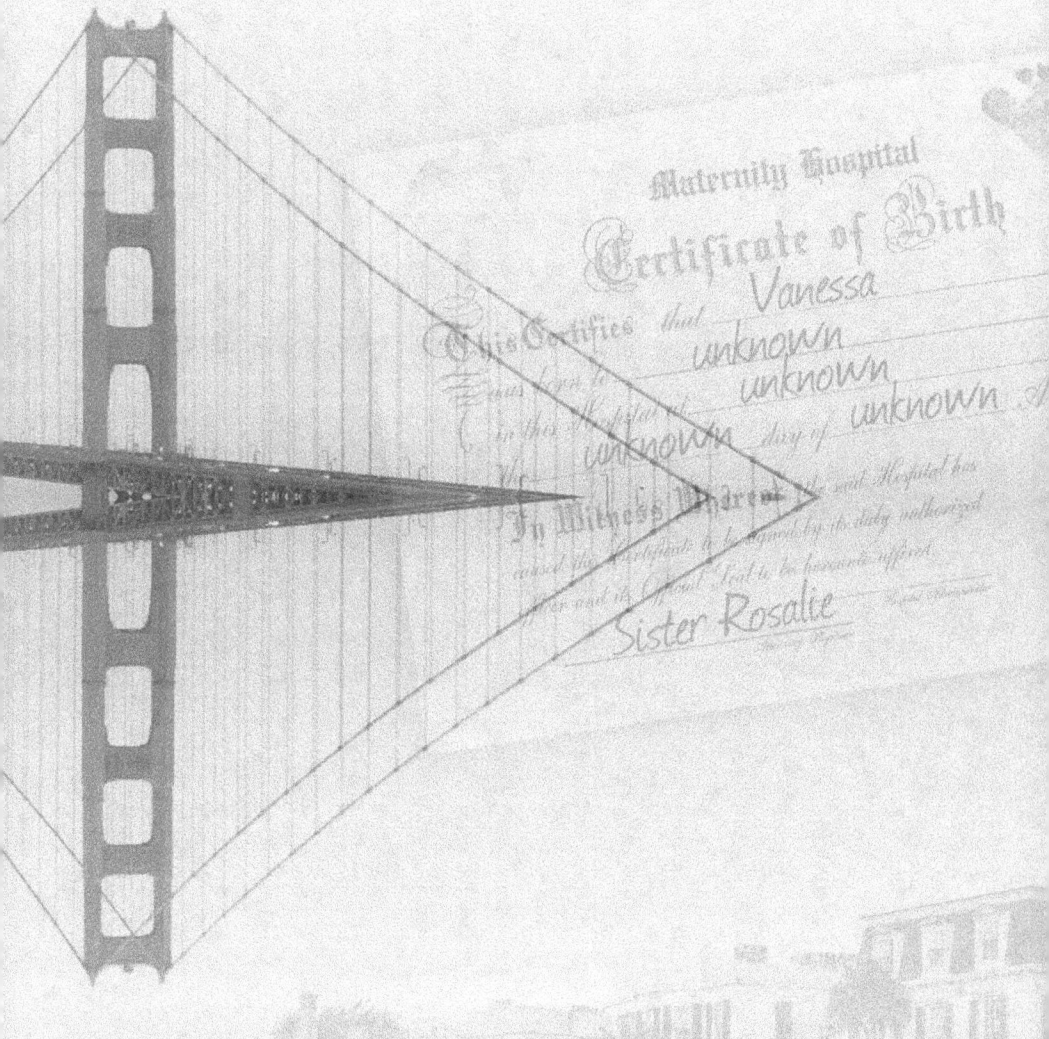

PATRICIA SKIPPER

TABLA DE CONTENIDO

CAPÍTULO UNA	1
CAPÍTULO DOS	19
CAPÍTULO TRES	29
CAPÍTULO CUARTO	43
CAPÍTULO CINCO	73
CAPÍTULO SEIS	87
CAPÍTULO SIETE	93
CAPÍTULO OCHO	101
CAPÍTULO NOVENO	111
CAPÍTULO DIEZ	121

CAPÍTULO ONCE   131

CAPÍTULO DOCE   143

CAPÍTULO TRECE   157

CAPÍTULO CATORCE   165

CAPÍTULO QUINCE   175

CAPÍTULO DIECISÉIS   187

CAPÍTULO DIECISIETE   195

CAPÍTULO DIECIOCHO   209

CAPÍTULO DIECINUEVE   225

CAPÍTULO VEINTE   245

CAPÍTULO VEINTIUNO   257

CAPÍTULO VEINTIDÓS   267

CAPÍTULO VEINTITRÉS   279

NOTAS DE LA TRADUCTORA   303

CAPÍTULO UNA

North Charleston, SC 1968

Los delfines mulares surcaron los aires y chapotearon bajo el agua de la marisma del condado de Low, desdichadamente calurosa. Si el día deparaba algún presagio, la humedad hacía tiempo que los había ahogado. El ruido de los frenos hizo que el antiguo autobús se detuviera chirriando a través del pantano. Trisha subió, sorprendida al comprobar que la temperatura dentro del autobús era superior a la del exterior.

El conductor de dieciocho años pisó el freno y se levantó. "Escuchad, bichos raros", gritó Gordy para llamar la atención de sus compañeros adolescentes de la escuela parroquial, que estaban sofocados por el calor de Carolina con sus chaquetas de lana verde. "Martin Luther King pidió un permiso para desfilar por el centro de Charleston y se lo denegaron. El gobernador de Carolina del Sur ha declarado la ley marcial y ha ordenado movilizar a la Guardia Nacional. El padre Kelly quiere que todos los negros se sienten en los asientos del medio. Que ningún negro se siente junto a las ventanillas. ¿Entendido, perdedores?", preguntó con sarcasmo mientras agarraba el maltrecho picaporte y cerraba la oxidada puerta.

El destartalado autobús salió del barrio de blancos y pobre de Trisha, a las afueras del astillero naval. Minutos después, llegaron a las decadentes viviendas sociales y un grupo de negros subió a bordo. Tras abandonar el gueto de color, el autobús bordeó el río Ashley. En la orilla del río había una magnífica casa con columnas que recordaban a una plantación sureña. Cuando el autobús se detuvo, Barry Hale, alto y apuesto, de piel color carbón, subió los escalones de un salto.

"Lo mejor de la mañana", Barry inclinó su gorrita verde mientras le brillaban los ojos castaños oscuros.

"¡No te sientes cerca de la ventana!" exclamó Trisha. "¿Por qué?" Los preciosos y efervescentes ojos de Barry brillaron.

"Esperan que los palurdos salgan con toda su fuerza hoy". "¿En serio, por qué?" Barry parecía desconcertado.

"Supongo que los responsables municipales no se tomaron muy bien que Martin Luther King Jr. apoyara a los basureros de Memphis, y aquello se convirtió en un motín", explicó Trisha.

"A ver si lo he entendido bien: mides como mucho 1,70 y ¿vas a salvarme?".

"La forma en que Gordy conduce, atropellará a esos tipos. ¿Qué te parece ese plan?" "Hablas como la hija de un verdadero marine". Barry miró por la ventanilla cuando Gordy se saltó un semáforo en rojo, y sonaron bocinas en todas direcciones.

El autobús se detuvo frente al Orfanato de San Pablo, dirigido por las Hermanas de Nuestra Señora de la Misericordia, exclusivamente para niños de color. Una adolescente, Vanessa Condon, que nunca había sido adoptada, había pasado toda su vida en esa institución. Era impresionantemente hermosa y poseía una gracia poco común que ninguna de sus compañeras podía igualar. Cuando Vanessa subió a bordo, la siguió la hermana Rosalie, la única monja de color de la diócesis. La monja obesa dirigía el orfanato y había criado a Vanessa desde que la dejaron en Saint Paul siendo un bebé. La hermana Rosalie hablaba con un marcado acento charlestoniano y afirmaba que su familia llevaba doscientos años en Charleston. Le encantaba la historia de la ciudad y, como a la mayoría de los habitantes de Charleston, le gustaba tergiversar y retorcer la historia americana y vivía en un pasado especial. Era la clásica historiadora de Charleston, con su propia versión de los acontecimientos de hace cientos de años. Aunque de color, su lealtad a su amada Charleston era incondicional. La voz de la hermana Rosalie retumbó. "¿Puedo tener la atención de las bellas damas del Sur y sus caballeros, por favor?" Las palabras salían de sus gruesos labios como miel, mientras el sudor caía por su cara. Todo el mundo la escuchaba porque era una gran narradora con un sentido del humor único, a diferencia de las otras monjas, que carecían de humor.

"Bueno, declaro que, por la seguridad de los pasajeros, considero no tomar este autobús. Dios santo, ¿te imaginas darles a esos crackers un blanco tan grande?"

Se rió mientras su hábito volaba hacia atrás. "El padre Kelly se ha puesto nervioso hoy. Le digo la verdad cuando digo que ese irlandés ha estado demasiado tiempo al sol jugando al golf. Nuestro calor algodonero ha hecho que ese hombre olvide la historia de nuestra gran ciudad". Tomando su manga, se la pasó por el frente antes de continuar con su empalagoso acento sureño. "Cielo santo, Betsey Ross, ¿cuántos de los hijos nativos de Charleston firmaron la Declaración de Independencia de Estados Unidos en 1776?".

"¡Cuatro!", gritaron los alumnos.

"¿Y quién fue el presidente del Primer Congreso Continental?" "Henry Middleton de Charleston durante cuatro días", gritaron los adolescentes. "¿Y qué firmó su hijo Arthur Middleton?"

"La Declaración de Independencia", gritaron al unísono.

"¿Quién fue la persona más joven en firmar la Declaración de Independencia?". "¡Edward Rutledge, de veintiséis años, de Charleston!".

"Con esta brillantez, damas y caballeros, este autobús se dirige a las universidades de toda esta gran tierra. Todos estamos destinados a la universidad, ¿verdad, amigos? ¿A quién se enfrentaron estos Charlestonianos sin sábanas sobre sus cabezas?"

Las risitas resonaron sobre su marcado acento rural. "Rey Jorge III de Inglaterra", rugieron los adolescentes.

"¿Quién echó a su Ejército Real de Carolina del Sur para su eventual derrota en Virginia?"

"Francis Marion de Charleston, el Zorro del Pantano". "¿Adónde van todos en este autobús?"

"¡Ivy League!"

"Ahora, si todos ven a un cobarde inculto en una sábana, ¿qué van a hacer?"

"¡Agáchate!" gritó todo el mundo.

"Que Dios nos acompañe", bramó la monja regordeta mientras se persignaba y bajaba a trompicones las escaleras del autobús. Con su voz potente y asombrosamente profesional, cantó: "Gente, preparaos. Viene un tren. No necesitáis equipaje; subid a bordo. Todo lo que necesitas es fe para oír el zumbido de los motores. No necesitas billete. Sólo tienes que dar gracias al Señor".

Se rió mientras su hábito volaba hacia atrás. "El padre Kelly se ha puesto nervioso hoy. Le digo la verdad cuando digo que ese irlandés ha estado demasiado tiempo al sol jugando al golf. Nuestro calor algodonero ha hecho que ese hombre olvide la historia de nuestra gran ciudad". Tomando su manga, se la pasó por la frente antes de continuar con su empalagoso acento sureño. "Cielo santo, Betsey Ross, ¿cuántos de los hijos nativos de Charleston firmaron la Declaración de Independencia de Estados Unidos en 1776?".

"¡Cuatro!", gritaron los alumnos.

"¿Y quién fue el presidente del Primer Congreso Continental?" "Henry Middleton de Charleston durante cuatro días", gritaron los adolescentes. "¿Y qué firmó su hijo Arthur Middleton?"

"La Declaración de Independencia", gritaron al unísono.

"¿Quién fue la persona más joven en firmar la Declaración de Independencia?". "¡Edward Rutledge, de veintiséis años, de Charleston!".

"Con esta brillantez, damas y caballeros, este autobús se dirige a las universidades de toda esta gran tierra. Todos estamos destinados a la universidad, ¿verdad, amigos? ¿A quién se enfrentaron estos Charlestonianos sin sábanas sobre sus cabezas?"

Las risitas resonaron sobre su marcado acento rural. "Rey Jorge III de Inglaterra", rugieron los adolescentes.

"¿Quién echó a su Ejército Real de Carolina del Sur para su eventual derrota en Virginia?"

"Francis Marion de Charleston, el Zorro del Pantano". "¿Adónde van todos en este autobús?"

"¡Ivy League!"

CAPÍTULO UNA

"Ahora, si todos ven a un cobarde inculto en una sábana, ¿qué van a hacer?"

"¡Agáchate!" gritó todo el mundo.

"Que Dios nos acompañe", bramó la monja regordeta mientras se persignaba y bajaba a trompicones las escaleras del autobús. Con su voz potente y asombrosamente profesional, cantó: "Gente, preparaos. Viene un tren. No necesitáis equipaje; subid a bordo. Todo lo que necesitas es fe para oír el zumbido de los motores. No necesitas billete. Sólo tienes que dar gracias al Señor".

Gordy agarró la manilla y cerró la puerta mientras su poderosa voz se desvanecía. Los negros estaban sentados en los asientos del medio mientras él avanzaba a toda velocidad por la carretera con la marcha equivocada.

Vanessa se sentó con su mejor amiga, Trisha, y le susurró: "¿Vas al baile?".

"No. Nadie me preguntó. ¿Por qué?"

Vanessa le tapó la boca con un dedo. "¡Cállate la boca! ¡Barry podría oírte! Quiero irme desesperadamente, pero no puedo", susurró la huérfana con decepción. "¡Sin ropa!"

"¡Aguanten sus caballos! ¿Recuerdas a mi hermana, el tendedero? Zapatos amarillos, vestido amarillo, zapatos rosas, vestido rosa. La única reina de la moda de Carolina del Sur. ¡Compró dos vestidos diferentes con su dinero de niñera y nunca la invitaron al baile de graduación! Su maldición me está pasando a mí, Srta. Sin Fecha. Mi madre estará encantada. Nunca ha dejado de quejarse de lo estúpida que fue mi hermana al comprarlos antes de que nadie le pidiera ir. Mantengamos contento a Barry para que siga diseccionando ranas para nosotros en biología".

"¡Qué asco!", chillaron las dos al unísono.

"Los llevaré a la escuela", se ofreció Trisha.

"Pero Barry los vería, y eso es mal yuyu".

"¿No otra vez con el juju, Vanessa?"

"La hermana Roe decía que los esclavos de África occidental, como su bisabuelo, usaban ciertos objetos a los que atribuían poderes sobrenaturales relacionados con la vida y la suerte. Sí, es un gran yuyu".

"Vale, Vanessa. Yo, por mi parte, no necesito un doble golpe de yuyu grande y malo". Gordy maldijo, y todos miraron hacia un coche parado mientras gritaba: "¡Mayday! ¡Mayday! ¡Klan a las tres en punto! May... Antes de que pudiera pronunciar el último "día" de "Mayday", una enorme roca se estrelló contra el parabrisas delantero, lanzando cristales rotos hacia él.

Al salir volando por la ventanilla del pasajero, un ladrillo golpeó la cabeza de Trisha mientras le llovían cristales y le corría la sangre por la cara. Un dolor agudo se disparó a través de su sien palpitante mientras la sangre roja fluía libremente hacia sus ojos, cegándola. El autobús se sacudió de un lado a otro mientras los miembros del Ku Klux Klan le lanzaban una lluvia de insultos.

Descendieron piedras, botellas, ladrillos y basura. Fuera, hombres cubiertos con sábanas blancas gritaban: "¡Escuchad, comepeces amantes de los negros! Entregad a vuestros negros ya". Con bates de béisbol, rompieron todas las ventanas en un feroz asalto.

La sangre cubrió su regazo. "¡Aplica presión para detener la hemorragia!" Barry gritó, mientras se quitaba la americana y la enrollaba. "¡Toma, usa esto, Vanessa!" Mientras se dirigía hacia el frente, el miembro del Ku Klux Klan había atravesado la puerta con un palo y trataba de abrirla haciendo palanca. Gordy se agarró a la manilla de la puerta mientras Barry saltaba al asiento del conductor. "Larguémonos de aquí. ¿Vamos, Gordy?"

"Atropella a estos hijos de puta". Gordy forcejeó con la manilla de la puerta, lanzando su flaco cuerpo contra ella mientras Barry aceleraba el viejo y decrépito motor y lo ponía en marcha.

Intentando un asalto frontal al autobús, la turba gritó: "¡Coged a ese negro!". "¡Os arrollaré!" Barry gritó furioso mientras embestía el coche aparcado delante y hacía volar por los aires a los hombres en sus sábanas blancas. Metiendo la marcha atrás, golpeó el vehículo aparcado detrás de ellos. Mientras un horrible ruido de chirrido salía de los engranajes, el autobús volvió a chocar contra el coche de delante, que avanzó hasta que se deslizó contra el siguiente y se detuvo por completo. Barry volvió a meter la marcha atrás y pisó el acelerador. Parecía libre por un instante, pero entonces los adolescentes salieron despedidos hacia atrás al chocar el autobús contra un poste telefónico.

La turba arrojó a Barry una antorcha encendida a través de la ventana delantera. "¡Te vas a freír, negro!", gritaron. "Vosotros también, comepeces amantes de los negros".

Trisha tenía una visión borrosa de la cara de su amiga cerca de la suya, mientras Vanessa luchaba por detener su profusa hemorragia. Las lágrimas rodaban por sus mejillas mientras susurraba en voz baja: "Vamos, Barry". Otra antorcha encendida cayó entre Barry y Gordy, pero los chicos negros saltaron a tiempo para apagarla. Tosiendo mientras el interior se llenaba de humos, los adolescentes apenas podían respirar, dominados por el humo. Los chicos consiguieron apagar el fuego bastante, lo cual es un logro teniendo en cuenta cómo el autobús seguía dando tumbos. Avanzando a sacudidas, Barry se deslizó rápidamente entre las marchas y cogió suficiente velocidad para embestir a los coches por última vez, demoliendo el lateral del Cadillac blanco de 1960.

Los miembros del Ku Klux Klan atormentaban a Barry mientras éste esquivaba los objetos que le lanzaban y mantenía la calma. Sorprendentemente, era como si hubiera entrenado para esto toda su vida. Cuando pisó el acelerador, Vanessa pudo oír el crujido del metal y los cristales al chocar con los coches.

"Vamos a matarte, negro loco".

"¡Palurdo, quítate esa sábana de la cabeza!" Gordy gritó.

Apretando más fuerte a Vanessa, Trisha podía oír sus sollozos y sentir los latidos de su corazón. "¡Oiga, chusma blanca!" gritó Vanessa sacando la cabeza por la ventanilla, pero un chico negro la volvió a sentar en el asiento. "Cuidado, Vanessa. Podrían tener pistolas, así que quédate dentro del autobús", advirtió mientras se quitaba la corbata y la enrollaba alrededor del pelo rubio cubierto de sangre de Trisha.

Barry se desvió hacia un camino de entrada y maniobró el autobús entre dos casas que daban al patio trasero de un bloque de viviendas. Aplastó un tendedero circular, ya que el poste se aplastó fácilmente cuando las cuerdas cargadas de ropa se deslizaron bajo las ruedas. Llegó hasta la siguiente calle y derribó dos grandes cubos de basura antes de entrar en la acera.

"¡Trisha se desmayó, Barry!"

gritó Vanessa, presa del pánico, mientras se aferraba a su amiga.

"Su sangre está por todas partes. Ve a un hospital rápido".

"¡Estamos en camino!" El tamaño de Barry de quince pies forzó el acelerador hasta el piso. "Para llegar al centro hay que volver a través del Klan o cruzar el río Ashley. Nos llevará demasiado tiempo", dijo Barry con calma. "Vamos al hospital de mi padre". "No podemos ir a un hospital de negros. A los blancos no se les permite ir allí", replicó Gordy.

"Mi padre es jefe de personal en el Hospital Cannon Street. Soy lo que llaman un paciente preferente allí, y allí es donde vamos. ¿Entendiste, Gordy?" "No puedes llevar a Whites allí", argumentó Gordy. "Su padre es un marine. Ve al Hospital Naval de Charleston. Está igual de cerca".

"No, no lo es, y yo conduzco", replicó Barry acaloradamente. "El tiempo extra podría significar la diferencia entre la vida y la muerte. Vamos a Cannon, y punto".

"Ya que estás en el asiento del conductor, supongo que iremos a Cannon. Pero si nos rechazan porque nuestra piel es blanca, te daré una paliza personalmente, Barry".

"¿De verdad crees que mi padre rechazaría un autobús escolar atacado por el Klan?"

Está bien, está bien, ¡tú ganas! Solo arrastra el trasero," Gordy cedió mientras su delgado cuerpo se sostenía.

"Además, probablemente necesites puntos. Espera a que mi padre te clave una aguja de medio metro en el brazo. Cuando termine, tal vez puedas bailar".

"Caray, Barry, eres un Nipsey Russell cualquiera. Perteneces a la diligencia, y el Klan tendrá una diligencia saliendo en un par de minutos". Gordy tosió mientras su esbelto cuerpo se aferraba al asa con todas sus fuerzas. Un silencio aterrador se apoderó de los adolescentes. Nadie dijo una palabra mientras la conmoción de la experiencia se apoderaba de todos. El viejo autobús retumbaba.

Cuando se acercaban al hospital, Barry gritó: "Llévate a Trisha. Iré a buscar a mi padre". El único hospital de color de Charleston, Cannon Street, era pequeño y sencillo, sin las grandes entradas de los hospitales blancos

CAPÍTULO UNA

locales. Las admisiones se hacían a través de una simple puerta doble. La pequeña Cruz Roja de la sala de urgencias colgaba sobre un muelle de carga que parecía la zona de expedición de una fábrica. Rodeados de un césped perfectamente cuidado, los adolescentes blancos sabían que Cannon Street era un hospital, pero su aspecto no les infundía confianza. La mera idea de ir a un hospital negro les resultaba aterradora y desconocida. Cuando Barry giró hacia la entrada, sus pasajeros salieron despedidos hacia delante al frenar bruscamente, y el espantoso olor a metal rozando metal llenó el aire. Los viejos y oxidados frenos detuvieron a duras penas el vetusto autobús a escasos centímetros del muelle de carga. Gordy abrió la puerta y Barry saltó, sin molestarse en usar los escalones. Corrió hacia el interior y agarró a la enfermera Bow. "Enfermera Bow, venga rápido. Nos han atacado".

Dos muchachos negros cargaron en Trisha mientras su sangre empapaba también sus uniformes. "Síganme, caballeros". La enfermera Bow los condujo a una sala de reconocimiento y corrió la cortina. "Colóquenla aquí y luego, por favor, váyanse inmediatamente", ordenó.

En lo alto, el sistema de buscapersonas resonaba por todo el hospital. "Doctor Davies, Doctor Hale, Urgencias, STAT. Doctor Davies, Doctor Hale, Urgencias, STAT."

"Barry, quiero a todos los que necesiten tratamiento médico en la sala de espera", ordenó la enfermera Bow. "El resto puede quedarse fuera en el césped. Ciertamente no necesito un circo de tres pistas aquí. Ahora, ¡cógelo! Aún no tienes la licencia médica". La enfermera comprobó rápidamente el pulso de Trisha y preparó el manguito de presión arterial.

El doctor Davies apareció y le palpó la carótida para tomarle el pulso. Tras abrirle los párpados para examinarle las pupilas, palpó con los dedos alrededor de la herida de la cabeza. "Hagamos presión en esa laceración del cuero cabelludo", le indicó. "¿Cuál es su presión?"

"Setenta sobre treinta".

"Está en shock. Ponle una vía. El salino es 05, medio normal, bien abierto. Prepara un goteo de dopamina. Quiero cinco unidades tecleadas y cruzadas".

"Lo más probable es que no tengamos tanta sangre, doctor", respondió la enfermera Bow. "Que el laboratorio se ponga al teléfono y busque un poco", ordenó. "Seguro que Saint Francis o Roper tienen alguna que nos puedan prestar. Pruebe la posición de Trendelenburg con ella. Tenemos que subirle la presión o no sobrevivirá".

Rápidamente, pusieron a su paciente con la cabeza hacia abajo y los pies hacia arriba para ayudar al flujo sanguíneo y evitar daños en el cerebro. Estos dos eran toda una pareja. La enfermera Bow, de metro setenta de estatura, apenas noventa kilos y unos cincuenta años, era de la vieja escuela; aún llevaba su vanidad de 1945 (el gorro de enfermera) y el uniforme blanco almidonado. En su época, los médicos eran dioses cuyas órdenes seguías y nunca cuestionabas. El doctor Davies, por el contrario, con sólo veintiocho años y dos de haber terminado la carrera de medicina, medía 1,90 m. Oriundo de Carolina del Sur, había estudiado en la Universidad de Harvard. Nacido en Carolina del Sur, había estudiado en la Universidad Howard de Washington, donde descubrió que lo mejor era abandonar el acento sureño. Ahora hablaba inglés sin dejar rastro de sus raíces sureñas. Entró en la sala de exploración contigua, donde el doctor Hale estaba suturando la mano de Gordy. "Teniendo en cuenta el traumatismo sufrido en el cráneo, probablemente tenga una fractura. ¿Por qué no me deja terminar aquí y va usted a mirar?".

"Muy bien". Le entregó la aguja a su colega. El doctor William Hale era muy respetado, incluso dentro de la estirada comunidad médica de Charleston. Médico condecorado en la Guerra de Corea, sirvió durante toda la contienda. Los médicos militares destinados en el Hospital Naval de Charleston le llamaban a consulta y le consideraban el mejor neurocirujano del estado.

"Entonces, ¿cuál es la historia aquí?" Doctor Davies preguntó.

"Parece que el Klan pensó que tenía diez pasajeros de más. Querían que les hiciera desembarcar cerca de su concentración de antorchas". Gordy hizo una mueca de dolor en el brazo.

CAPÍTULO UNA

"¿Qué has hecho?"

"Pánico, sobre todo. ¿Cuántos puntos más, doctor?"

"No estoy seguro; es un corte feo. ¿Cómo has salido de ahí?" El joven residente intentó que su paciente no pensara en la aguja.

"Al Klan no le gusta que la gente haga giros en U en sus mítines. Mientras yo intentaba mantener a raya a los neandertales, Barry se puso al volante y se llevó por delante cuatro coches". Cerrando los ojos, Gordy apretó los dientes. "Espera a que el padre Kelly vea el autobús. Parece Atlanta después del paso de Sherman. Estoy a punto de ser relevado del mando".

"Yo no estaría tan seguro de eso". El joven médico continuó con la sutura. "Estás herido y mereces un Corazón Púrpura. Tu mando está a salvo".

"¿Dónde estudiaste medicina?", preguntó Gordy, preocupado por sus credenciales.

"¡No lo hice! Siempre me ha gustado el costurero de mi madre, así que pensé, ¿qué demonios? Vendré aquí, pasaré el rato y veré si puedo coser a alguien".

"Le dije a Barry que no debíamos venir aquí". Gordy se mordió el labio.

"Déjame decirte algo, hijo. Si hubieras perdido el tiempo intentando rodear el río para llegar al centro, la joven que yace en la habitación de al lado probablemente estaría muerta ahora mismo". Un escalofrío apareció en su voz. "Hiciste lo correcto".

El doctor Hale entró por la puerta. "Es B positivo, y sólo tenemos una unidad".

"Por fin he encontrado una mujer que es mi tipo", bromeó el residente mientras cortaba la última sutura.

"Saca una pinta. Quizá te deje la noche libre".

"¡Vaya trato, jefe! Tú me sacas la sangre y yo me voy a casa a tumbarme en el sofá", bromeó el doctor Davies mientras se lavaba las manos. "Sólo que no tengo sofá".

"¿Puedes hacer eso?" Gordy preguntó incrédulo. "¿Puede darle sangre a Trisha?"

Ambos médicos de color se dieron la vuelta y respondieron al unísono: "¡Sí!". "¿Están seguros?" insistió Gordy.

"Hijo, ¿crees que alguien en este país que dona sangre sabe adónde va?". Contestó el doctor Hale mientras revisaba las suturas de su residente.

"No lo sé", respondió Gordy inexpresivamente.

"La sangre está tipificada y no tiene nada que ver con la raza". "Oh", murmuró Gordy.

"Bueno, ahora ya lo sabes todo sobre la sangre y de dónde viene. Realmente no existe la sangre negra", aconsejó el doctor Davies mientras se marchaba a darle su sangre a Trisha.

"Quiero que vuelvas la semana que viene y nos dejes quitarte los puntos". "Doctor Hale, tengo que ir al hospital naval. Mis padres no tienen dinero".

"Hijo, este servicio corre por cuenta de la casa, así que díselo a tus padres. Ya puedes bajar, y quiero que tomes una pastilla cada cuatro horas según necesites para el dolor".

"Muchas gracias, doctor Hale". Gordy deslizó sus piernas flacas fuera de la mesa de examen.

La enfermera Bow se acercó a la puerta. "Doctor Hale, hay ocho coches de policía fuera, y su sargento pide hablar con el jefe del personal médico". "Dígale que enseguida salgo, pero antes tengo que volver a ver a nuestro paciente de Neuro".

* * *

Fuera, los estudiantes se reunieron bajo un enorme magnolio para protegerse del ardiente sol de Carolina. Gordy anunció que Trisha estaba tan cerca de la muerte que estaba recibiendo sangre de un médico negro mientras mostraba orgulloso sus puntos de sutura a sus compañeros.

Apareció el doctor Hale. "Soy el jefe de personal aquí. ¿Quería verme?" "Aquí no puedes tratar a niños blancos, y lo sabes, chico", anunció secamente el sargento.

CAPÍTULO UNA

"¿Quería que los rechazara para que pudieran continuar su viaje al centro de Charleston? En mi opinión médica, el vehículo no estaba a la altura del viaje". El doctor Hale echó un vistazo al autobús quemado y sin ventanas, con el parachoques delantero colgando y toda la parte trasera y los laterales destrozados. Las abolladuras hechas por los murciélagos habían destruido la mayor parte de la pintura amarilla. Los cristales cubrían todo el suelo y la mayoría de los asientos; había sangre esparcida por todas partes. El suelo quemado tenía cenizas mezcladas con sangre donde había caído el soplete. El repulsivo olor del interior obligó a los policías a taparse la boca con pañuelos para investigar el feo espectáculo.

"Quiero que suelten inmediatamente a estos niños blancos y los llevemos a urgencias del hospital Roper", exigió el sargento de policía.

"Eso sería una completa pérdida de tiempo para el personal de urgencias del Roper, señor". El doctor Hale habló con calma, pues no quería desafiar a la policía ni siquiera aquí, en su propio terreno. "Sólo se trató a dos niños. El resto son libres de ir a la escuela si usted puede encontrar una manera de llevarlos allí. Sólo tengo un paciente que está en estado crítico y necesitará cirugía".

"No hay forma de que operes a un Blanco aquí, y lo sabes, chico".

"No puede ser movida hasta que sus signos vitales se estabilicen. Su tiempo estaría mejor empleado llevando a estos niños a la escuela y transportando esta monstruosidad de vuelta a su comisaría para las pruebas. Si la joven no sobrevive, tendrán un homicidio en sus manos".

"Quizá tengamos un homicidio entre manos porque su hijo la llevó al hospital equivocado, si es que a este lugar se le puede llamar así".

"Sargento, eso depende de la Junta Médica de Carolina del Sur". El doctor Hale intentó no perder los nervios. "Sólo ellos pueden revocar mi licencia, ya que no está dentro de la jurisdicción policial. Ahora, si disculpa a este 'chico', la joven necesita un neurocirujano. Parece que soy el único por aquí que tiene ese título. Que tenga un buen día". Su cuerpo alto y musculoso desapareció por la puerta.

Atónito, el sargento de policía no podía creer que un negro le hubiera hablado así. Se volvió hacia sus tropas. "Cárguenlos y lárguense de aquí. Quiero el mayor número posible de chicos en cada coche patrulla. Muévanse".

* * *

Un Ford de 1957 llegó rugiendo por el camino de entrada. La hermana Rosalie estaba al volante del viejo y tosco coche, el único que tenía el orfanato. La enorme monja salió del coche con su hábito blanco balanceándose. Al ver a Gordy sentado bajo el magnolio, intentó correr, pero tuvo que caminar. Estaba empapada y le corrían gotas de sudor por la cara. "Querida, ¿qué ha pasado en nombre del sasafrás?", bramó. " Cariño, enséñame la mano".

"Hermana, todos están bien excepto Trisha", dijo Gordy a la defensiva. "He oído a uno de los médicos y creen que Trisha podría no sobrevivir". Bruscamente, le soltó la mano y trotó hacia la sala de urgencias.

Tropezó al subir las escaleras y utilizó toda su fuerza para abrir la puerta. Al entrar, chocó con la pequeña enfermera. "Enfermera Bow, dígame, ¿cómo está Trisha?", soltó.

"Por piedad, cálmate ahora mismo. Los niños ya han sufrido bastante. No lo permitiré en este hospital. ¿Me entiende?" "Ten piedad de mi alma", dijo la hermana Rosalie sin aliento. "Los niños no deben alarmarse. Ya estoy bastante angustiada por todo el país bajo".

"Nada de pavonearse por aquí y causar histeria colectiva".

"Déjame ver al Doctor Hale, o voy a empezar a tirar mi peso".

La enfermera Bow se quitó el sombrero almidonado. "No, usted no". Sin mirar a su alrededor, supo que la monja la seguía. "¡Fuera, y fuera ahora!" "¡Señoras, señoras, señoras!" El Doctor Hale apareció y sonrió. "Necesito su ayuda."

"Doctor Hale, no diga más. ¿Qué puedo hacer?"

"Trisha Bibbs está en estado crítico, y necesito que orqueste la salida de estos niños de nuestras instalaciones. ¿Quieres a ese sargento de policía bufón a cargo de estos menores? Le doy mi bendición para que lo aplaste totalmente, como sólo usted puede hacerlo. ¡Apuesto por usted, hermana Rosalie! Por favor, no me decepcione".

"Doctor Hale, ha puesto sus billetes verdes en la mula correcta."

Mientras la monja corría hacia la puerta, la enfermera Bow exclamó: "Esa chiflada me pone de los nervios. Se da cuenta, doctor Hale, de que necesita unos sedantes importantes". "No creo que las empresas farmacéuticas hayan dado con uno tan potente todavía".

"Te advertí sobre enviar a Barry a una escuela católica".

La hermana Rosalie bajó los escalones justo cuando la policía cargaba a los estudiantes en sus coches patrulla. "¿Quién, en nombre del Papa Pío IX, manda aquí?", gritó. Ignorando por completo a la monja, el sargento se sentó en el asiento del conductor con las piernas colgando hacia los lados. Cuando se acercó, le exigió que dejara la radio de la policía. Todos los chicos contuvieron la respiración, pues sabían que no prestar toda la atención a la hermana Rosalie era mortal. "Le estoy hablando, señor. Espero que me escuche". Le quitó el auricular de la mano. "¡Está estallando una tormenta, pero esto todavía no es un estado policial! Estos niños ya están bastante traumatizados hoy como para que usted se los lleve en coches patrulla con mallas metálicas. Estoy más enfadado que una gallina mojada".

"¿Quién eres?", preguntó con cara de perplejidad.

"Papa Pío IX", ladró mientras los adolescentes se reían de un chiste que sólo un estudiante católico de instituto podía entender. Puede que los profesores de historia de Harvard no conozcan al Papa Pío IX.

"Me alegro de que todos los que comepeces tengáis ahora un Papa negro", dijo. "Escuchen a la cretina criatura frente a mí. Murió en 1878, así que seguramente yo no puedo ser él". Una vez que se había lanzado a la disertación, nada de lo que pudiera hacer el sargento la haría callar.

Claramente molesto, replicó: "Soy baptista y me importa un bledo un Papa muerto o el actual, ya que usted no lo es".

"La búsqueda de ayuda extranjera por parte de la Confederación fue ingeniosa", disertó. "Agentes sureños publicaron un periódico en Londres para solicitar simpatía confederada".

El sargento interrumpió con una mueca: "Caramba, no sabía que vosotros, los comepeces, estabais en el bando correcto de 'la Guerra de Agresión del Norte'. Mis hombres y yo nos sentiremos mucho mejor cuando os veamos pululando por el centro de Charleston, sabiendo que estabais en el bando correcto". Volviéndose a sus hombres, ordenó: "Cárguenlos y muévanse. Tenemos mejores cosas que hacer que andar por un hospital de negros con un pingüino negro".

"¡El papado nunca apoyó a la Confederación, nesciente! Tenéis que moverme y os garantizo que no podéis levantarme". Cruzó las manos sobre su inmenso pecho. "Os exijo que encontréis un autobús. Estos niños no han cometido ningún delito y no se les obligará a subir a los coches de policía".

"¿Dónde crees que voy a encontrar un autobús en pleno día?"

"Llama al alcalde y explícale cómo los mejores de azul de Charleston fueron incapaces de proteger a niños inocentes de camino al colegio. Amable señor, ni siquiera pueden proteger la estatua de la Virgen María frente a nuestra escuela. Cada semana, alguien le pone pescado podrido en las manos". La excéntrica monja señaló a los alumnos. "Niños, oigamos el aullido de Georgia".

Aullando, sus voces se unieron en un rugido, todo un alivio de tensión para unos niños que acababan de vivir el peor día de sus jóvenes vidas.

"¡Cállate, cállate!", gritó el sargento, pero nadie le hizo caso.

Explicó el significado del "aullido de Georgia" a los atónitos policías. "La ocupación de Atlanta por Sherman levantó la moral del Norte y ayudó a la reelección de Lincoln. Sherman marchó prácticamente sin oposición hacia el mar, arrasando a su paso para hacer 'aullar a Georgia'".

"Está bien, está bien, tú ganas, pingüino. Devuélveme mi radio y llamaré. Pero mis hombres y yo nos vamos. Tú eres responsable de ellos. ¿Entendido?"

"¡Bueno, que dios te bendiga! Si el arroyo no sube, eso servirá amablemente, señor".

Informando al despachador de que no inmovilizara los coches patrulla, el sargento ordenó que un autobús urbano se dirigiera a Charleston Heights para recoger a los estudiantes. Tras solicitar una grúa para el autobús escolar derribado, se marchó con su coche en cabeza mientras el polvo volaba por los aires. La hermana Rosalie se había enfrentado al Departamento de Policía de Charleston y había ganado. A nadie le sorprendió verla salirse con la suya. Normalmente lo hacía.

Levantó la cabeza cubierta de hábito y se echó a reír. "Vaya, William Tecumseh Sherman, dondequiera que estés, diría que hoy has oído el 'aullido de Georgia' desde Charleston".

Al no encontrar un autobús urbano disponible, el Departamento de Policía de Charleston envió una furgoneta que se utilizaba para transportar a los delincuentes a la cárcel. La hermana Rosalie puso el grito en el cielo, pero el conductor negro le dijo que o lo cogía o se iba andando al centro. Ella decidió hacer lo más conveniente y cogió el único transporte que le ofrecían. A pesar de las dos horas de espera para pasar de un coche patrulla a un furgón policial, pensó que sería menos traumático mantener a todos juntos.

CAPÍTULO DOS

Los padres de Trisha llegaron en coche y fueron recibidos por la enfermera Bow. "¿Podemos ver a nuestra hija?" Preguntó la Sra. Bibbs.

"Permítame que llame al doctor Hale. Prefiero que hable con él primero", respondió la enfermera. "Sé que bajará en un momento". Antes de que empezara a llamarle, el doctor Hale apareció con el doctor Davies.

"Mi nombre es Doctor Hale, y soy neurocirujano, precisamente lo que su hija necesita en este momento", dijo en un tono práctico. "Siéntense, por favor. Les indicó que entraran en el pequeño despacho. "Su hija ha sufrido un traumatismo craneoencefálico grave que le ha provocado una fractura de cráneo. El aumento de la presión intracraneal podría provocar parálisis. Ha perdido mucha sangre y tenemos que estabilizar sus constantes vitales. Una vez que hayamos logrado eso, me gustaría su permiso para operar".

"¿Qué tipo de operación?" La Sra. Bibbs preguntó tristemente con su marcado acento de Brooklyn.

"Se llama craneotomía", respondió el cirujano.

"¿Por qué necesita una operación?", preguntó al cirujano mientras su marido permanecía sentado en silencio.

"Trisha tiene un hematoma subdural, una hemorragia que presiona el cerebro. El golpe que se dio en la cabeza provocó un aumento de la presión intracraneal. Esta afección médica puede causar una presión creciente dentro del cráneo y lesionar el cerebro o la médula espinal a medida que la sangre se escapa del vaso y del tejido circundante. Debemos aliviar la presión en el cerebro, y necesito su permiso para operar. Va contra mi consejo médico trasladarla a otro centro".

Soy un sargento mayor retirado del Cuerpo de Marines. No tenemos dinero para pagarle. Tiene que trasladarla al hospital militar", dijo el señor Bibbs con autoridad en su acento sureño.

"Ya he llamado al capitán Long, jefe de personal del hospital naval, para que lo cubra. Le recomiendo que me deje operar", declaró, su preocupación con notable desapego.

El sargento Bibbs se acercó a él y le miró directamente a los ojos. "Nos conocimos en Corea, doctor Hale. Mi mejor amigo murió en su mesa de operaciones. No confío en usted".

"¿Es por el color de mi piel?"

"No, mis padres eran aparceros junto con todos los negros. He estado toda mi vida con negros. Recogí algodón junto a ellos. No hay diferencia entre ellos, tú y yo. Nunca olvidaré hasta el día de mi muerte que saliste a decirme que mi mejor amigo había muerto. Te diste la vuelta con frialdad y entraste en la tienda del oficial a cenar. Me dio asco. No creo que pueda dejar que lo hagas. No me importa el color de tu piel".

El doctor Hale miró al suelo. "Perdimos tantos hombres allí. Estaba totalmente entumecido. Sólo quería volver a casa con mi mujer. Estar desprovisto de emociones era la única forma de sobrevivir".

En ese momento apareció el capitán Long, jefe del Hospital Naval, y estrechó las manos de ambos. "He venido en cuanto he podido, sargento mayor", dijo. "Este es el mejor neurocirujano del estado. Su hija está en excelentes manos aquí, y tengo previsto enviar a nuestro cirujano de plantilla para que le ayude, ya que lo mejor para su hija es que permanezca aquí. Por favor, no se preocupe por el coste. Lo arreglaré. Sargento Bibbs, fui comandante del doctor Hale en Corea, y fue el mejor cirujano que tuve, sin excepción. En su mesa de operaciones, los chicos tenían una tasa de supervivencia tremendamente más alta. Es de lo mejor. Si fuera mi hija, él sería el que haría la craneotomía".

La señora Bibbs se enjugó las lágrimas. "Que un hombre de color salve a mi hija, y que esos salvajes sepan que lo hizo. ¿Cómo diablos sucedió esto?"

CAPÍTULO DOS

El doctor Davies interrumpió. "Su hija recibió un golpe directo de un viejo ladrillo Charleston. Lo tengo en una bolsa de plástico por si pueden sacar alguna huella".

"Dámelo. Haré que la policía militar busque huellas", ordenó el doctor Long.

"¿Cómo se alivia la presión?" Preguntó la Sra. Bibbs.

"Por favor, no se alarme, pero utilizamos un taladro", respondió titubeante el doctor Hale.

El doctor Long interrumpió: "Sargento mayor, es un procedimiento común para los traumatismos craneales. Suena mucho peor de lo que realmente es. Además, no tenemos elección. Si no lo hacemos, su hija quedará paralizada y puede morir. Haremos una incisión en el cráneo y bombearemos agua salada para romper el coágulo. Luego drenaremos la sangre a través de una manguera de goma".

"¿Un taladro?" El Sargento Bibbs dijo. "¿Qué pasa si lo arruinas y perforas demasiado profundo?" "He hecho este procedimiento miles de veces", respondió el doctor Hale. "Para un profano, suena extraño taladrar un agujero en el cráneo de alguien, pero salvará la vida de su hija. Señor, no tiene otra opción. La única decisión que debe tomar es a qué médico recurrir. Le pido que me deje ser su cirujano. Quiero que su hija se levante, salga de este hospital y siga con su vida, dondequiera que la lleve".

"¿Cuándo lo harás?" Preguntó la Sra. Bibbs.

"Mañana por la mañana después de que haya sido estabilizada durante la noche." "¿Y si la matas como a mi mejor amiga en Corea? No puedo creer que vayas a usar un taladro con ella. Yo uso un taladro para arreglar los aviones en los que trabajo en la base". Fijó los ojos en el médico. "Más te vale ser más preciso que un mecánico de aviones".

"Le prometo, sargento mayor, que tendrá tan buen aspecto como el día que la trajo a casa del hospital". El doctor Hale le puso una mano en el hombro para tranquilizarle. "Estará bien".

"Bueno, te sugiero que duermas bien porque tienes el trabajo", confirmó la señora Bibbs y miró a su marido por primera vez.

"Cariño, creo que deberíamos discutir esto en privado". El Sr. Bibbs hizo un gesto a su esposa.

"No tenemos nada que discutir. Que un hombre de color salve a mi niña y que esos bárbaros sepan que la salvó. No estoy de humor para más historias de guerra. Ahora déjame ver a mi niña", respondió con firmeza mientras se levantaba.

* * *

Los médicos recorrieron el pasillo con la pareja. Cerraron la puerta de la habitación de Trisha y estaban fuera del alcance del oído cuando el doctor Long advirtió a su colega: "Voy a enviar a David Cohen para que le ayude, si no le importa. Si hay algo que el Klan odia tanto como a los católicos y a los negros, es a los judíos. Así que mañana tendrás una trifecta completa: un judío y un negro operando a un católico romano. Será mejor que esperes que el Klan no tenga ninguna bomba de relojería planeada para tu hospital".

"Sólo puedo esperar que el Ku Klux Klan se hunda durante mi vida".

"Desde luego, tampoco es un legado que quiera dejar a mis nietos", contestó el doctor Long mientras subían las escaleras. "¿Oíste que Robert Kennedy anunció su candidatura a la nominación presidencial demócrata?". Se aflojó el cuello del uniforme.

"Sí, lo oí en la radio".

"¿Qué te parece?" Preguntó el doctor Long.

"Tiene una personalidad muy carismática. Estoy seguro de que será capaz de forjar una amplia coalición que incluya a los jóvenes, a los de mi raza, a los profesionales y a los obreros."

"Piensa que Lyndon Johnson se negó a elegir a Robert Kennedy como compañero de fórmula en 1964, y ahora los Kennedy deben gastar otra fortuna en una elección presidencial. Pero es mejor que un escaño en el Senado por Nueva York. ¿Te imaginas lo ingrato que debe ser ese trabajo?". El doctor Long se hundió en el sofá.

"¿No es Bobby un antiguo alumno de la Universidad de Virginia como usted?". El doctor Hale sonrió.

"Es licenciado en Derecho y lo ha hecho mejor que yo en nombre de la asociación de antiguos alumnos".

"En mi humilde opinión, usted tampoco lo está haciendo tan mal", comentó el doctor Hale mientras se sentaba detrás de su escritorio. "Además, dudo que Bobby pudiera llevar el Sur aunque tuviera a Robert E. Lee como compañero de fórmula. Como fiscal general, hizo hincapié en la aplicación de los derechos civiles hasta que la sangre corrió por las calles de Birmingham. El Sur nunca se lo perdonará".

El capitán Long se recostó en el sofá. "Francamente, me sorprende que el Ku Klux Klan sea tan audaz como para atacar a un inocente autobús lleno de niños parroquianos de camino a la escuela".

"¿Te imaginas cómo me siento? Mi hijo iba en ese autobús", dice apenado. "Esa niña está muy mal. Tiene suerte de que mi hijo viniera aquí en vez de intentar llegar al centro".

"También es muy afortunada de que usted sea su cirujano. Me aseguraré de que el Charleston 'Newsless' Courier publique que un cirujano negro le salvó la vida".

"Bueno, será mejor que esperes a que se vaya antes de que eso salga en los periódicos. Nuestra póliza de seguros en este lugar no es tan grande. "

"Sí, señor", dijo el capitán Long con un saludo simulado. "¿Va a votar por Bobby?"

El doctor Hale respondió inmediatamente: "Veamos si consigue la nominación primero".

"Sabes que soy un republicano acérrimo. Nunca entendí por qué tu gente abandonó el partido cuando se organizó en 1854 para oponerse a la esclavitud."

"He oído su discurso antes, capitán. ¡Lincoln liberó a mis abuelos! En Corea, lo tenía memorizado. El Partido Republicano tendrá al primer negro en la boleta nacional".

"¡Exactamente!"

El doctor Hale negó con la cabeza. "Es imposible que viva tanto". "Ya que no puedo convertirte al Partido Republicano, será mejor que vuelva a la base". El doctor Long se levantó y sonrió a su amigo mientras se daban la mano. "Buena suerte mañana. Voy a enviar a un cirujano excelente y a nuestro mejor anestesista para que me ayuden".

"Me pondré en contacto en cuanto termine", prometió el doctor Hale.

* * *

La Sra. Bibbs pasó la noche en el suelo junto a su hija. A la mañana siguiente, el personal preparó a Trisha para la operación y le afeitó toda la cabeza. Un anestesista naval le administró la anestesia. Después de la operación, tardaron tres días más en drenar completamente la sangre. Goteaba en un saco que le colgaba de la oreja. Los periódicos locales publicaron artículos sobre el incidente. El gobernador McNair prorrogó la ley marcial porque no quería que el estado sustituyera a Alabama y Mississippi en las noticias nacionales. Políticamente astuto, se las arregló durante esta época tumultuosa para mantener intacta la reputación de Carolina del Sur en materia de derechos civiles.

* * *

La hermana Rosalie pasaba cada momento de su vida molestando al doctor Hale, queriendo ver a Trisha; el simple hecho de que no fuera un miembro de la familia no le importaba. Ninguno de los dos bandos cedió durante el enfrentamiento de una monja rotunda contra un delgado cirujano de dos metros. El médico creía que estaba un poco tocada de la cabeza y que, en el mejor de los casos, era una excéntrica. Sin embargo, como de costumbre, se salió con la suya y fue la primera persona, aparte de los padres de Trisha, a la que dejaron entrar.

"Ahora, hermana Rosalie, la dejo entrar, pero le digo a la cara que no me fío de su falta de juicio", le dijo seriamente el doctor Hale. "No puede alterarla, y punto. Si le sube la tensión, tendrá que vérselas conmigo. ¿Entendido?"

"Doctor Hale, le aseguro que debe tener sangre yanqui. Es usted de lo más inhóspito". Sonriendo, la monja habló dulcemente en su más profundo acento sureño.

"Tienes tres minutos mientras la enfermera Bow está a tu lado". "¿Enfermera Bow? La enfermera Bow no tiene suficiente carne en los huesos para echar a un bicho Palmetto de cuidados intensivos". La monja pasó rozando a ambas y entró en la habitación. "Trisha, cariño, es la vieja hermana Roe", susurró suavemente. "Vanessa y yo hemos estado rezando y hablando de nadie más que de ti. Te queremos, cariño. Ahora, cariño, ya has perdido cinco días de clase. ¿Recuerdas toda la valiosa información que te ha enseñado la hermana Roe? Trisha, niña, cuéntame sobre Charles Town en 1776".

Abriendo los ojos lentamente, susurró débilmente: "Llamada así por el rey Carlos II, Charles Town convirtió a Carolina del Sur en la colonia más rica en vísperas de la Revolución Americana. La riqueza agregada de las propiedades inventariadas en Charles Town era más de seis veces la de Filadelfia". Su garganta áspera crujió mientras jadeaba y pedía un sorbo de agua.

"Buenos días, Hermana Rosalie." El Doctor Hale la agarró del brazo mientras se alejaba.

"Eres un coñazo, pero has hecho un trabajo soberbio con esta operación de cerebro". "¿Qué?" Trisha preguntó con incredulidad. "¿Cirugía cerebral? ¿Qué cirugía cerebral?" "Nunca tocamos su cerebro, hermana. ¿Nunca le cuentas a nadie esa información médica errónea?". Sacudió la cabeza y la apartó de la cama. "No importa, vieja Hermana Roe. Sólo está balbuceando. ¿Qué le escribió la superpotencia más poderosa de la tierra al conde británico de Dartmouth durante la Revolución Americana?".

"Charles Town es la fuente de la que mana toda la violencia. Deténganla, y toda la rebelión americana en esta parte del continente, confío, pronto llegará a su fin."

"Trisha, se va de aquí". El doctor Hale obligó a la monja a salir por la puerta.

"¡Quítame las manos de encima! Soy clériga, ¿sabe?". protestó la hermana Rosalie.

"Si tuviéramos un pabellón psiquiátrico, le pondría tu nombre a un ala". El doctor Hale la agarró firmemente del brazo mientras la acompañaba por el pasillo.

"Hermana", el Doctor Davies estaba al otro lado del pasillo. "¡Lástima que la Unión dejó entrar a Alabama, así que tenemos que aguantar a Roll Tide y a las malditas Águilas de Guerra!"

"¿Por qué, cariño, cuántos años tienes?", preguntó con su profundo acento. Tengo veinte años y no estoy casado. ¿Te interesa?", bromeó él. "Pues soy demasiado para ti, cariño". Ella sonrió.

"Doctor Davies, vaya a casa y descanse", ordenó el doctor Hale. "Usted es probablemente una amenaza para sus pacientes en este punto después de cuatro días. Vaya a descansar y a ver a su amada. Y, por favor, acompañe a la hermana Rosalie fuera de las instalaciones, ¡y quiero decir fuera! Pregúntele si West Point tiene algún problema con que una ex alumna sea la presidenta de la confederación."

"Ahora, cariño, nunca le hablaste a la vieja hermana Roe de otra mujer", bromeó la monja.

"Le sugiero encarecidamente que se quede en el convento y continúe con su misión de infligir su versión distorsionada de la historia americana a nuestra impresionable juventud", intervino el doctor Hale.

Dándose la vuelta, la enfermera Bow dijo: "A su hijo le han lavado el cerebro tanto como al resto". Sacudiendo la cabeza, la enfermera se dirigió al pasillo para hacer su ronda.

"¡Ambos en marcha ahora!" Doctor Hale ordenó.

* * *

"Dígame por qué, en 1968, tenemos un estado llamado Virginia Occidental". preguntó la hermana Rosalie cuando salieron juntos del hospital y él acompañó a la monja hasta su coche.

"Lo sé", chistó el doctor Davies, levantando la mano. "La sección occidental de Virginia se separó de ese estado y entró en la Unión durante la Guerra Civil. Llevo cuatro días sin dormir. ¡Qué cerebro! Debo de ser un dios griego". Guiñó un ojo. "Bueno, yo, por mi parte, estoy muy contenta de que las facultades de medicina modernas estén formando médicos completos. Pero, ¿cómo se trabaja con ese hombre? El doctor Hale es un pesado y me recuerda al gran Francis Marion de Carolina del Sur. El Zorro del Pantano empantanó a los británicos durante años en nuestros pantanos, y Lord Cornwallis ni siquiera pudo encontrar al escurridizo coronel".

"Lo siento hermana, la historia no era lo mío excepto por Francis Marion y su extraña habilidad para eludir y burlar a las fuerzas británicas, la mayor potencia militar del mundo", confesó.

"Entonces, ¿sabes que el oficial británico Tarleton quemó treinta plantaciones hasta los cimientos para enseñar a los lugareños los 'Errores de la Insurrección'?". Salió humo de su tubo de escape al arrancar el coche.

"Sí, hermana, pero el coronel Francis Marion rió el último. Después de que los británicos se retiraron de nuestros pantanos, Cornwallis marchó con su ejército a Carolina del Norte y se rindió en Yorktown, Virginia. "El Doctor Hale no es ni de lejos tan testarudo como el Zorro del Pantano, se lo prometo." El humo del silenciador empeoró cuando la monja se alejó y saludó por la ventanilla.

CAPÍTULO TRES

Tras el incidente que sacudió Charleston, el personal del Hospital Cannon Street recibió críticas favorables de los medios de comunicación por su profesionalidad, y el doctor Hale se convirtió en un nombre muy conocido. Tras el alta de Trisha, Vanessa y Barry decidieron visitarla juntos.

Una semana después, Barry utilizó el coche de su padre y condujo hasta el orfanato de Saint Paul para recoger a Vanessa. Al entrar por la puerta principal, el olor a amoniaco impregnó el aire. El aroma daba a la habitación un olor muy rancio. El olor era insoportable mientras echaba un vistazo a la habitación y lo asimilaba todo. El suelo de linóleo agrietado tenía un horrible dibujo en blanco y negro. Golpeada y desgastada, la madera de mala calidad que había debajo estaba casi expuesta. El mobiliario consistía en un sofá raído y desgastado acompañado de una mesa de pino destartalada. Mientras recorría la habitación con la mirada, se sentía cada vez más incómodo. Encima del sofá destartalado colgaba un cuadro barato de San Pablo, montado en un aburrido marco de madera. Barry no sabía qué hacer, ya que nadie venía a recibirle. ¿Debía llamar a la puerta cerrada? De repente, se apoderó de él una sensación terrible, espantosa. No podía imaginarse viviendo en esta institución. ¿Y si el destino le hubiera colocado aquí? ¿Podría soportar una vida así? Cuando llegara a casa, iba a decirles a sus padres que les quería. Por primera vez se dio cuenta de lo afortunado que era por tener dos padres que trabajaban duro para darle una educación y una casa estupenda en la que vivir. Su propia casa olía a pan o galletas, lo que siempre le hacía sentirse cálido, acogedor y seguro. Pensaba en su madre, que era profesora en la universidad para negros más antigua de Carolina del Sur, la Claflin University. A ella aún le gustaba leer con él antes de acostarse. Después de recitar una cita de un gran filósofo, la discutían. Nunca le dijo que su punto de vista era erróneo. En cambio, alimentaba sus ideas escuchándole en silencio. Su madre quería a su único hijo más que a nada.

La puerta interior se abrió y Vanessa se asomó. "Oh, Barry, estás aquí. ¿Por qué no has llamado al timbre?"

Vanessa era de una belleza impresionante, y él pensó que era la criatura más hermosa de la tierra. Al verla, su temor desapareció rápidamente y se sintió emocionalmente excitado. Mientras el corazón le latía con fuerza en el pecho, se sintió enrojecido de deseo. "¿Qué campana?" preguntó Barry en voz alta.

"¡Sólo mi posesión más preciada, querida!" interrumpió la hermana Rosalie cuando su enorme cuerpo entró en la habitación. "Si fuera a vender mi alma al diablo, sería por esa campana, cariño. Ven aquí, cariño, y toca esta campana sagrada para la vieja Hermana Roe". Ella le indicó que subiera al decrépito porche. Alargando la mano, hizo sonar la anticuada campana oxidada para apaciguarla. "El secretario naval confederado Stephen R. Mallory fue un visionario", dijo ella sin aliento. "Él y sus oficiales encabezaron el poder marítimo del futuro. Sus innovaciones incluyeron el torpedero, la mina de agua y el primer submarino moderno, el H L. Hunley". Cariño, ¿puedes adivinar de qué barco procede esta réplica?". Sus enormes caderas se balancearon.

"El H L. Hunley", adivinó.

"¡Absolutamente! Se nota que es usted un hombre de gran gusto al haber reconocido semejante reproducción de un tesoro histórico". La monja tocó el timbre con tal furia que todos los niños del orfanato salieron corriendo. Rodeada de jóvenes de todas las edades imaginables, desde niños pequeños hasta preadolescentes, gritó: "Niños, habladle a este futuro médico del H L. Hunley".

Al unísono, los huérfanos gritaron: "Se hundió junto con un barco estadounidense en el puerto de Charleston en 1864". Ella hizo sonar la campana. Los niños soltaron risitas y se agarraron a su hábito mientras ella cogía cariñosamente a los pequeños, que se deleitaban tocando la campana durante su turno.

CAPÍTULO TRES

"Ahora, señor Hale, espero que se comporte esta tarde como el general de Luisiana Beauregard, que comandó la acción contra el fuerte Sumter en el puerto de Charleston". Vanessa parecía mortificada. "El gobierno del presidente Jefferson Davis quería mostrar una intención no agresiva. Espero la misma conducta de usted, amable señor".

"Sí, hermana", respondió Barry, un poco contrariado.

"Dile a Trisha que me encantaría visitarla hoy, pero ese ateo de su padre no me deja entrar en su casa. Tendré que trasladar yo mismo a ese viejo marine retirado, como hizo la Unión después de la Guerra Civil y trasladó nuestro capitolio a Columbia desde Charleston".

"Le daré recuerdos a Trisha". Barry cogió la mano de Vanessa para empezar a bajar las escaleras. En voz baja, murmuró: "Vámonos de aquí. Mi padre quiere el coche en casa a las cuatro". Vanessa sonrió y le apretó la mano. Nunca había cogido la mano de un hombre. Era tan grande, áspera y diferente. Mientras bajaban las escaleras, sintió algo que nunca antes había sentido. De repente, se sintió muy ruborizada, pero no sabía por qué. Barry la acompañó hasta el coche y abrió la puerta. Vanessa subió y se arregló el vestido antes de que él entrara por el lado del conductor. Hizo un gesto a todos los niños en lo alto de la escalera, que le devolvieron el saludo furiosos. La hermana Rosalie tocó el timbre con una mano y sujetó a dos niños pequeños con la otra.

* * *

"Supongo que mi familia es un poco más grande que la tuya", dijo para romper el silencio.

"¡Tienes todo un clan! Parece que tú eres el mayor. ¿Quién es el segundo?"

"Tiene diez años", respondió Vanessa nerviosa.

"¡Vaya, qué diferencia de edad! ¿A qué se debe? preguntó Barry mientras sacaba el coche de la calzada y lo metía en la calle.

"La hermana Rosalie arrastró un elenco de miles por Saint Paul y nunca pudo convencer a nadie para que me adoptara. Créame, no fue por falta de intentos. Suele conseguir lo que quiere por pura determinación. He visto a gente que venía sólo para informarse sobre la adopción y ella les metía prisa para que se llevaran un niño a casa el fin de semana".

"¿Dejó que un niño se fuera a casa con un completo desconocido?" preguntó Barry con aprensión.

"Por supuesto que no. Le garantizo que el FBI nunca podría hacer una investigación tan exhaustiva como la de la hermana Roe. He sido su ayudante en muchos casos, y su investigación sobre los padres potenciales es exhaustiva. Es tan exhaustiva que te puede decir si beben R.C. Cola o no. Su historial es impecable. Nunca pondría a un niño en un hogar abusivo".

"No es de extrañar, ya que puede recitar los detalles históricos más intrincados y arcanos". Barry la miró y sonrió. "Entonces, dígame por qué una señorita tan guapa como usted nunca fue adoptada cuando la hermana Rosalie profesa un historial tan intachable". Mientras frenaba por un semáforo en rojo, le pasó la mano para acariciarle los dedos. "Por favor, siéntese a mi lado", susurró.

"Vale", murmuró, deslizándose. Su corazón empezó a latir rápidamente porque nunca había estado en un coche sin la hermana Rosalie. Se sentía increíblemente emocionada e incómoda al mismo tiempo. Vanessa nunca había estado sola con nadie, excepto con los otros niños del orfanato. Sentarse al lado de Barry le resultaba completamente estimulante de una manera aterradora.

"Entonces, ¿no vas a decirme por qué eres el defecto de un expediente impecable?". "Nunca he hablado con nadie de esto", dijo Vanessa insegura.

"Si no puedes decírmelo a mí, ¿a quién puedes decírselo?". Barry se inclinó para besarla en la mejilla.

Su corazón latía con aprensión mientras respondía. "Cuando me hacían desfilar ante cada pareja, siempre se miraban entre ellos y, sin hablar, me daba cuenta de que era imposible. La expresión de sus caras era siempre la misma".

"No lo entiendo. ¿Qué mirada?"

Sintiéndose incómoda, Vanessa soltó: "¡Nunca les gustó el color de mi piel! Una pareja incluso le gritó a la hermana Roe: "¡Dios mío, es blanca!"".

"¡Estás de broma!" respondió Barry.

Inclinándose, Vanessa se sintió vulnerable. "Cuando te pasas la vida en un orfanato, no hay mucho por lo que bromear".

"Lo siento", dijo Barry al girar hacia la interestatal. "¿Pero lo que realmente estás diciendo es que otras personas de color pensaban que tu piel era del color equivocado porque era demasiado clara?".

"Permítanme citar a la Hermana Roe. Ella siempre decía: 'Vanessa, niña, la gente de color no es de algodón, y tu piel les recuerda al algodón'".

"¡Pero eres tan hermosa!" Inmediatamente, se sintió avergonzado por su arrebato. "¡Oh, Barry! Eso es exactamente lo que han dicho todos. Es tan guapa".

"Lo siento", se disculpó. "Lo siento muchísimo".

"Nunca te arrepentirás tanto como yo del color de mi piel. Jamás. Pasé toda mi vida en un orfanato por eso".

"Bueno, algún día tú también tendrás un hogar y una familia", dijo de forma alentadora.

"¿Una casa? ¿Sabes que nunca he estado en una casa?" "¿Qué?" preguntó Barry con voz sorprendida.

"¡Nunca! Nunca he estado dentro de una casa", comentó, sintiéndose mucho más tranquila. "Una vez, fui con la hermana Roe a la rectoría del padre Kelly. Esperé en el vestíbulo mientras hablaban. Pensé en escabullirme, pero tenía miedo de que me pillaran. Siempre quise ver una cocina de verdad en una casa de verdad. Me muero por ver la casa de Trisha. No puedo esperar".

"Vanessa, esto es increíble. No tenía ni idea. Le preguntaré a mi madre si puedes venir a cenar. Además, sé que se mueren por ver a la persona a la que invité al baile". Al salir de la interestatal, Barry se sintió muy excitado, pero al mismo tiempo le invadió una tremenda tristeza. Eran sentimientos poderosos que nunca antes había experimentado.

"¿Hablas en serio?" preguntó Vanessa emocionada.

Por supuesto. Es un hecho", anunció Barry con entusiasmo.

"¿Cuándo puedo venir? Quiero decir, ¿cuándo puedo venir?". Corrigió su propia gramática.

"Le preguntaré a mi mamá esta noche".

"¿De verdad crees que me dejará ir a tu casa?"

"Por supuesto. Así podrá comprobar si eres lo bastante bueno para su único hijo". La risita de Barry fue suave.

"¡Oh, no! ¡Una inspección parental! Llevo toda la vida suspendiendo!", exclamó. "¿Y si no les gusto? ¿Y si no les gusta el color de mi piel?".

"Estás siendo tonta, Vanessa. Mis padres te adorarán y te venerarán, ¡igual que yo! Pero, por favor, hagas lo que hagas, no menciones la historia. Mi padre cree que la hermana Rosalie es un completo caso perdido y debería ser internada".

"Es la única madre que he tenido". Vanessa intentó débilmente defender a la monja. "Ella ama Charleston, y afrontémoslo: una gran parte de su historia involucra dos guerras civiles. ¿Puede evitar que el destino la haya puesto en el siglo equivocado?". Asombrado por su propio atrevimiento, detuvo el coche por completo y, sin vacilar, se inclinó para besar los labios de Vanessa. Sorprendida por su descaro, ella se apartó. Pero sin inmutarse, Barry le pasó el brazo por detrás de la cabeza y volvió a besarla. Al separar los labios, sintió su lengua dentro de la boca. Vanessa no estaba segura de lo que estaba haciendo, pero le pareció muy excitante de una forma peligrosa. Le respondió metiéndole la lengua en la boca y dándole vueltas. Barry reaccionó apretándola más hasta que un fuerte bocinazo por detrás hizo que ambos se incorporaran. Pisa el acelerador y acelera en el cruce.

Se hizo un silencio absoluto entre ellos cuando entraron en el barrio de Trisha. Los promotores habían construido viviendas de bajo coste en los pantanos drenados al norte de Charleston. Cada casa era un poco diferente de la de al lado, pero no mucho. Baratas y abundantes en el Sur, cada exterior era de ladrillo viejo de Charleston. El musgo español colgaba de los gruesos robles, mientras que los delgados pinos separaban cada pequeña casa de la otra.

Dentro de la casita, Trisha le preguntó a su padre: "Papá, ¿te acuerdas de que quiero prestarle a Vanessa Barb los vestidos de graduación?".

"¿Cómo podría olvidarlo? Me lo has recordado cada tres minutos desde que llamaron y dijeron que venían. ¿Por qué no puede salir de aquí con esta roña en una percha? ¿Por qué estoy corriendo como un pollo con la cabeza cortada tratando de encontrar algo para poner esos malditos vestidos?"

"Papá, te lo dije, da mala suerte que un chico vea tu vestido antes de que te lo pongas. Te lo he dicho mil veces".

"Trisha, ¡no importa nada! Los jóvenes no lo entendéis. Lo que importa es que ella no parezca una oreja de cerdo", dijo con una sonora carcajada. "Si es así, ese chico volverá a echar la red y sacará a otra del mar".

"Papá, ¿alguna vez has visto a Vanessa? Le quedaría bien un saco de arpillera. Ahora deja de torturarme, busca algo donde meterlos y no olvides los zapatos a juego".

"¿Zapatos? No vi ningún zapato ahí". El sargento Bibbs se sentía claramente exasperado.

"¿Cómo que nunca viste zapatos? ¿Recuerdas a Barb, tu hija, a la que no pillarían ni muerta sin zapatos a juego? ¿Tu hija la fetichista de los zapatos? ¿La que tiene más inventario en su habitación que la mayoría de las zapaterías? ¿Cómo pudiste no ver zapatos allí? Después de veinte años en el Cuerpo de Marines, los zapatos lavanda y morados deberían sobresalir, papá".

"Mira, Trisha. Cuando lleguen, me llevaré a ese chico aparte. Mientras lo aburro, ustedes dos busquen lo que quieran. Ponedlo todo sobre la cama y yo lo llevaré al coche. Es mi mejor oferta -dijo con rotundidad.

Se supone que no debo salir de la cama", susurró Trisha en voz baja.

"Estás ordeñando esto por todo lo que vale. ¡Más que las pastillitas de Carter! Son sólo tres metros hasta la habitación de tu hermana". En ese momento, sonó el timbre de la puerta. "No puedo esperar a ver a esta diosa", murmuró mientras iba a abrir la puerta principal.

* * *

"Hola, señor". Barry extendió su mano derecha para estrecharla.

"Hola, Sr. Bibbs, soy Vanessa. Sabe que ese ladrillo era para mí. Yo soy la que debería estar enferma y en cama", dijo arrepentida.

El sargento Bibbs se asombró de lo increíblemente despampanante que era realmente al contemplar su bonito rostro. El viejo marine quedó hipnotizado por su belleza. Pero para él, en realidad no parecía de color. Es mulata, pensó. Se obligó a salir de su trance. "No, el Klan es el mayor grupo de idiotas organizados que ha producido este país. Esos idiotas no son lo suficientemente brillantes como para apuntar. Vamos, entra. A Trisha le ha picado el gusanillo desde que dijisteis que veníais. Estoy muy orgulloso de que hayan venido".

Al entrar, los ojos de Vanessa recorrieron el pequeño vestíbulo mientras intentaba asimilarlo todo. Queriendo recordarlo todo, se sintió emocionada por estar por fin dentro de una casa de verdad. Mientras los dos hombres charlaban, ella no oyó ni una palabra y se concentró en el salón, donde había una alfombra delante del sofá. Maravilloso, pensó. No hay ni una sola alfombra en todo el orfanato. Así es como viven las familias, ¡con alfombras en el suelo! Inspeccionó el mobiliario y observó que había un televisor delante de dos sillones de peluche. A diferencia de las sillas rectas de madera del orfanato, éstas parecían cómodas, y le entraron ganas de sentarse en una para ver lo lujosa que era. En cada centímetro de las paredes había fotografías familiares, la mayoría en blanco y negro. El señor Bibbs aparentaba unos veinte años en una foto con su uniforme del Cuerpo de Marines de la Segunda Guerra Mundial.

"Hijo, tu padre y yo tuvimos nuestras diferencias en Corea, pero dile lo mucho que aprecio que haya venido de visita. Ha sido muy amable. Sé que es un hombre muy ocupado".

"Todos estábamos preocupados, pero mi padre era el que más. Dijo que era un gran alivio ver lo bien que estaba Trisha. Sólo espera que se lo tome con calma".

"Dile que no se preocupe por eso, hijo. Trisha ha querido hacer la corte toda su vida y ha conseguido su deseo". El Sr. Bibbs se dio cuenta de que la preciosa cara de Vanessa miraba fijamente al vacío. "Vamos, niños. Vamos a ver a la princesa en persona". Hizo un gesto hacia el pasillo.

CAPÍTULO TRES

Vanessa se detuvo un momento en el comedor para estudiar el hermoso cristal que había dentro del mueble de porcelana. Encima de la mesa y las sillas a juego colgaba un retrato de la Última Cena. De mala gana, lo siguió, pero le preocupaba haberse perdido algún detalle.

"Trisha, ¿estás decente? Tienes empresa, y uno de tus visitantes es muchísimo más alto que yo". El sargento Bibbs los acompañó al dormitorio. "Barry, cuando estés harto de los graznidos de estas mujeres, quiero enseñarte mi colección de aeromodelos. Está por allá".

Vanessa se apresuró a abrazar a Trisha. "¿Cómo estás?" Nerviosa, enderezó las sábanas mientras Barry se alzaba sobre la diminuta cama gemela, que ocupaba la mayor parte de la habitación.

"Me sentiría mucho mejor si el pelo me volviera a crecer de la noche a la mañana", se quejó Trisha. "Sigo sin entender por qué tu padre me afeitó toda la cabeza para hacerme un par de agujeros".

"No lo hizo. La enfermera Bow sí, así que tendrás que hablarlo con ella", respondió Barry.

"Me gusta tu sombrero", mintió Vanessa.

"Lo odio. Mi madre lo compró ayer. Es un sombrero de vieja".

"Si pudiera, no te quejarías todo el tiempo que estemos aquí." "¡Barry, sé bueno!" Vanessa se dio la vuelta, golpeándole ligeramente en el brazo. "Quejarse es un arte familiar transmitido de generación en generación", sonrió Trisha. "Además, no vas a salir de esta casa sin ver la colección de aviones de mi padre. Será mejor que acabes de una vez. Te lo diré así, Barry. Los aviones son lo que la historia americana es para mi padre, para la hermana Rosalie". Trisha sonrió.

"Vale, ya me hago una idea". Barry desapareció en el pasillo.

Trisha echó las sábanas hacia atrás. "Vaya, fue fácil deshacerse de él".

"Creía que no podías levantarte de la cama". Vanessa lo observó incrédula.

"Sígueme. Es un milagro a la antigua". Trisha hizo un gesto con la mano. Al final del pasillo, entraron en un dormitorio pequeño y alegre donde las paredes estaban adornadas con fotos familiares. Barb, la hermana mayor de la universidad, a la que Vanessa no conocía, salía muy guapa en las fotos. Trisha abrió la puerta del armario, cogió dos batas largas y las tiró sobre la cama. Una era de un precioso color lavanda, sin mangas, mientras que la otra era de un intenso color púrpura con mangas largas. "Daos prisa. Mi padre no tardará en matar de aburrimiento a Barry". Ella jadeó.

"¡Son preciosos!" exclamó Vanessa.

"¿Dónde están esos malditos zapatos? Papá tiene razón. No están aquí. ¿Pero por qué se los llevaría Barb? Sólo combinan con estos vestidos de noche". Trisha se tiró en la cama. "Esos vestidos han colgado aquí durante años. Mi madre se queja del despilfarro de dinero cada vez que abre este armario. Y yo le pregunto, ¿tengo pinta de poder ir al baile de graduación?". Se quitó el sombrero y dejó al descubierto su cuero cabelludo desnudo con dos agujeros perforados en el cráneo.

La sorpresa al ver la cabeza totalmente calva de su amiga llenó los ojos de Vanessa de lágrimas. "Oh, Trisha, todo es culpa mía". Estalló en un fuerte llanto.

"Tonterías. Esto es lo mejor que me ha pasado nunca. A los dieciséis años, salí en los periódicos, nada de esas cosas de palurdos locales como el Hanahan News. Mi foto salió en el Charleston Evening Post, ¡y menos mal que usaron una con pelo! Además, mis padres me atienden muy bien. Nunca han sido tan amables". Trisha se quedó totalmente plana para respirar.

"¿Estás bien? ¿Llamo a tu padre?" Vanessa se secó las lágrimas. Estoy bien, pero date prisa. Seguro que mi padre está poniendo a Barry de los nervios".

"¿Me cambio en el baño?" preguntó Vanessa tímidamente.

"¡Claro que no! ¡Cambio aquí mismo! ¡Date prisa!" Trisha cerró los ojos para descansar. Rápidamente se quitó la ropa y se puso la bata púrpura sobre los hombros. "¿Puedes ayudarme con esta cremallera? Es muy larga".

"Agáchate porque, de repente, me siento mareada". Vanessa puso la mano de Trisha en la parte inferior de la cremallera para ayudarla a subir la cremallera del vestido. Cuando se acercó al espejo de la cómoda, pudo verse de cintura para arriba y al instante le encantó el profundo y rico vestido morado. "Súbete a esa silla de escritorio para que puedas ver cómo te queda", sugirió Trisha.

Tras arrastrar la silla, se levantó la falda para subir mientras se agarraba al respaldo de la silla. Al mirar por el pequeño cristal, le encantó la belleza del vestido. Por lo que a ella se refería, el vestido era absolutamente celestial. Nunca había llevado nada bonito, sólo cosas usadas que le habían dado en el orfanato. Incluso su uniforme escolar era usado, donado por una alumna que se había graduado el año anterior. La ropa nueva le resultaba diferente, una experiencia extraña pero deliciosa. La tela de sus trajes habituales se había desgastado. Este material almidonado tenía un tacto especial cuando rozaba su piel. "¡Quiero ponerme éste!"

"No seas ridículo. Pruébate los dos aquí para que pueda ver". Trisha intentó abrir los ojos.

"¿Por qué? Este me encanta". Vanessa se quedó embelesada con su propia imagen en el vaso.

"Es precioso, pero nadie compra el primero. Se prueban docenas. Por el amor de Dios, pruébate el otro y llévate los dos". Trisha se sentía agotada y débil y sólo quería que su mejor amiga se fuera para poder dormir. "Pero adoro este vestido y me lo voy a poner. Te lo aseguro". Levantó el vestido para bajarse y Trisha utilizó sus últimas fuerzas para ayudar a Vanessa a ponerse el segundo vestido. El vestido lavanda sin mangas se inclinó ante la Boor. Totalmente paralizada, no apartó la vista del espejo. "Este me gusta más, pero la hermana Roe nunca me dejará ponérmelo".

"¿Por qué no? Me alegro de que te hayas probado las dos. Vengo de una larga estirpe de compradores". "Es demasiado, demasiado. A la hermana Roe le daría un infarto".

Trisha intentó levantar la cabeza. "En primer lugar, es de cuerpo entero, lo que automáticamente le daría un sobresaliente en el libro de cualquier monja. Incluso las monjas admitirían que ningún chico podría coger un espejo y mirarse en tu vestido. Está demasiado oscuro para que se vean ni siquiera los zapatos de charol. La única parte del cuerpo que se ve son los hombros. Escuchad. Incluso mi madre, que es una "monja sin hábito", dio su sello de aprobación virginal a este vestido. Estás loca, completamente loca, si crees que mi madre pensaría diferente a la Hermana Roe".

"Nunca me he puesto un vestido sin mangas en toda mi vida. Me parece tan atrevido, como una libertina. Si mira por debajo de este top, verá mucho". Bajó con cuidado de la silla.

Tras llamar rápidamente, el Sr. Bibbs abrió la puerta: "Vamos, chicas, dadle un respiro a este pobre hombre. Dejad de hacer cualquier cosa de chicas que estéis haciendo ahí dentro. Salid aquí y visitad a este tipo". Irritado, cerró la puerta de un portazo.

"Oh no, ¿Barry me vio?"

"¡No puede ser! Papá sólo abrió la puerta cinco centímetros durante una fracción de segundo. Te garantizo que Barry no vio nada. ¿Dónde diablos puso mi hermana los zapatos a juego?"

"Guardamos zapatos debajo de las camas en Saint Paul. Apuesto a que los puso allí". Se agachó. "Aquí están." Vanessa colocó los zapatos encima de la cama, mientras Trisha los apartaba.

"¡Rápido! ¡Quítatelos! Mi abuela me dijo que daba mala suerte poner zapatos en la cama". Reaccionando instantáneamente a la malvada premonición, Trisha tiró los zapatos de tacón de la cama, y aterrizaron en el otro lado de la habitación. Algo de lo que saben mucho las mujeres sureñas es de presagios de mala suerte. Si una le dice a otra cómo evitar el mal, la otra escuchará y seguirá las instrucciones.

"¡Chico, eso es nuevo! Los zapatos en la cama se los debe haber puesto la Hermana Roe. ¿Cómo voy a llevar estas cosas de vuelta a Saint Paul?"

"Qué raro. No puedo creer que mi hermana pusiera esos zapatos debajo de su cama. Eso demuestra lo mucho que sacudimos el polvo por aquí. De todos modos, ¡no te preocupes! Déjalo todo aquí y mi padre los pondrá en el asiento trasero del coche". Trisha estaba cada vez más cansada. "No te preocupes. Barry no se enterará de nada a menos que decidáis aparcar".

"¡Trisha, no puedo creer que hayas dicho eso!" Vanessa fingió conmoción.

"¡Creo que protestas demasiado!", citó de su clase de Shakespeare. "Ahora ayúdame a levantarme". Se colocó el sombrero en la calva.

CAPÍTULO TRES

* * *

El sargento Bibb seguía con su conferencia sobre aviones hasta que las chicas le interrumpieron. Barry parecía interesado, pero era difícil saberlo porque era muy educado.

"Bueno, señoras, me alegro de que pudieran unirse a nosotros", dijo el sargento Bibbs con un brillo en los ojos.

Trisha se metió en la cama y se metió bajo las sábanas, y las tres adolescentes pasaron la siguiente media hora riéndose de los últimos cotilleos del colegio. Completamente aburrida, no quiere que Vanessa se sienta mal, así que le pone la mejor cara a su desgracia. Finalmente, entra el sargento Bibbs y les dice que Trisha debe descansar un poco y que se despidan.

* * *

El sargento Bibbs los acompañó hasta el coche y le abrió la puerta a Vanessa. Antes de subir, se volvió hacia el señor Bibbs y le dijo tímidamente: "¿Sabe que la hermana Roe se muere de ganas de venir a visitar a Trisha?".

"Cuando llegue al punto en que no pueda soportar una llamada más, dejaré de torturar a la vieja y cederé. No puedo esperar a ver qué extraño libro nuevo está vendiendo sobre la historia americana. Conduce con cuidado y diviértete en el baile".

* * *

La Sra. Bibbs llegó. Y su marido vino a saludarla.

"Hola, cariño", dijo mientras se abrazaban. "¡Me dan pena las pobres chicas del baile! Ese Barry es más guapo que cualquier chica de ese instituto".

"No es esa la maldita verdad".

Se rieron al cruzar la puerta principal.

* * *

Vanessa se dio la vuelta y vio las bolsas de la compra de Piggly Wiggly en el asiento trasero. Sonrió y se deslizó por el asiento delantero. "Barry, será una noche que nunca olvidarás".

"Parece que va a ser una tarde que nunca olvidaremos".

"¿Cómo que por la tarde?" Vanessa salió de su trance romántico.

"¿No te has enterado? Hoy en la escuela anunciaron que el baile de graduación será al mediodía en lugar del sábado por la noche. Con la ley marcial aún en vigor, tenemos que estar fuera de las calles y en casa a las cinco para cumplir con el toque de queda."

"¿No hacen excepciones para bailes importantes como el baile de graduación?" "¡Parece que no! Siguen denegando la solicitud del doctor King de un permiso para desfilar. El gobernador de Carolina del Sur ha decidido mantener la ley marcial con un toque de queda para que todos los ciudadanos estén en sus casas a las cinco de la tarde. Como el hotel Francis Marion no nos deja cancelarlo, el padre Kelly ha dicho que lo haremos durante el día". Todo el mundo empezó a abuchear y a silbar. Levantando la mano para pedir silencio, nos dijo que nos pusiéramos gafas de sol e imagináramos que era de noche. El Padre Kelly dijo que se aseguraría personalmente de que el gerente del hotel mantuviera todas las cortinas cerradas para que realmente pensáramos que eran las nueve de la noche. Era muy gracioso. ¿Dónde estabas? Barry aceleró en la interestatal para llevar a Vanessa de vuelta al orfanato.

"La hermana Roe no tenía a nadie que se quedara con los niños pequeños. Uno de los mayores estaba enfermo y tenía que ir al pediatra. Yo no estaba allí, así que no tenía ni idea. ¿Sigue siendo formal?"

"Absolutamente. El padre Kelly quiere que llevemos esmoquin con gafas de sol".

Una extraña y poderosa sensación invadió a Vanessa mientras conducían. Por primera vez en su vida, había sido tocada por alguien que no fuera la hermana Roe o una de las huérfanas más jóvenes, y se sintió increíblemente maravillosa.

CAPÍTULO CUARTO

Tras entrar en el orfanato, Vanessa subió corriendo y emocionada. Apenas podía esperar para enseñarle a la hermana Roe los dos vestidos de noche nuevos. Encontró a la monja en la guardería con todos los niños pequeños. El bebé más pequeño, de sólo seis meses, dormía profundamente en un rincón. Sentados en el suelo y utilizando viejos lápices rotos, los niños de dos y tres años dibujaban en papel de borrador. Los lápices de colores eran demasiado caros, así que los niños utilizaban lápices confiscados en la oficina del obispo. "Hermana Roe, tengo los formales que me prestó la hermana de Trisha, Barb. ¿Quiere verlos?"

"¡Cariño, sabes que sí! ¡No dudes ni un segundo en ponértelas!"

Vanessa sacó la rica bata morada pero decidió mantener el vestido lavanda sin mangas oculto dentro de la bolsa de la compra. Imaginó que la monja no aceptaría que se lo pusiera. "Date prisa, niña. Me muero por vértelo puesto. Sé que serás la reina del baile".

Se puso el vestido morado, subió la cremallera sin ayuda y se inclinó para coger los zapatos a juego. Una niña de tres años arrulló: "¡Pareces Cenicienta!".

"Claro que sí, niña. Claro que sí". exclamó la hermana Rosalie. De pie, deslizó los pies en los tacones morados. Como hacían todas las damas sureñas bien vestidas, Barb, la hermana de Trisha, se había teñido los zapatos perfectamente a juego con el color del vestido.

"Estás muy guapa, Nessa", murmuró un niño a través de su chupete.

"Ojalá Robert Mills pudiera estar vivo hoy. Le necesitamos. ¡Sí, de verdad!"

"¿Quién?" Vanessa parecía desconcertada. "¿Y por qué lo necesitamos?"

"Niño, Robert Mills fue el primer arquitecto profesional de Estados Unidos, ¡nació y se educó aquí mismo, en Charleston! Durante la época antebellum, los mejores arquitectos del país diseñaron edificios para Charleston.

Necesitamos que el Sr. Mills diseñe una escalera digna de su descenso en ese vestido que quita el aliento. Ahora date prisa, cariño. Déjame ver el otro por si el Sr. Mills desciende de los cielos para hacerte el plano perfecto de una escalera".

"Pero, Hermana Roe, el vestido lavanda no tiene mangas." "¿Y qué?"

"Bueno, ¿no crees que es un poco atrevido?". Vanessa se anticipó a su desaprobación.

"Niña, el lavanda es mi color favorito de todos los tiempos. Póntelo rápido". Vanessa se puso la bata.

"Date la vuelta, niña. Vaya, veo a la señora de Charleston, Charles Cotesworth Pinckney, en 1797, cuando su marido era ministro americano en Francia. Apuesto a que llevaba un vestido como este en París. Por supuesto, es tu elección, pero deberías llevar este. Te ves realmente maravillosa en él".

De un salto, rodeó el cuello de la monja con los brazos. "Es lo primero que me he puesto en mi vida que no me han regalado". Vanessa sonrió con la aprobación de la monja.

"Niña, si no hubiera hecho ese maldito voto de pobreza y tuviera dinero, nunca te habrías visto obligada a vestir esos viejos harapos. Te habría vestido con las sedas más finas".

"Está bien, Hermana Roe. ¡Mírame ahora! Realmente soy Cenicienta!"

"Cariño, vigila a los pequeños. Ahora vuelvo". Después de levantar su enorme cuerpo del suelo, corrió por el pasillo y entró en el pequeño espacio con una cama gemela que la monja llamaba dormitorio. Su único mobiliario era una vieja lámpara Tiffany que adornaba un escritorio andrajoso. Puso sus regordetes dedos alrededor de una caja visiblemente maltratada por el paso del tiempo y sacó su contenido. Tras recorrer de nuevo el pasillo, se quedó sin aliento cuando extendió la mano para mostrar una horquilla de oro mientras sonreía orgullosa.

"Oh, Hermana Roe. ¡No puedo llevar este broche! Es de tu madre. ¡Es de oro!"

"Tonterías, niña. Si mi mamá viviera hoy, diría: '¡Esto no le hace ningún bien a mi hija la monja!'".

CAPÍTULO CUARTO

"¿Estás seguro? ¿Y si lo pierdo?"

"Bueno, niña, supongo que tendrás problemas con mi mamá. ¡Dios la tenga en su gloria!"

"Nunca me había puesto el pelo encima de la cabeza".

"Vaya, cariño, por eso debemos ir a visitar la Casa Heyward-Washington. Mi mamá pasó toda su vida limpiando ese lugar de arriba abajo. Mi madre siempre estuvo orgullosa de trabajar allí porque el Sr. Daniel Heyward Jr. firmó la Declaración de Independencia. El retrato de su mujer está en el vestíbulo, y ésta es la horquilla que utilizaba. El Museo de Charleston organiza visitas guiadas a la casa y se la regaló a mi madre cuando se jubiló. El conservador estaba seguro de que el Sr. y la Sra. Heyward Jr. querrían que mi madre la tuviera. En su lecho de muerte, me lo dio y me dijo que esperaba que me diera una alegría. Quiero que lo tengas. Es una verdadera alegría para mí".

"¡Oh, no! ¡No puedo cogerlo! ¡Es tuyo! ¡Es de tu madre!"

"Niña, se lo dio a su única hija, y ahora que tienes dieciséis dulces años, te lo doy a ti. El Señor te envió a mí el 10 de octubre de 1952, y has hecho que mi vida sea mágica desde el momento en que puse mis ojos en ti. Soy tu mamá y quiero que lo tengas. Tómalo, cariño, y recuerda siempre de dónde viene". Las lágrimas se agolparon en sus ojos mientras se abrazaban. "Vamos a ver el pelo de la señora Hayward". La hermana Rosalie rió entre dientes. "Nuestros voluntarios están aquí para vigilar a los pequeños. Vámonos".

"Me encantaría". Desabrochando la bata, Vanessa se bajó los tacones.

* * *

Agarrando al niño de diez años, todos se amontonaron en el destartalado Buick del orfanato. Llegaron justo a tiempo para la última visita pública. El personal de Heyward House conocía a la hermana Rosalie y les permitió entrar, pero insistió en que la niña se quedara en el jardín debido a las valiosas antigüedades que había en el interior. Tras entrar, se quedaron mirando el retrato que colgaba en lo alto de la escalera.

Mientras el guía del segundo nivel disertaba sobre los primeros habitantes de la casa, ellos estudiaban la pintura al óleo. Sin hablar, dieron media vuelta y se marcharon. Una vez fuera, la monja exclamó: "Si la señora Heyward pudo hacerse eso en el pelo hace doscientos años, podemos averiguar cómo hacerlo hoy, niña. Estarás guapa como un melocotón".

"Hermana Roe, es tan bonito que nadie me va a mirar el pelo". Vanessa sonreía de orgullo mientras hablaba. "Todo el mundo se quedará mirando mi horquilla dorada".

Una semana después, la mañana del baile, Vanessa se levantó temprano y se lavó el pelo. Inmediatamente después del desayuno, la hermana Rosalie empezó a juguetear con él mientras los huérfanos observaban fascinados, ya que nadie se había metido nunca con sus cabellos. Normalmente, un peine pasaba rápidamente por el pelo de todos los niños para que no lloraran. No había moños ni tiempo para acicalarse. Encima del lavabo común estaba el único espejo de todo el orfanato. Tenía el tamaño de un pequeño puzzle. La hermana Roe arrastró una silla para que Vanessa pudiera verse en el pequeño espejo. Trabajando sin descanso, utilizó los tres peines del orfanato. Estaba bastante satisfecha con los resultados, pero la monja no, así que deshizo todo el peinado y volvió a empezar. Mientras jugueteaba con el pelo de Vanessa, metió la mano en su hábito y sacó un flamante tubo de pintalabios que puso en manos de la adolescente.

"¿De dónde has sacado esto?" preguntó Vanessa asombrada. "En mi tienda favorita, Woolworth Five and Dime", proclamó orgullosa. "Además, estaba de oferta. Se llama Carolina Poppy. Creo que es un color estupendo para llevar". "¡Oh, me encanta! Gracias".

"De nada, querida."

"¡No puedo creer que me vayas a dejar usar maquillaje!"

"Cariño, si no estuviera casada con Dios y no llevara este hábito, seguro que me pintaría los labios todos los días de la semana. Los domingos también. El pintalabios debe ser enviado del cielo".

CAPÍTULO CUARTO

"¿Puedo probármelo ahora mismo?"

"¡Por supuesto, querida! Tu pelo y tus labios deben ser perfectos para el Sr. Barry Hale. El pobre chico no sabrá qué le golpeó". La monja soltó una risita con los jóvenes que la rodeaban. Era una gran ocasión y todos los niños, independientemente de su edad, estaban entusiasmados. A las once en punto, Vanessa se puso el vestido y los zapatos de tacón color lavanda a juego. Un mechón de rizos le caía en cascada por ambos lados, mientras que el resto del cabello lo llevaba recogido en lo alto de la cabeza. El pintalabios de la hermana Roe era un complemento perfecto para el precioso formal de seda lavanda que abrazaba sus hombros desnudos. "Con esta piel tan expuesta, niña, ¡tenemos que encontrarte una cadena de oro para que te la pongas!". Obviamente encantada con su propio sentido de la moda, la monja se quitó la cadena de oro del cuello. "Hoy dejaremos al Señor aquí conmigo". Se quitó el crucifijo del collar y se lo guardó en el bolsillo. Con las dos manos, se colocó con cuidado la cadena de oro alrededor del cuello desnudo mientras Vanessa empezaba a sollozar. "¡Ya, ya, cariño! He trabajado demasiado hoy para que salgas de aquí con los ojos rojos. El rojo choca con el lavanda. Nada de llorar y nada de ojos rojos".

Un fuerte timbre de la réplica del H L. Hunley desvió su atención. "¡Está aquí!", gritaron los huérfanos mientras se lanzaban en estampida a abrir la puerta.

"Tengo una sorpresa para ti", susurró. "La señora Hale llamó, y como la ley marcial sigue vigente, te invitó a cenar y a pasar la noche en su habitación de invitados".

"¿Por qué no me lo dijiste? Está aquí ahora mismo".

"No te preocupes, cariño. Ya he preparado una bolsa con tus cosas favoritas.

¡Mira, está justo aquí! Compruébalo y asegúrate de que he pensado en todo".

"¿Pero por qué no me lo dijiste?"

"Porque, cariño, no creía que pudieras dormir si sabías el gran día que iba a ser". Abrió la maltrecha maleta de viaje para que la huérfana la inspeccionara, pero Vanessa estaba tan aturdida que apenas echó un vistazo al interior. "Yo lo llevaré por ti, cariño. No debemos ensuciar esa seda tan bonita". Cogidos de la mano, caminaron lentamente hacia la entrada principal. Los niños habían rodeado a Barry, que sostenía a un niño pequeño en cada brazo mientras los otros le agarraban los muslos. Los mayores se le quedaron mirando porque nunca antes habían visto un esmoquin y les resultaba extraño.

Con una faja a juego, el traje blanco de etiqueta convertía a Barry en el hombre más guapo que Vanessa había visto nunca. Sintió que el corazón le latía con fuerza al verlo, hasta que la hermana Roe interrumpió su trance.

"¡Vaya, Sr. Hale, le aseguro que es usted un espectáculo para los ojos de esta anciana! Hijo, creo que llevas a la chica equivocada al baile. Con mi hábito blanco y tu esmoquin blanco, podríamos cortar una alfombra hasta que la ley marcial nos obligue a separarnos a las cinco".

"¿Por qué, Sra. Robinson, está tratando de seducirme?"

"Ahora, no me vayas a comparar con esa vieja Anne Bancroft en "El Graduado". Cuando acabé con Dustin Hoffman, era imposible que se hubiera ido con Katherine Ross. ¡De ninguna manera!"

Recuperando la compostura, Vanessa intervino. "Hermana Roe, no querrá escandalizar a la sociedad de Charleston como hizo Scarlett en Atlanta, ¿verdad?".

"Oh, ¿cómo es posible que haya criado a una niña tan sensata?". La monja levantó las manos hacia el cielo en señal de oración. "Niña, tienes razón. ¡Tendré que quedarme en casa esta noche con el hombre con el que me casé! Ahora, bajad todos del Sr. Hale antes de que llevemos su esmoquin a la tintorería. Vamos, niños, bajad de él ahora mismo". Cogió a los niños en brazos.

"Vanessa, ¿estás lista?" preguntó Barry tímidamente.

"Sí, estoy preparada desde la semana pasada". Se encogió al darse cuenta de lo que acababa de decir.

"Ahora, niños, quiero tomar una fotografía de esta ocasión tan auspiciosa". La hermana Roe los condujo al porche y emocionó al huérfano mayor dejándole hacer la foto. La monja se colocó entre los dos adolescentes y Barry la rodeó con un brazo. El niño enfocó la cámara y pulsó el botón con cuidado.

CAPÍTULO CUARTO

"Señor Hale, voy a hacerle una pregunta. Si se equivoca, me llevará al baile. Si acierta, llevará a la encantadora Vanessa. Como ciudadano de Carolina del Sur, espero que se tome su tiempo para estudiar la historia de este gran estado".

"Tenga piedad, hermana. Recuerde que podría estar viva cuando el Vaticano venga a preguntarle por su santidad", replicó Barry. Por la sonrisa de la hermana Roe, Vanessa se dio cuenta de que la monja quería a Barry tanto como ella. Esperaba una pregunta rápida para poder ir al baile.

"Hijo, si no sabes la respuesta, entonces no se te debería permitir el honor de vivir en este extraordinario estado". La monja sonrió mientras contemplaba su propia santidad. "Nuestro eminente ciudadano de Carolina del Sur, John C. Calhoun, sirvió a nuestro país como vicepresidente bajo John Quincy Adams y Andrew Jackson. ¿Por qué renunció a su vicepresidencia bajo Jackson para convertirse en senador de Carolina del Sur?".

"Pan comido, Vanessa. Nos vamos de aquí", bromeó Barry con confianza. "Calhoun escribió la 'Exposición y Protesta de Carolina del Sur', que nuestra legislatura adoptó en 1828 como manifiesto contra las malas leyes federales. Calhoun reivindicaba el derecho de los estados a anular las leyes federales que consideraran inconstitucionales". Hizo una pausa para respirar hondo. "Cuando Carolina del Sur declaró nulas las leyes arancelarias, el presidente Jackson respondió con la amenaza de la fuerza".

"Oh, niña, ¿te lo imaginas?", interrumpió emocionada la monja. "¡El presidente amenazó con la fuerza militar en el estado de su propio ex vicepresidente! ¡Qué tiempos tan maravillosos aquellos! A diferencia de hoy, ¡aquellos políticos tenían agallas!".

Barry ignoró su arrebato. "Calhoun ideó una teoría de la secesión y prescribió los pasos para abandonar la Unión. Calhoun murió, pero sus ideas perduraron, para ser invocadas de nuevo en 1861, cuando Carolina del Sur abandonó efectivamente la Unión".

"¡Positivamente excelente, Sr. Hale!" Aplaudió mientras todos los niños se unían en un caluroso aplauso. "Vaya, Sr. Calhoun, le ruego que no tuviera ni idea de que sus ideas destruirían la Unión treinta y tres años después, cuando estuviera muerto y a dos metros bajo tierra". Meneó las caderas. "Vete a bailar y vuelve con los pies doloridos. Sabes bailar, ¿verdad?"

"Aprendí de la mejor: ¡mi madre!". respondió Barry con entusiasmo.

"¡Bueno, el tiempo apremia! Será mejor que os vayáis. Las cinco estarán aquí antes de que se den cuenta". La Hermana Roe las condujo a las escaleras. "Me voy a la cama a medianoche. Llámenme antes".

"Sí, señora", respondió Vanessa y bajó los escalones con cuidado sobre sus tacones altos.

"Asegúrese de ser un auténtico caballero sureño, Sr. Hale". Sonrió mientras dejaba que todos los niños tocaran el timbre. Metió la maleta hecha jirones en el maletero y le abrió la puerta del coche a Vanessa. Mientras salían en marcha atrás del camino de entrada, ambos saludaron a los huérfanos del porche, que tocaban furiosamente el timbre. La monja se rió mientras ayudaba a cada uno a levantarse para tocar.

Cuando llegaron a la calle Calhoun, Barry confesó: "Vanessa, tenías razón. Obviamente iba a ser Calhoun".

"Es predecible". Vanessa le agarró la mano y lo utilizó como muleta para ayudarse a caminar con los incómodos zapatos. "¿De verdad tu madre te enseñó a bailar?"

"Mi madre es tan predecible como la tuya. Sólo me enseñó bailes de salón".

Vanessa se sintió como una princesa al adentrarse en el majestuoso edificio que representaba la grandeza del viejo Sur. El hotel Francis Marion presumía de techos abovedados acentuados por su legendaria escalera de caracol. En las paredes se alineaban conmovedores retratos dentro de espectaculares marcos de madera. En el gran vestíbulo colgaba una magnífica araña de cristal de la que irradiaba una iluminación sublime. Como reminiscencia de la época de los antebellum, los suelos de madera estaban ligeramente expuestos y cubiertos por alfombras antiguas de gran tamaño. Un óleo del propio Francis Marion ocupaba un lugar destacado en lo alto de la escalera. Cuando subieron, la pareja se quedó mirando el retrato.

CAPÍTULO CUARTO

"Tenía un aspecto distinguido", comentó Vanessa mientras estudiaba su rostro.

"Tiene buen aspecto para ser un tipo que estuvo en nuestros pantanos y acosó a los británicos durante años. Me pregunto qué tendría que decir sobre luchar contra los vietnamitas en sus pantanos".

"Creo que diría: '¡Oye! ¡Oye! ¡LBJ! ¿Cuántos niños has matado hoy?'"

"Vamos, Vanessa. Dale un respiro al tipo. Dice que no volverá a presentarse".

"Lo sé, lo sé. Escuché su discurso ayer, 'No buscaré ni aceptaré otro mandato'. Recuerda el 31 de marzo de 1968, otra promesa rota".

"¡Chico, eres duro con el viejo!" Barry interrumpió.

"Se lo merece. Sabes que los únicos que mueren allí son los pobres".

"Oye, Vanessa, no olvides que estoy recibiendo un aplazamiento de estudiante." "Y no eres pobre, ¿verdad?"

Una mano tocó cada uno de sus hombros y el padre Kelly, su director, bromeó: "Bueno, ¿qué tenemos aquí, Sr. y Sra. Bishop England?".

"Color de piel equivocado, padre", bromeó Barry.

"Todos somos hijos de Dios". El sacerdote irlandés guiñó un ojo. "¡Puedo asegurarle que pez gordo que hay hoy en el campus del instituto no son más grandes que un pececillo en un estanque de pesca, como decís los lugareños!".

"¿Llegaremos a ser grandes barracudas después del instituto?", preguntó Barry en broma.

"Espero grandes cosas de vosotros dos. Ustedes dos son claramente nuestros mejores y más brillantes. Especialmente hoy, que me he visto obligado a hacer de chaperón. Espero que os portéis bien cuando salga de aquí a las dos de la tarde".

"Caramba, Padre, ¿por qué no le pidió a la Hermana Roe que lo hiciera? Le habría encantado venir".

"Por supuesto, se lo pedí. Ella era mi única esperanza para engancharme en este miserable trabajo. Pero ella no quería arruinar tu día, así que decidió arruinar el mío". Volvió a guiñarme un ojo.

"Te compensaré dándote mi primer baile".

"¡Sólo faltaba que los baptistas que trabajan aquí me vieran bailando con una de mis alumnas! ¿Adivinas lo que hice?", preguntó con su grueso acento irlandés.

"¿Jugaste una partida de golf?" Barry adivinó.

"No, en realidad fui a la biblioteca y busqué los orígenes del Klan. ¡No tenemos esta encantadora organización en Irlanda!"

"Irlanda parece un buen lugar de donde ser".

El irlandés transmitió con entusiasmo sus recién adquiridos conocimientos sobre un fenómeno exclusivamente estadounidense. "En 1865, veteranos del Ejército Confederado formaron un club social privado en Pulaski, Tennessee, llamado Ku Klux Klan. La etimología de 'Ku Klux Klan' no es fácil de descifrar. La teoría más aceptada es que Ku Klux es un error literario de la palabra griega kuklos, que significa "anillo", y Klan es la palabra para "clan" deletreada con K".

"¡Genial! Lo han escrito mal". Vanessa soltó una risita.

"Padre, podrían haber construido un campo de golf y preocuparse más por su slice que por quemar cruces. Los pantalones de golf, y no las sábanas blancas, podrían haber sido sus uniformes". Barry blandió un palo de golf imaginario. "¡Los palos de golf y el musgo español podrían haber sido las únicas cosas que colgaban de los árboles en el Sur!".

"La ira podría haberse dirigido a una pelotita en vez de a la gente", dijo el cura. "Vale, Vanessa, ya que me has sacado a bailar, entonces es la buena y vieja giga irlandesa". La agarró del brazo cuando entraron en el ornamentado salón de baile. "¡Oh, no tienes suerte! No están poniendo ninguna giga irlandesa. No debe de venderse mucho por aquí. Si alguien pregunta, dile que estoy limpiando las manos de pez de Santa María, un pez muerto en cada mano". El cura desapareció rápidamente.

"Bueno, supongo que tendrás que bailar conmigo", anunció Barry. Entraron en la pista de baile vacía mientras la banda tocaba una canción de los Drifters, Under the Boardwalk. "Parece que somos los únicos que aparecimos".

CAPÍTULO CUARTO

"Lo dudo. Ya conoces a esas mujeres de Charleston. Hacen que sus citas esperen con sus padres para llegar elegantemente tarde y aparentar no estar demasiado ansiosas".

"Me parece genial que hayamos llegado antes. Podemos fingir que vivimos en esta inmensa mansión, que los niños duermen y que estamos bailando en nuestro salón de baile", reflexiona Barry.

"Me gusta cómo piensas, soñador", comentó mientras él le rodeaba la espalda con el brazo y deslizaba su mejilla directamente sobre la de ella mientras bailaban lentamente al ritmo de la música.

Cinco dedos recorrieron sin prisa su espalda mientras él acariciaba deliberadamente su piel desnuda. Estaba nerviosa y horrorizada por no llevar sujetador. La hermana Roe había intentado sin éxito crear un sujetador sin tirantes cosiendo los tirantes hacia abajo, pero no se mantenía. Su madre, la monja, decidió que sería mejor que fuera sin sujetador. Se sintió avergonzada cuando él exploró su trasero desnudo.

Sabía exactamente lo que estaba pensando y la hizo sentirse a gusto. "Me gusta el hecho de que puedo sentir tu piel. Entre nosotros no hay nada más que este precioso vestido. La última vez que te toqué, no pude dormir en toda la noche. Intenté fingir que eras mi almohada. Parece una tontería, pero no dejaba de besar mi almohada con los ojos cerrados mientras soñaba contigo. Espero que toda la clase de sesenta y ocho no se presente". Mientras el lento ritmo de la música estrechaba sus cuerpos, no se percataban de que sus compañeros de clase se acercaban. Permanecieron en la pista de baile, ignorando a todos a su alrededor. Finalmente, se sentaron en una mesa y pidieron dos RC Colas. Deslizando su silla más cerca, él le pasó el brazo por los hombros mientras le cogía la palma de la mano y cruzaba ambas piernas para que su mano pudiera sentir el peso seguro de sus muslos al apretarlos con fuerza. Mirando a su alrededor, la pareja se dio cuenta de que la sala estaba llena. Las animadoras estaban muy animadas, incluso sin sus pompones, mientras que los delegados de clase trabajaban en la sala como si fueran candidatos a la reelección.

"El presidente de nuestra clase nunca se dio cuenta de que era un one-termer", bromeó Barry.

Los alumnos de último curso habían decorado el lugar y habían erigido una enorme réplica de su anillo de graduación. De pie bajo la monstruosidad, Barry y Vanessa se hicieron una foto. Los estudiantes empezaron a marcharse cuando la banda dejó de tocar a las tres en punto. Barry esperó fuera del baño de mujeres y pensó en Vanessa dentro con todas las chicas blancas. Desde que tenía uso de razón, las fuentes y los baños tenían un cartel encima que decía: "De color". De niño, le preguntaba a su madre por qué tenían que beber en fuentes distintas a las de los blancos. Ella, que era bióloga, le explicó que quienes promulgaban esas leyes no sabían nada de ciencia. Personas sin educación imponían ese código. Hasta ese momento, nunca había entendido lo que ella quería decir.

Vanessa era mucho más guapa que cualquiera de esas chicas blancas, y se merecía estar allí con ellas.

Al salir del aseo de señoras, Vanessa le tendió la mano para que pudieran caminar juntas cogidas del brazo. Miró hacia atrás por encima del hombro y susurró: "Gracias, Sr. Marion. Me lo he pasado muy bien hoy en su hotel".

Barry se detuvo a estudiar el increíblemente antiguo óleo de Francis Marion. "Swamp Fox, tú echaste a los británicos de nuestros pantanos. Gracias a ti, nuestros acentos son peores que los suyos".

* * *

Como eran poco más de las tres, la pareja decidió visitar los jardines de White Point, que daban a la Battery y dominaban el océano Atlántico. Los habitantes de Charleston afirmaban que allí se había colgado a un pirata de cada árbol, y que los robles se habían plantado muy separados entre sí, para que los bucaneros no pudieran volver juntos al mar. La leyenda local también afirmaba que los ríos Ashley y Cooper se juntaban en la Batería para formar el océano Atlántico mientras el Fuerte Sumter protegía la entrada al puerto.

Cuando Barry aparcó el coche, las olas chocaron contra la barandilla. El mar picado estaba en pleamar cuando abrió la puerta a Vanessa. Ella adoraba

CAPÍTULO CUARTO

el rocío de agua salada en la cara antes de que las olas blancas golpearan el pavimento de la acera. La pareja paseaba mientras las olas rompían el muro de contención. Los coches que pasaban tocaban el claxon al ver a los dos amantes vestidos de etiqueta. "Vayamos a un sitio más privado", murmuró Barry por encima del estruendo de las bocinas de los coches.

* * *

Mientras cruzaba la calle hacia el parque, Barry divisó un grupo de enormes arbustos de azaleas que formaban un círculo completo. Estaban cubiertos de un estallido de flores rojas, blancas y rosas, y las enormes flores tocaban un cañón de la Guerra Civil que había cerca. Sus colores se apoderaron de Charleston, famosa en primavera por el Festival de la Azalea, durante el mes de marzo. Barry detuvo un arbusto de azalea y Vanessa entró en un lugar gloriosamente privado, rodeado de muros en flor.

Los fragantes brotes daban un agradable aroma al pequeño escondite, mientras que la espesa y afelpada hierba alfombraba el suelo.

Sus ojos estudiaron la grandeza de la naturaleza hasta que Barry puso las manos sobre sus hombros desnudos y frotó su piel con suavidad. Le metió la lengua entre los labios y la besó mientras con la mano derecha le exploraba el cuerpo. Aprovechando el suave flujo de seda de la bata, deslizó los dedos con facilidad sobre el material para sondear y rodear sus nalgas. Lenta y cautelosamente, se detuvo en la tela que se ceñía a sus pechos. Pasó una mano por debajo de sus pechos y la deslizó por su vientre, inclinó su alta estatura para tocar el interior de sus muslos. Le sacó la lengua de la boca y le besó las mejillas y las orejas. Su corazón latía mucho más rápido que cuando estuvieron juntos la semana pasada. Le encantaban sus caricias, ya que en la vida de un huérfano no había mucho que tocar.

"Vanessa, tengo una erección", le susurró Barry al oído suavemente. "¿Una qué?"

"Cariño, tengo una erección", repitió él, pensando que ella no le había oído. "¿Qué?

"Cariño, tengo una erección."

"¿Qué es eso?" preguntó Vanessa inocentemente.

"Estás de broma, ¿verdad?", preguntó él con total incredulidad ante su inocencia. "No, Barry, ¿qué es? ¿Qué es una erección? ¿Qué es una erección?"

"¡Genial! De todas las chicas a las que podría haber invitado al baile, me voy con la que no sabe absolutamente nada de sexo".

"¡Llévame de vuelta a San Pablo ahora! Ahora mismo". Empezó a atravesar las ramas de azalea, pero el fuerte físico de él la dominó.

Lo siento. Lo siento profundamente". Barry le apretó los brazos con fuerza. 'Me voy. Déjame ir. Caminaré si es necesario".

"Lo siento, pero no creía que fuera posible a los dieciséis años no saber lo que era una erección".

"OK, Barry Hale. No sé lo que es una erección, ¡pero sí sé que voy a volver a San Pablo! No dormiré en la misma casa con un canalla. Si pudiera encontrar una manera de activar este cañón, lo giraría hacia ti y trataría de darle directamente".

"¡Cálmate!"

Vanessa intentó soltarse. "Suéltame. Me haces daño en el brazo".

"No irás a ninguna parte hasta que me perdones por ser tan imbécil". Acabo de darme cuenta. ¿Quién te va a hablar de sexo? ¿Una monja atrapada en el siglo equivocado?"

"No insultes a la Hermana Roe. Era toda una dama en su época".

Barry empezó a reír incontrolablemente ante la idea de que la hermana Roe estuviera alguna vez con un hombre. "Eso deja una imagen en mi cabeza". Al soltarse de sus brazos, las lágrimas llenaron sus ojos y corrieron por sus mejillas. "¿Todavía vas a volarnos a mí y a estas azaleas con este viejo cañón oxidado?".

''Te dejaré vivir, sólo si me dices de qué estás hablando".

"¡Vaya, Vanessa! Nunca he hablado de sexo con una chica, sólo con los chicos en los vestuarios del colegio y la vez que mi padre me preguntó si tenía alguna duda". "Debe ser estupendo tener un médico como padre. Debe de saberlo todo sobre el tema. Nadie me ha sacado nunca el tema, ¡y mucho menos me ha dicho nada!".

CAPÍTULO CUARTO

"Desde luego, no soy un experto".

"Bueno, probablemente sepas mucho más que yo".

Barry se recostó en la hierba y sus fuertes bíceps levantaron suavemente el cuerpo de ella sobre el suyo. Mientras la acariciaba, le explicó con buen gusto lo que le estaba ocurriendo físicamente. Colocando discretamente su mano sobre la de ella, la guió entre sus piernas mientras pedía permiso a cada paso. Dirigiendo discretamente las caricias de sus partes íntimas, controlaba cada movimiento, pero sin dejar de besar a Vanessa durante el proceso. Pronto, su abrigo de esmoquin estaba tirado en un montón sobre la hierba. Barry le preguntó si podía quitarle la bata, pero ella se negó, así que no la obligó a desnudarse. En lugar de eso, le explicó lo intolerable que era excitarse y no poder dar rienda suelta a su pasión. Le rogó que le permitiera tener un orgasmo mientras orquestaba cuidadosamente cada caricia. De repente, él empezó a gemir cuando ella sintió que una humedad descendía sobre la palma de su mano. Se le llenaron los ojos de lágrimas cuando él gritó lo que parecía dolor. Observando, se sintió asustada cuando un líquido claro pero cremoso rezumó por toda su mano. "Vanessa, cariño, no llores. Por favor". Abrazó su diminuta figura y acarició ambos pechos mientras sus sollozos prevalecían. Ella le abrazó con fuerza mientras él le lamía las lágrimas.

"Tengo un pañuelo". Las lágrimas se deslizaron por sus mejillas mientras Barry utilizaba el pequeño trozo de tela para limpiarse los muslos pegajosos. Le encantaba la intimidad que le proporcionaba explorar su cuerpo. Su físico era tan diferente al de los chicos del orfanato.

"Me pregunto qué hora será". Barry extendió el brazo para que ella mirara su reloj.

"¡Son las cinco menos cuarto! Es imposible que lleguemos a tu casa antes del toque de queda".

"¡Vamos!" Barry se levantó de un salto y consiguió subirse la cremallera de los pantalones mientras recogía todo lo demás en sus brazos. Apresurándose entre las ramas de los arbustos de azaleas, corrieron hacia el coche.

"Será mejor que no tomes la interestatal. Está cerrada después de las cinco y bloquean todas las rampas de salida", advirtió Vanessa.

"Vamos a intentarlo. Si vamos por las calles de la ciudad, nos llevará una eternidad.

Quizá sean más permisivos desde que Martin Luther King se fue de Charleston". Barry trató de convencerse de que no pasaría nada malo si rompían el toque de queda.

* * *

Algo rozó su mejilla y cayó sobre su regazo. El pelo le cayó sobre los hombros y miró la horquilla de oro. De repente, llena de temor ante la idea de perder el antiguo pasador de la hermana Roe, agarró la joya. Sabiendo que pronto conocería a los padres de Barry, sacó el peine para arreglarse el pelo, que ahora estaba revuelto. Vanessa deseaba desesperadamente tener el mejor aspecto posible para gustarles. No quería enfrentarse a ellos con el aspecto de haber estado en los arbustos con su hijo. Sin espejo, insistió en alisarse.

"¡Vanessa! Vas a tener que ayudarme a vestirme mientras conduzco". "¿Por qué no me dejas conducir?"

"¿Pensé que no sabías cómo?"

"¿Qué tan difícil puede ser? ¿No basta con poner el pie en el acelerador y apuntar?" "Sujeta el volante mientras me visto".

"¿Puedes ponerte esa faja sentado al volante?"

"Mientras no nos estrelle contra un árbol, puedo manejarlo. Pero debo admitir que mi madre básicamente me vistió esta mañana".

"Sí, la Hermana Roe me peinó durante tres horas. Es una pena que tu madre no lo vea desde que mi pelo sufrió un gran colapso."

"Vanessa, se ve muy bien arriba. Te queda genial suelto. Tienes un pelo estupendo". "¡Genial!" La huérfana soltó una risita nerviosa mientras Barry conducía pasando semáforos en rojo y refiriéndose a ellos como rosas. Entró en la interestatal completamente desierta, y hasta donde alcanzaban la vista, su coche era el único en la carretera. Una sensación inquietante se apoderó de Vanessa cuando le dejó tomar el control del volante. Barry mantenía el pie en el acelerador mientras el coche avanzaba a toda velocidad, y jugueteaba con su esmoquin mientras imploraba a Vanessa que mantuviera el coche entre

CAPÍTULO CUARTO

las líneas blancas. Vanessa pensó en lo extraño que se había vuelto este día, y ahora su preocupación se centraba en conocer a los padres de Barry.

"Aquí está nuestra salida. Tienes que empezar a conducir", advirtió, sin querer maniobrar el coche fuera de la rampa de la interestatal.

"Estoy teniendo un gran lío con estos gemelos. Será mejor que los hagas".
"Nunca he tocado un par de gemelos en mi vida. No tengo ni idea."

"Es raro. Mételo por los dos lados, dale la vuelta y eso lo sujeta", instruyó Barry.

"Este seguro que es mi día para sostener cosas que nunca he sostenido antes." "¡Vanessa!"

"¡Lo siento, no pude resistirme!" Soltó una risita mientras entraban en la sección negra de Charleston.

Sabían que estaban a salvo y empezaron a relajarse al entrar en la calzada circular. Barry ayudó dulcemente a Vanessa a salir del coche mientras miraba su reflejo en la ventanilla de la puerta. Se alisó la pajarita y se sobresaltó cuando su madre abrió la puerta principal.

"¿Dónde demonios has estado, hijo? Estaba muy preocupado. Son las cinco y veinte".

"Lo siento, mamá. Estábamos hablando y perdimos la noción del tiempo", mintió convincentemente.

"Tú debes ser Vanessa". La señora Hale se acercó al último escalón. "Sí, señora", respondió tímidamente. Encantada de conocerla".

Su gran casa tenía enormes columnas blancas que recordaban a la época de los antebellum. Inmensos ventanales adornaban la entrada de doble puerta. Imitando la antigua arquitectura sureña, la flamante casa era lo que la gente adinerada construía en los suburbios. Nunca había existido una casa tan magnífica en el barrio negro de Charleston hasta que los Hale la mandaron construir a medida. Estos dos profesionales de alto nivel educativo podían permitirse fácilmente esta ostentosa muestra de riqueza.

Su madre se dio cuenta inmediatamente de que toda la parte trasera del esmoquin blanco de su hijo estaba manchada de verde. "¿Qué pasó, Barry?"

"¿Te parece bien que se lo diga a tu madre?". Vanessa lo miró con cara de perplejidad. "Adelante", murmuró Barry asombrado.

"Bueno, Sra. Hale, decidimos pasar por Battery para ver el océano un rato cuando esos horribles palurdos vinieron a causar problemas".

"¿Qué han hecho, cariño?", le preguntó su madre preocupada.

Vanessa respiró hondo para ser convincente. "¡Tenía miedo! Dijeron que no les gustaba que Barry vistiera de blanco. Iban a hacerlo negro, un color más apropiado". Miró al suelo para conseguir un efecto dramático, incapaz de pensar en otra cosa.

"Claro que sí, cariño", aceptó, animando a Vanessa a continuar. "Estoy muy agradecida de que estéis los dos en casa, sanos y salvos".

"No pasa nada, mamá. No pasa nada", murmuró mientras ella le abrazaba. Puso los ojos en blanco ante Vanessa mientras devolvía el abrazo de su madre. "Sólo quiero ir a cambiarme antes de que papá llegue a casa".

"Tienes toda la razón. No hay razón para que estos idiotas que vagan por Charleston, causando el caos, arruinen nuestra noche. Le mostraré a Vanessa su habitación".

"Gracias, mamá", murmuró Barry.

"Querida, adoro tu vestido, es realmente precioso. ¿Te gustaría ponerte algo más cómodo? No creas que tienes que quedarte en traje formal para la cena".

"Bueno, señora Hale, si Barry va a cambiarse, creo que yo también lo haré", respondió Vanessa con dulzura, aunque en realidad quería seguir con la bata puesta.

Ascendieron juntos lentamente por la escalera de caracol mientras la señora Hale charlaba y el huérfano absorbía el entorno. En lo alto, una enorme araña de cristal brillaba intensamente. Estaba suspendida del techo sobre el segundo nivel. Vanessa miró hacia el salón de abajo, amueblado con gusto y exquisito a la vista. Sin embargo, resultaba cálido y acogedor. El suelo de madera pulida lucía una alfombra blanca delante del lujoso sofá y el piano de cola. Un elegante escritorio antiguo con tapa enrollable, situado frente a una alta librería, estaba repleto de libros ingeniosamente ordenados. Vanessa nunca había visto tanta opulencia cuando la señora Hale le mostró la habitación de invitados. Al entrar, se sintió completamente abrumada por la elegancia del dormitorio. Para su asombro, la cama estaba cubierta por una manta del mismo material que las cortinas. En el orfanato, las sábanas eran viejas mantas grises hechas jirones. Vanessa no podía creer que este dormitorio sólo se utilizara ocasionalmente para la empresa. Para su asombro, el cuarto de baño contiguo contenía una maravillosa bañera. En Saint Paul sólo había duchas, así que nunca se había bañado.

La señora Hale entabló una conversación trivial mientras Vanessa seguía absorta mirando el mobiliario. Hasta ese momento, la casa de Trisha le había parecido fantástica, pero ahora le parecía barata y hortera. La diferencia entre ambas era increíble. Era la primera vez que se daba cuenta de que en Estados Unidos existía una diferencia de clases basada únicamente en la casa en la que se vivía. La señora Hale salió de la habitación a por toallas. Sentada en el gran poste, Vanessa sintió que su cuerpo se hundía en su suavidad. Un montón de almohadas extra encima hacían juego con la colcha. De repente, se preguntó por qué Barry salía con ella. ¿No querría salir con una chica que tuviera una educación parecida y compartiera las mismas experiencias?

No alguien como ella, que creció durmiendo en un catre en una habitación con otros treinta niños. La hermana Roe pedía donativos una vez al año. Durante las vacaciones, la ropa llegaba en bolsas marrones de la compra que ella clasificaba. Muchas estaban rotas, así que las remendaba o cosía bajo la dirección de la monja.

Cuando no había nada de su talla, tenía que esperar al año siguiente y conformarse con lo que tenía. Le encantaba su uniforme, aunque el suyo siempre estaba usado. Como todo el mundo era igual en el colegio, nunca se sintió inferior. Vanessa saltó de la cama cuando la señora Hale regresó. "¿Le importa que me bañe, señora?".

"Desde luego, seguro que quiere refrescarse, así que siéntase libre y póngase cómodo. ¿Necesitas algo más? Estoy planeando la cena para las siete".

"No, señora."

"Bueno, tómate tu tiempo entonces. ¿Quieres tomar algo?"

"No, señora. Gracias". Vanessa cerró la puerta suavemente y pudo oír pasos cuando la señora Hale bajó las escaleras. Se acercó a la ventana y miró afuera. Abajo estaba el jardín perfectamente cuidado. Enormes magnolios estaban cubiertos de hermosas flores blancas, e inmensos robles cubiertos de musgo bordeaban la valla blanca. Colgando hasta el suelo, el musgo español ondeaba ligeramente con la brisa de la tarde. Numerosas azaleas, tan grandes como las de White Point Gardens, estaban plantadas en fila, creando un efecto dramático. El terreno se consumía de flores rojas de azalea. Su imaginación empezó a volar y se imaginó a sí misma como la señora de esta casa. Barry sería cirujano como su padre y tendrían muchos hijos. Sonriendo, Vanessa se imaginó una vida feliz para siempre. Al darse la vuelta, se sintió atraída por un retrato de Frederick Douglass y una copia enmarcada de la portada de North Star, el periódico abolicionista del que fue cofundador. Junto al cuadro había un artículo de periódico sobre su huida de la esclavitud.

Inclinándose, leyó la letra pequeña. Frederick Douglass, abolicionista y periodista estadounidense, se convirtió en un influyente conferenciante en el Norte y en el extranjero y escribió la Narrativa de la vida de Frederick Douglass.

Hipnotizada, Vanessa estudió atentamente su retrato hasta que un repentino golpe en la puerta la sobresaltó. Rápidamente, abrió la puerta y Barry se plantó ante ella, con un vaso en la mano. Con el pelo mojado, vestía unos vaqueros azules y una camiseta blanca.

"Hola. Mi mamá hizo tu té helado. Si sabe raro, es porque ella siempre le pone menta. ¿Qué has estado haciendo ahí?"

"Oh, como que me involucré con Frederick Douglass". Señaló el retrato.

"Es de mi abuela. Enseñó historia durante cincuenta años en la Universidad de Claflin".

CAPÍTULO CUARTO

"Es realmente fantástico y da un aire de clase a la habitación. Está a años luz de esas horribles fotos de vaqueros que la gente compra en Woolworth's".

"Mi madre odia Woolworths."

"¿En serio? Woolworth's es la tienda favorita de la Hermana Roe." "Bueno, aquí tiene su té helado". Barry le alcanzó el vaso. "¿También te bañaste?"

"Me sentí un poco pegajoso, si sabes a lo que me refiero."

"¡Silencio! ¡Cállate! Tu madre podría oírte". Se llevó los dedos a los labios.

"No puede ser. Está abajo".

"Bueno, yo también me voy a bañar".

"Vale, date prisa. Te echo de menos". La besó con fuerza en los labios.

Vanessa cerró la puerta con una mano y sujetó el vaso con la otra. Inclinada hacia atrás y mirando al techo, se sintió total e irremediablemente enamorada. Una vez dentro del cuarto de baño, se fijó en una botella de baño de burbujas de Francia y decidió verter un poco en el agua corriente. Cuando el polvo entró en contacto con el chorro, se formó una masa de burbujas. Satisfecha, abrió su maltrecha maleta de cartón. Dios bendiga a la hermana Roe. Ha pensado en todo, reflexionó Vanessa. La monja había metido en la maleta dos conjuntos informales. Para la misa de mañana, eligió su vestido y su sombrero favoritos. Era impresionante que hubiera podido meter todo eso en un espacio tan pequeño. Era evidente que la hermana Roe había dedicado horas al proyecto. Vanessa decidió ponerse un vestido, aunque Barry llevaba vaqueros. Quería quedar bien con él y, sobre todo, con sus padres.

Después de colocar con cuidado la bata de seda sobre la cama, probó la temperatura del agua metiendo el dedo gordo del pie. Creyendo que era perfecta, se deslizó dentro y se hundió hacia atrás contra el lateral. Sintiéndose de lujo, se sumergió en el cálido mar de burbujas y permaneció allí hasta que un golpe en la puerta la hizo saltar de la bañera. Rápidamente, se envolvió en una toalla mientras goteaba agua sobre la alfombra y abrió ligeramente la puerta.

"Vanessa, son las siete menos cuarto: mi padre ha vuelto del hospital. Vamos a comer a las siete. Será mejor que te apures".

Lo siento mucho. He perdido la noción del tiempo porque no tengo reloj. Dile a tu madre que bajo enseguida". Tras cerrar la puerta, corrió a vestirse y metió el bolso en el armario. Frenéticamente, se peinó frente al espejo y decidió no pintarse los labios por si los padres de Barry no aprobaban el maquillaje.

* * *

Todavía sudorosa por el baño caliente, corrió escaleras abajo y no estaba segura de qué camino tomar hasta que oyó risas y siguió el sonido hasta la amplia cocina, donde la señora Hale estaba removiendo un plato en el fogón. Ollas y sartenes pulidas colgaban del techo bajo por encima de su cabeza.

"Vanessa, vamos a comer frijoles negros con arroz, quingombó frito y codillo de jamón. Es el favorito de mi marido, así que espero que te guste. ¿Qué tal el té helado?"

"Vaya, olvidé traer mi vaso. Iré a buscarlo".

"No seas tonto. Barry, sube, querido, y trae el vaso de Vanessa", ordenó la señora Hale a su hijo con una sonrisa. De inmediato se levantó del sofá de la habitación contigua y pasó junto a ellos. En cuestión de segundos, estaba de vuelta.

"Bueno, ¿es que nadie me va a presentar? Llevo media hora aquí parado", bromeó el doctor Hale al entrar en la sala. "¡La cena huele muy bien!"

"Papá, esta es Vanessa", le presentó Barry tímidamente.

El doctor Hale le tendió calurosamente la mano. "Espero que el incidente de hoy no te haya asustado, querida. Entrené a Barry para ser un velocista; se supone que debe huir de los problemas".

"Sus tacones nos retrasaron, papá", mintió Barry.

"Encantada de conocerla, doctora Hale". Vanessa quería dejar de mentir.

"Gracias por salvar la vida de Trisha. Ese ladrillo era para mí".

"No, querida, no era para ti. Es un procedimiento muy sencillo". Besó a su mujer y luego preguntó: "¿A qué hora comemos?".

"Siete en punto. ¿Qué pasa con este grupo? Llevo desde esta mañana diciéndoles a todos que íbamos a comer a las siete".

CAPÍTULO CUARTO

"Bien, quiero ir a cambiarme". Llevaba una bata blanca de médico sobre el traje.

"Vuelve aquí en diez minutos o de lo contrario", ordenó la señora Hale. "¿O si no qué?"

"Si no, empezaré a buscar al marido número dos", bromeó. "Es la famosa última frase de mi madre", interrumpió Barry para explicar.

"Mantén al hombre de tu vida sobre aviso hasta que las vacas vuelvan a casa", aconsejó. "¿Puedo ayudarla, Sra. Hale?" Se dio cuenta de que debería haber estado abajo para ayudar.

"No, querida. Eres una invitada en mi casa. No quiero que muevas un dedo. Por favor, ve a sentarte. Barry, por favor, prepara las bebidas".

Después de sacar bandejas de hielo del frigorífico, sirvió té en cuatro vasos y los puso sobre la mesa. Cuando el doctor Hale reapareció, todos se sentaron a cenar. Las velas encendidas brillaban en el hermoso candelabro de plata de ley que había en el centro de la mesa mientras Barry daba las gracias.

Mientras la señora Hale orquestaba el reparto de las bandejas de servir, amonestó a Vanessa: "Querida, si tienes un hijo, por favor, hagas lo que hagas, no lo atiendas. Ves a este hombre aquí". Señaló a su marido con una cuchara de servir. Estaba indefenso. Su madre le atendía con los pies y las manos. Lo hacía todo menos llevarle la comida a la boca. No podría sobrevivir en este planeta sin veinte criadas recogiendo detrás de él".

"Le haré saber que cuando fui a Corea, la Marina estadounidense no me dejó llevar a mi mamá", interrumpió el doctor Hale. "Fue la experiencia más traumática de mi vida".

Y estábamos casados entonces", añadió la Sra. Hale.

"No les hagas caso, Vanessa; siempre están así".

"Entonces, ¿cómo fue ir al baile al mediodía?" inquirió el doctor Hale, tomando un bocado.

"Éramos los primeros y teníamos la pista de baile para nosotros solos", contestó Vanessa, pero enseguida pensó que era una tontería. Se sentía incómoda porque nunca se había sentado en una mesa con adultos.

"Al menos nadie más que Barry podía pisarte", bromeó el cirujano. "Oye, papá, creía que los Hale descendían de una larga estirpe de grandes bailarines".

"Difícilmente, cariño; es más probable que desciendas de grandes bailarinas de mi lado del árbol genético". Interrumpió la Sra. Hale. "Ahora, Vanessa, háblanos de ti".

"¡Mamá!" exclamó Barry horrorizado.

"Bueno, vivo en Saint Paul desde octubre de 1952. Es un orfanato, ya sabes". Pensó que había vuelto a avergonzarse delante de ellos.

"Cariño, no quise decir eso. Quería decir, ¿cuáles son tus intereses?"

"Bueno, me gusta leer y quiero ser periodista". Vanessa se sorprendió a sí misma al admitir por fin su objetivo, en voz alta, ante desconocidos.

"¿En serio?" La Sra. Hale parecía de pronto sumamente interesada.

"Los periodistas me parecen muy poderosos. Rezo para que una mujer negra pueda conseguir trabajo. Si no, quizá pueda fundar mi propio periódico como hizo Frederick Douglass".

"Estaré encantado de ser tu primer suscriptor. ¡Barry puede ser tu repartidor de periódicos!" "Muchas gracias, papá". Barry sacudió la cabeza entre bocado y bocado mientras masticaba su comida. Fue una comida maravillosa con alimentos deliciosos, y a Vanessa le fascinó ver a la familia Hale bromear de un lado a otro. Encontraban humor en todo y eran tan inteligentes y a la vez tan cálidos. Vanessa nunca había pasado una velada romántica como aquella, en la que el resplandor de las velas hacía brillar la habitación. Se preguntó si cenarían así todas las noches. Para ella, la cena solía ser a las cinco, con los niños trepando por su regazo. La hora de la cena la pasaba dando de comer a los más pequeños, limpiando lo que derramaban e intentando comer algo.

"Entonces, ¿qué piensas de que Barry se convierta en un hombre de Harvard?" Preguntó el doctor Hale.

"¿De qué estás hablando?" El resplandor y el brillo del momento se desvanecieron al instante.

"¡Papá!" Barry gritó frenéticamente. "¡Aún no se lo he dicho a Vanessa!"

CAPÍTULO CUARTO

"William, me atrevería a decir que estás en apuros". La señora Hale evaluó la situación y acudió al rescate de su hijo. "¿Por qué no salís al jardín y os relajáis?" Rechazó amablemente su oferta de lavar los platos.

En cuanto la puerta se cerró tras ellos, exclamó: "¡Dios mío, William, es Blanca!".

"No veo cómo es posible. Ha pasado toda su vida en un orfanato dirigido exclusivamente por y para negros".

"William, ¿has visto su pelo? Me he pasado toda la vida en el campo de la biología, ¡y ningún miembro de nuestra raza ha tenido nunca un pelo tan sedoso como ése!".

"¡Lo sabía! A la primera chica que Barry trajera a casa la harías pedazos. Tu hijo podría haber traído a casa a Lena Horne, y tú habrías dicho que tenía una voz horrible".

"¡William, esa chica es Blanca!"

Cualquier miembro de nuestra raza cuya familia lleve aquí doscientos años tiene, con toda probabilidad, una ascendencia blanca significativa. Con todo el mestizaje impuesto a los esclavos, las probabilidades apuntan mucho en esa dirección. Nosotros también, cariño. Sólo que sus genes parecen dominar".

"Bueno, William", dijo su mujer indignada, "predigo que es cien por cien caucásica, sin ni siquiera un rastro de negro en ella. La pobre chusma blanca la dejó en la puerta de Saint Paul por error. Además, a juzgar por la expresión de su cara, está furiosa. Espero que mi hijo no esté siendo un canalla y utilizando a una chica de la basura del remolque para divertirse antes de irse a Harvard".

"Bueno, 'I S'wanee' Doris, ¡eres tan racista como cualquier miembro del Klan!" "Ciertamente no lo soy, y me ofende que lo digas."

"Además, a todos los hombres de EE.UU. les encantaría casarse con una huérfana". "¿Cómo es eso, William?"

"¡Nunca tendría una suegra! ¡Un matrimonio hecho en el cielo!"

"Oh, te garantizo que esa vieja monja estaría entrometiéndose e interfiriendo. Me pregunto por qué no le dijo lo de entrar en Harvard como estudiante de medicina en otoño".

"Estaba esperando a que su viejo lo arruinara todo soltándolo. Además, Doris, su único hijo, está locamente enamorado. Mírale la cara. Nunca aparta la mirada de ella, ¡nunca! Ni por un segundo. Barry está completamente obsesionado con ella cada segundo, y no lo culpo. Ella es encantadora e inteligente. Esto no es amor de cachorro. Está apasionadamente lujurioso, enamorado y todo lo demás".

* * *

Fuera, las lágrimas corrían por el rostro de Vanessa, que ni siquiera se fijó en el cielo iluminado por la luna. Barry le besó los labios y se detuvo intermitentemente para explicarle que acababa de decidirse. Ayer, cuando sus padres enviaron por correo todos los formularios, junto con el cheque, por fin se hizo realidad para él. No quería hacerle daño, y había planeado contarle su decisión después del baile de graduación. Lentamente, se dirigieron hacia un banco de madera bajo un roble gigantesco y se sentaron. Cubierto de musgo español y con sus inmensas ramas colgando por su propio peso, el árbol creaba un muro de intimidad. La brisa procedente del río hizo que el musgo se balanceara ligeramente mientras Vanessa sollozaba desconsoladamente y Barry le aseguraba que siempre estarían juntos. Le prometió que volvería a casa durante las vacaciones y también le ofreció visitar el campus de Harvard.

Estaba demasiado alterada para protestar cuando sintió la mano de Barry subir y bajar por su espalda. Le metió la lengua en la boca y le bajó la cremallera del vestido. Le desabrochó torpemente el sujetador tras numerosos intentos. Besó su boca y masajeó su espalda mientras deslizaba suavemente la parte superior de su vestido. Le acarició suavemente los pechos con una mano y sintió cómo se le endurecían los pezones cuando sus dedos rodaron ligeramente sobre ellos. Le apretó los pechos mientras se inclinaba para llevarse uno a la boca. Alternando entre los dos, chupó uno con los labios mientras acariciaba el otro con la mano. Su llanto no cesó cuando él deslizó la mano entre su piel y la cintura elástica de los calzoncillos. Lentamente, exploró con los dedos la parte superior de su húmedo vello púbico.

Evitando la vagina, metió la mano por la pernera de las bragas para manosearle el interior de los muslos.

Cuando la parte superior de su vestido cayó, pudo sentir el cálido aire de marzo soplar contra su piel. Su examen de caricias continuó, hasta que de repente, dejó que su dedo índice tocara su clítoris. Hizo oscilar los dedos hacia delante y hacia atrás sin esfuerzo, mientras Vanessa respiraba agitadamente contra su pecho. Con suavidad, le rozó el clítoris. Luego, bruscamente, apartó la otra mano de su pecho y le introdujo un dedo en la vagina. Lo sintió cálido y pegajoso, lo que le hizo sumergirse impulsivamente y enroscarse a medida que Vanessa se excitaba. Se retiró momentáneamente, pero volvió rápidamente con los dos dedos y giró el conducto que llevaba al cuello del útero. Mientras él retorcía y giraba tan profundamente como podía, el cuerpo de ella se retorcía. Respirando agitadamente mientras su cuerpo se balanceaba contra él, empezó a gemir mientras echaba la cabeza hacia atrás y dejaba escapar un suave gemido. Aunque sólo duró unos segundos, a Barry sus gemidos le parecieron una eternidad. Cuando él sacó lentamente los dedos, ella se inclinó hacia atrás y dejó escapar un pequeño gemido. Mientras le daba una última vuelta a la vagina, le subió las bragas y le rotó deliberadamente las manos alrededor de los pechos. Barry volvió a colocarle el sujetador y le rodeó los hombros con el vestido mientras la besaba profundamente en la boca. Le acarició el pecho una vez más antes de subirle la cremallera.

"¿Dónde has aprendido a hacer eso?" preguntó Vanessa con entusiasmo.

"¿Hacer qué, cariño?" "¡Barry!"

"La revista Playboy. Mi padre tiene una suscripción que llega a su hospital. La guarda escondida en el cajón inferior izquierdo de su escritorio. Cuando le llaman, voy directamente allí. Nadie se atrevería a entrar en su despacho sin llamar".

"¿Quieres decir que nunca te han pillado?" "Todavía no, al menos. ¿Cómo te sentiste?"

"Oh, Barry, fue increíble. Esta maravillosa sensación se convirtió en una explosión que nunca antes había experimentado. La emoción que sentí fue irreal. Era como si mi cuerpo estuviera poseído. ¿Puedo ir a Harvard contigo?"

"¿Y tus dos últimos años de instituto?".

"Apuesto a que Massachusetts tiene un instituto". "Eso tendría mucho éxito por aquí".

"¿Te imaginas a la hermana Roe? Tendría a todos los policías estatales yendo al norte por la interestatal. Pero me dejarás soñar con estar contigo, ¿verdad?"

"Yo soy el que sueña contigo. Tendrás a medio equipo de fútbol detrás de ti".

"¿Sólo la mitad?"

"Escucha, no quiero que nadie te toque nunca. Nunca jamás. Eres mía para siempre".

"Como vivo con una monja, tienes una clara ventaja." "Después de que mis padres se vayan a dormir, ¿puedo ir a tu habitación?"

"¿Estás loca? Si nos pillan, me pasaré el resto de mi vida en un convento, y la hermana Roe, ¡encontrará un monasterio donde duermas en el suelo, hagas voto de silencio, lleves una túnica que te roce la piel en carne viva, y además tenga una comida asquerosa!"

"Ya lo tengo todo arreglado". "¿Cómo?"

"¿Cómo?", preguntarás. Estás hablando con un hombre de Harvard. Quité las mosquiteras de las ventanas de tu habitación y de la mía, ya que están una al lado de la otra".

"¿No podrías matarte haciendo esta rutina de la 'Docena Sucia'?". Vanessa miró hacia el tejado y decidió que Barry había perdido la cabeza.

Su madre abrió la puerta del jardín. "¿Te gustaría entrar a jugar a las cartas?".

Las picas eran el juego favorito de su familia, y pasaron el resto de la velada jugando en pareja. A medianoche, el doctor Hale recibió una llamada urgente del hospital. Cuando salió de casa, todos se fueron a la cama. Hacia la una y media de la madrugada, Barry oyó a su padre subir las escaleras. Cuando sus padres dejaron de susurrar, esperó a asegurarse de que estuvieran dormidos. Luego, trepó por la ventana y encontró a Vanessa durmiendo profundamente cuando entró en su habitación. Sentado en la cama, la miró a través de la luz de la luna que inundaba la habitación.

La luna brillaba en el rostro bellísimo de Vanessa al colarse por la ventana. Al cabo de un rato, retiró las sábanas en silencio. Ahora, sólo un camisón de algodón cubría su firme cuerpo mientras él permanecía despierto toda la noche sin apartar la vista de ella. Cuando el sol empezó a salir y a asomar por las ventanas del dormitorio, Barry la besó suavemente. En silencio, salió por la ventana y volvió a su dormitorio mientras su corazón seguía latiendo al ritmo más rápido que jamás había sentido en su pecho. Barry supo al meterse en su cama que su amor por Vanessa estaba destinado a durar toda la vida.

CAPÍTULO CINCO

"¡Hermana Roe! ¡Hermana Roe!" Vanessa gritó de puro pánico. "¡Le han disparado al reverendo King! Estaba en Memphis, ¡y alguien le ha disparado!". Corrió hacia la monja, que estaba limpiando el altar de la pequeña capilla donde los huérfanos asistían a misa.

Con la escoba aún en las manos, la hermana Roe se volvió con el rostro enrojecido. "Oh, niña, te lo ruego. Por favor, ¡dime que no es verdad! Te lo ruego, caramelito".

"Acabo de oírlo en la radio. El reverendo estaba en el balcón de un motel, ¡y alguien le ha disparado!". Vanessa rompió a llorar y agarró a la monja por la cintura. La adolescente lloró desconsoladamente mientras hundía la cara en el amplio pecho de la monja. Derrumbadas juntas en el suelo, sollozaban y gemían a gritos mientras se abrazaban con fuerza.

"Oh, niña, debemos rezar por el alma de este gran hombre", jadeó mientras ambos lloraban.

Los huérfanos empezaron a acercarse, ya que nunca dejaban que las dos mujeres se alejaran demasiado de su vista. Desconcertados por sus intensos sollozos, los jóvenes se reunieron a su alrededor. "¿Qué te pasa? ¿Por qué lloras, Nessa?", preguntó Lucas, de tres años.

Finalmente, la hermana Roe se levantó y trató de serenarse porque no quería disgustarlos. Con lágrimas corriendo por su rostro, dijo suavemente: "Niños, debemos rezar en este triste día del tres de abril del año de nuestro Señor de 1968. Ofreceremos oraciones por este gran hombre, el líder de nuestro pueblo. Que el Doctor King encuentre en el cielo la paz eterna que nunca pudo encontrar en esta tierra". Completamente ahogada, no podía hablar, así que Vanessa empezó a rezar el rosario, lo que agradó a los niños, ya que les habían enseñado a contar avemarías con los dedos.

Después de acostar a todos los jóvenes huérfanos, encendieron la radio. "Martin Luther King Jr., cuya elocuencia y compromiso con las tácticas no violentas le habían valido el Premio Nobel de la Paz en 1964, ha muerto. Con su repentina muerte, una cita suya parece resonar en la psique negra estadounidense: 'La discriminación es un sabueso infernal que roe a los negros en cada momento de vigilia de sus vidas para recordarles que la mentira de su inferioridad es aceptada como verdad en la sociedad que los domina. Una nación que sigue gastando año tras año más dinero en defensa militar que en programas de elevación social se acerca a la muerte espiritual'".

Tengo miedo, hermana Roe", confió Vanessa.

"Yo también, querida. Tengo miedo por todo el país. Apaguemos esto". La monja se acercó y desenchufó la radio. "Niña, sólo quería un cambio en nuestras prioridades".

El 6 de junio de 1968, Barry se marchó a Harvard dos meses después. Ese mismo día, Robert Francis ("Bobby") Kennedy fue tiroteado mortalmente en Los Ángeles tras su victoria en las primarias de California.

Ahora, en verano, Trisha se había recuperado totalmente de su operación y quería conseguir un trabajo. Convenció a Vanessa de que trabajara en los cobertizos de tomates de James Island para ganar dinero. Los trabajadores emigrantes se abrían camino por la costa atlántica mientras se afanaban de cosecha en cosecha. Las cosechas de tomate llegaban en grandes camiones y los itinerantes se colocaban en las cintas transportadoras hasta que se clasificaba todo el cargamento. Una jornada laboral típica consistía en dieciséis horas seguidas, con descansos sólo entre las llegadas de los camiones. Los errores en la clasificación de los tomates no eran tolerados por el supervisor, que veía pasar los productos. Todo el mundo debía seguir el ritmo de un trabajo agotador. Mirar hacia otro lado aunque sólo fuera un segundo ponía en peligro el puesto de trabajo. Las temperaturas en la llanura rondaban los noventa grados y la humedad rondaba el 100%. Los niños emigrantes con edad suficiente para trabajar trabajaban las mismas horas que sus padres.

Durante su primer día, Vanessa y Trisha presenciaron la escena más repulsiva bajo un calor espantoso. Encerrados todo el día en viejos coches con las ventanillas bajadas para que les diera el aire, los pequeños lloraban y gemían mientras el aterrador aburrimiento los consumía. Como el capataz no permitía que los niños estuvieran cerca de la peligrosa maquinaria, la única opción que tenían estos pobres padres era meter a sus vástagos dentro de sus mugrientos coches. Después de ver este espectáculo espantoso y repugnante de niños pequeños metidos en esos coches horribles y chatarra, las niñas nunca volvieron a ser las mismas. Las jóvenes víctimas, maltratadas e indefensas, permanecieron permanentemente en sus pensamientos.

Debido a la falta de otro empleo remunerado, Trisha y Vanessa pasaron el verano en el cobertizo de los tomates. El capataz era un jugador borracho, un par de escalones por debajo de la pobre chusma blanca. Pagaba puntualmente a los adolescentes, a diferencia de los trabajadores inmigrantes, a quienes pagaba al final de la cosecha. Finalmente, llegó el último día de la temporada de cosecha y los desesperados emigrantes se pusieron ansiosos en la cola de pago.

Mientras contaba su dinero, un hombre de origen hispano se acercó a Trisha. "Por favor. Mira. ¿Verdad? No, ¿verdad?", preguntó en un inglés entrecortado.

Trisha sabía exactamente cuánto dinero había ganado al céntimo durante este verano insoportablemente caluroso y contó rápidamente su paga. Sorprendida por la escasa cantidad, volvió a sumar y descubrió que le habían pagado exactamente la mitad. Utilizando su español del instituto, imitó los acentos que había escuchado durante meses. "Señor, esto no es correcto".

Se enfadó muchísimo cuando los demás emigrantes, agitados, se reunieron y entregaron a Trisha su dinero. Ella lo contó con gusto, ya que las matemáticas y la multiplicación se les escapaban por completo. Les dijo que no se preocuparan y se dirigió directamente al capataz, que estaba repartiendo el último dólar. Cuando se le acabó el dinero, dos personas que quedaban en la cola se quedaron sin nada. Era evidente que había estado bebiendo mientras permanecía fuera de su pequeña y destartalada caravana.

"Señor, ¿puedo hablar con usted?" preguntó tímidamente Trisha.

"Cariño, ¿por qué no pasas a mi despacho privado?", preguntó en un malentendido ebrio.

"Vale", respondió Trisha, sintiéndose valiente porque detrás de ella había gente hostil.

"¿Quieres una cerveza, cariño?", preguntó el capataz cuando entraron en su sucio remolque.

"No, gracias". Echó un vistazo a sus condiciones de vida, que eran tan espantosas como las de los inmigrantes. "Tengo curiosidad. ¿Por qué pagan a estos analfabetos la mitad de lo que ganan?".

"Simple, cariño. Perdí la pasta en una partida de póquer que duró toda la noche. Estuve despierto hasta las cuatro. Luego, me salieron un par de doses malísimos. Lástima que el dueño estuviera contento con su rendimiento este año", respondió mientras abría una lata de cerveza.

"¿Qué vas a hacer?" preguntó Trisha ingenuamente.

"Simple, cariño, voy a decirles que se vayan al norte del estado. Hay mucho trabajo. Las cosechas se adelantan este año". La agarró por la cintura para besarla mientras mostraba sus mugrientos dientes negros. Absolutamente asqueada, ella lo apartó de un empujón, y él cayó hacia atrás, desplomándose en una silla raída y destartalada.

"Mire, señor. Nosotros somos doscientos y usted sólo uno. Será mejor que encuentre más dinero", le pidió Trisha enfadada, mientras retrocedía. "Perra tonta, ¡sal de esta propiedad ahora mismo!". En su furia beligerante y ebria, saltó y le puso las manos en la garganta.

Trisha gritó: "¡Ayuda!". Su español atrajo a un hombre hispano a la puerta. Rápidamente la agarró por la cintura y tiró de ella hacia abajo. El capataz les gritó que se marcharan o llamaría a la policía, mientras ella contaba a los inmigrantes en español lo que había hecho. Los trabajadores engañados se pusieron violentos y empezaron a destrozar las naves, rompiendo las cajas bien apiladas, aplastando los tomates clasificados y atacando con saña la maquinaria. Mientras el capataz se escabullía y escapaba con su camión, ella se subió a una cinta transportadora y calmó a la turba. Les dijo que iría a la policía, pero los hispanos se le acercaron y le explicaron que no tenían papeles, así que no podía ir a la policía. Trisha no entendió y preguntó de qué papeles hablaba. Extranjero ilegal era un término que ella no había oído nunca.

Desesperados y asustados, estos emigrantes necesitaban el dinero para sobrevivir y alimentar a sus familias. Hasta ese momento, Trisha no sabía que la gente necesitaba permiso para estar en el país. Era un concepto nuevo para ella y su primera experiencia con el hambre y la pobreza.

Un vehículo retumbó en la distancia y, al acercarse, el polvo del camino de tierra se levantó, creando una nube nauseabunda. Los trabajadores emigrantes se dispersaron cuando los frenos del camión chirriaron y un tipo corpulento se apeó. "¿Qué demonios ha pasado aquí?", preguntó mientras observaba los daños. "¿Dónde está mi carga?"

"El capataz perdió la nómina en una partida de póquer anoche", respondió Trisha. "Que me aspen".

"¿Puede ayudarnos?"

"¡Maldita sea! Se supone que debo estar en Jersey con esta carga esta noche." "Por favor, ayúdanos."

"¿Dónde está el pendejo?" "Se ha largado".

"Para la policía, probablemente."

"Les ruego que nos ayuden. Trabajaron aquí casi todo el verano y no consiguieron nada".

"Vale. Que empiecen a cargar mi camión con lo que se pueda salvar, y yo me encargaré de la poli cuando llegue".

Trisha se volvió hacia los inmigrantes. En español, les convenció de que el camionero recibiría su dinero, así que la siguieron a regañadientes hasta el cobertizo. Cuando llegó la policía con el propietario, todo estaba tranquilo. Los trabajadores levantaron la carga mientras las sirenas sonaban contra las luces intermitentes. Trisha estaba junto al camionero mientras éste negociaba con el propietario, como había prometido. El propietario reconoció que había contratado a un completo perdedor para dirigir los cobertizos. Obviamente, tanto su dinero como el capataz hacía tiempo que habían desaparecido, pero accedió a pagarles si limpiaban el desaguisado. Trisha preguntó a la multitud si eso era aceptable.

"Claro que sí", respondieron rápidamente.

El policía sacudió la cabeza con total incredulidad. "Sho Nuff, no tenéis derecho a estar aquí, y no dejéis que os vuelva a ver por aquí. La próxima vez que intentéis organizar a estos inmigrantes, os arrestaré yo mismo".

Rápidamente, salieron del local mientras el polvo se esparcía por el aire. Trisha aceleró por el camino de tierra para crear un gran espacio entre ellos y la policía. Aliviada cuando entraron en una carretera asfaltada, preguntó: "¿Qué es exactamente un extranjero ilegal?". "¿Puedes traer el coche mañana para que podamos ir a la biblioteca?", dijo Vanessa entusiasmada.

"Mis padres nunca creerán que voy a la biblioteca".

"Siempre pensé que era como la isla de Ellis. Si quieres venir a este país, te presentas en inmigración, rellenas unos papeles y ya estás dentro", reflexiona Vanessa en voz alta.

"Eso es lo que yo también pensaba", contestó Trisha. "Ya sé lo que haremos. Si consultamos algunos libros sobre el tema, mis padres tendrán que creer que fuimos de verdad".

"Gran idea". Vanessa se sintió aliviada cuando entraron en el pequeño puente para abandonar la isla.

* * *

Al día siguiente, en la Biblioteca del Condado de Charleston, las dos adolescentes se sorprendieron al encontrar abundante información sobre el tema. De gran ayuda, una bibliotecaria experta les explicó innumerables formas de cruzar referencias sobre el tema y, por primera vez, las chicas se dieron cuenta del verdadero valor de los bibliotecarios. Astutamente, encontró un oscuro artículo de Los Angeles Times que se había publicado años antes. Tras leerlo, ambas se mostraron escépticas sobre la validez de los detalles que contenía. Tras acercarse de nuevo a la perspicaz mujer, ésta confirmó que la información era cierta y explicó astutamente a los asombrados adolescentes

CAPÍTULO CINCO

cómo hacerlo. Sin saberlo, esta sabia y talentosa dama estaba a punto de cambiar la vida de ambos.

A última hora de la tarde, la segunda planta de la biblioteca del centro de Charleston estaba desierta. Sólo unas pocas personas se arremolinaban mientras Trisha susurraba: "¿Estás pensando lo mismo que yo?".

"Me cuesta creer que nuestro gobierno pueda ser tan estúpido". "A mí también. Pero intentémoslo de todos modos".

"¿Intentar qué?"

"Vanessa, no lo estás entendiendo". "¿Entendiendo qué?"

"Los negros y los blancos que son vistos socializando juntos en el Sur siempre son acosados, ¡pero nosotros nunca! La gente asume automáticamente que ambos somos blancos. Esta bibliotecaria culta te acaba de poner en bandeja de plata el billete a la 'raza blanca'".

"Siempre estoy de acuerdo con tus locas ideas, como trabajar en los cobertizos de tomates. Pero... "

"Pero, ¿por qué no? La policía de Alabama lanzó mangueras contra los negros. Se bombardearon iglesias y murieron niños negros inocentes. Se llamó a la Guardia Nacional para que los negros pudieran asistir a las universidades de Arkansas, Alabama y Mississippi. George Wallace se presenta a presidente. ¿Recuerdas su discurso de 1963, 'Segregación hoy, segregación mañana, segregación para siempre'?".

"Nunca hemos tenido ese tipo de problemas aquí en Carolina del Sur". "Vanessa, ¿te ofrecerías voluntaria para ser judía en la Alemania nazi?" "Eso es diferente."

"¿Qué tiene de diferente? No hay mucha ilustración en este país con respecto a su raza. Todos los que pedían derechos civiles han sido asesinados, Martin Luther King, Malcolm X, John y Bobby Kennedy, por nombrar algunos. Usted me dijo que cuando los huérfanos fueron adoptados, nadie pudo escribirles ni volver a verlos. De hecho, la hermana Roe nunca te dijo adónde habían ido. No tienes familia ni nadie a quien rendir cuentas. Puedes convertirte en cualquiera".

"¡No cambiaría a la hermana Roe por el 99% de las madres de este país! Además, no creo realmente que pueda conseguirlo. Si ella descubriera que obtuve un certificado de nacimiento de un bebé blanco muerto, me uniría a ese infante. Mi madre, la monja, me mataría. En vez de eso, ¿por qué no te conseguimos un certificado de nacimiento Negro?"

"Por si no te has dado cuenta, ¡tengo los ojos azules y el pelo rubio! No podría cambiar de identidad aunque quisiera. A ver si lo conseguimos. En realidad nunca usarás estos documentos".

"Odio admitirlo porque eres tan testarudo, pero yo también tengo curiosidad. Ya que vamos a Carolina, ¡hagamos el viejo intento universitario antes de llegar!".

"¡Genial! Me encanta cuando cedes". Trisha sonrió.

Enterrado en la página veintiocho de Los Angeles Times, encontraron un pequeño artículo que les hizo embarcarse en una impetuosa travesura de instituto. California tenía una avalancha de extranjeros ilegales que cruzaban la frontera cerca de San Diego, y unos hombres llamados "coyotes" los escoltaban por un precio escandaloso. Muchos esperanzados sudamericanos y centroamericanos murieron durante el viaje en alcantarillas llenas de ratas o en ríos crecidos. Trepaban vallas de alambre de espino y corrían por autopistas para llegar a la tierra del oro. El periodista había descubierto un nuevo fenómeno en relación con los certificados de defunción y nacimiento. Encuadernados en grandes libros para el registro público, estos documentos eran fácilmente accesibles en la sala de registros del condado. Los extranjeros ilegales revisaban los certificados de defunción de los bebés menores de cinco años, que contenían el apellido de soltera de la madre, el nombre del padre y la localidad. A continuación, escribían una carta a la oficina de registros del condado, indicando que habían nacido en este hospital, de esta madre y este padre, en esta fecha. Al recibir la solicitud, el condado envió el certificado de nacimiento del niño fallecido. California no cotejaba los certificados de nacimiento y defunción en las solicitudes de permisos de conducir o números de la Seguridad Social. Obviamente, ¡los bebés muertos nunca solicitaban ninguno de los dos! Obtener documentación legal en Estados Unidos se conseguía cómodamente asumiendo la identidad de un niño muerto menor de cinco años. El periodista instaba al Estado a empezar a cruzar los certificados de nacimiento y defunción.

* * *

Al día siguiente, las chicas fueron al Registro Civil del condado de Charleston. Los libros encuadernados, extremadamente polvorientos, llevaban décadas sin abrirse. Horas más tarde, Trisha leyó en voz alta y sin aliento: "Vanessa Vaughn, nacida el 10 de octubre de 1952, de Doris y Lowell Vaughn en el Hospital Roper de Charleston. Seis libras, seis onzas. Murió el 6 de febrero de 1953, de meningitis viral".
"¡Esto me da escalofríos!"
"¡Es perfecta! Me encanta el nombre Vanessa Vaughn. Suena a estrella de cine".
"Esto se está poniendo muy raro. Por no mencionar el hecho de que estamos infringiendo la ley". Vanessa estudió con ansiedad el certificado de defunción.
"Considere esta nuestra primera incursión en el campo que hemos elegido, nuestro primer esfuerzo periodístico".
"Entonces, cuando nos pillan y nos detienen, ¿declaramos que somos detectives periodísticos aficionados?".
"¡Exactamente! En nuestro afán por estudiar la inmigración ilegal, hemos descubierto un gran fallo en nuestro sistema. ¡Seremos famosos! Nuestro país nos estará increíblemente agradecido por el descubrimiento".
"Tengo la abrumadora sensación de ser infame y de pedir la amnistía".
"Tú eres por naturaleza más prudente que yo, por eso formaremos un gran equipo de reporteros. Yo no tengo escrúpulos y tú tienes ética. Juntos, elevaremos la prensa en América a un nuevo nivel. Y no olvides la prueba de aptitud que nos hicieron las monjas, en la que ambos sacamos la mejor nota en fontanería, y periodismo quedó en segundo lugar. Imagínanos como fontaneros. Eso sí que es un caos".

* * *

Una semana después, Trisha escribió una carta al Registro Civil del condado de Charleston en la que explicaba que se llamaba Vanessa Vaughn, que sus padres eran Lowell y Doris Vaughn y que había nacido el 10 de octubre de 1952 en el Hospital Roper. Solicitó el certificado de nacimiento con la excusa de que necesitaba obtener un pasaporte para un viaje a Europa. Utilizando Saint Paul's como remitente, le dijo a Vanessa que fuera la primera en comprobar el correo todos los días. Sorprendida, Vanessa dijo que si las pillaban, podría demostrar que no era su letra, pero Trisha replicó que una broma de instituto no debía preocupar a la atareada Oficina Federal de Investigación.

Semanas después, llegó a Saint Paul una carta del Registro Civil del condado de Charleston. Irónicamente, el pobre bebé llevaba muerto dieciséis años. Totalmente fascinada con el inquietante documento, Vanessa se encontró estudiando cada centímetro del papel cuando la hermana Roe no estaba cerca. Imaginaba el dolor de los padres mientras recordaba a todos los huérfanos recién nacidos a lo largo de los años. Creaba el rostro del niño en su mente y visualizaba a los adultos, fantaseando con el amor que sentían el uno por el otro. Soñaba con ellos a menudo y nunca los perdía de vista, ya que tenía el certificado de nacimiento escondido debajo del colchón.

* * *

La hermana Rosalie consiguió un televisor en blanco y negro usado y Vanessa vio la televisión por primera vez. La monja encendió el noticiario local y la huérfana permaneció aturdida en su asiento mientras veían cómo Jacqueline Lee Bouvier Kennedy se casaba con Aristóteles Onassis, un magnate naviero griego. Las imágenes televisivas de Caroline y John Junior vestidos de boda paralizaron a Vanessa. La hermana Rosalie se apartó del plató y dijo: "Niña, este año ha conseguido ser aún peor. Ahora a nuestro país le han robado a su reina".

"Hermana Roe, ¿tengo un certificado de nacimiento?"

"No, querida, pero déjame contarte sobre la noche en que viniste a San Pablo. Durante las vacaciones de 1952, como joven novicio, me asignaron temporalmente para ayudar. Unos días antes de Navidad, a las tres de la

CAPÍTULO CINCO

mañana, unos golpes horribles en la puerta despertaron a todos los huérfanos. Los golpes eran cada vez más fuertes, pero yo estaba sola, asustada y sin saber qué hacer. Los niños empezaron a llorar, lo que creó un caos total en mi primera noche de trabajo. Cuando abrí la puerta principal, la persona que llamaba al timbre estaba en estado de pánico total y salió corriendo en la oscura noche. Pero a lo lejos, reconocí la silueta de una mujer que llevaba una larga bufanda de lana para cubrirse la cara. Sólo pude vislumbrarla en la oscuridad total de la noche cuando la puerta principal se cerró de golpe y oí pasos que bajaban por la calle. Qué extraño, pensé, mientras empezaba a cerrar la puerta, pero entonces oí un gemido.

Mirando hacia abajo, dentro de la caja de cartón había un bebé increíblemente hermoso. Me agaché, cogí a la niña y la llevé dentro. La niña no lloró ni una sola vez y pasé toda la noche abrazada a ella. Al día siguiente, me había enamorado por primera vez, y la emoción que sentía por la pequeña era como una fiesta que duraba toda la noche. Cada movimiento minúsculo que hacía me fascinaba porque era una experiencia nueva y tierna. Cuando salió el sol, mi rumbo en la vida cambió drásticamente. Mi maestría quedó eclipsada por el pequeño bulto, al que quería cuidar y no abandonar nunca. Le pregunté a la Madre Superiora si podía quedarme en el orfanato, en vez de terminar mi doctorado en historia americana".

"Hermana Roe, ¿alguna vez lamenta su decisión de abandonar la historia?" preguntó Vanessa.

Un resplandor de felicidad se extendió por el rostro de la monja. "Oh, niña, mi decisión se parece mucho a la que tomó Robert E. Lee en 1861 cuando el presidente Lincoln le pidió que asumiera el mando de las fuerzas federales. Una semana después, Virginia se separó, pero Lee fue incapaz de volverse contra su querido estado natal. ¡Eso es lo que hice, querida! En lugar de asistir a la Universidad Católica, elegí quedarme en mi Carolina del Sur natal. Hija, te amo con todo mi corazón y con toda mi alma".

"¡Pero renunciaste a tu sueño por mí!"

"Oh, niña, me has dado más alegrías de las que jamás creí posibles en una vida".

"¡Yo te quiero más!"

"Hasta este momento, nadie me había acusado de desertar de la historia americana".

"¡Diablos, sabes más que cualquier profesor de historia!" "¡Seguro que me gustaría pensar eso!"

"Hermana Roe, ¿cómo conseguiré un número de la Seguridad Social sin partida de nacimiento?".

"Querida, ¡qué preciosa eres! Carolina del Sur es muy consciente de que estás en este planeta y será un honor darte un número de la Seguridad Social. ¡Absolutamente honrado!"

"Barb, la hermana de Trisha, está en la universidad y le dije que necesitas un número de la Seguridad Social. Dijo que lo memorizara ya que lo piden mucho".

"Esta Barb, con un gusto magnífico en vestidos, es absolutamente correcta e increíblemente sabia. Cariño, ¡ya tienes una tarjeta de la Seguridad Social!". Vanessa sonrió mientras se abrazaban.

* * *

Semanas después, las adolescentes fueron a la oficina de la Seguridad Social de Charleston y una ancianita de pelo canoso las atendió amablemente. Esperaron nerviosas sentadas en el vestíbulo a que reapareciera con la oficial de Trisha y la fraudulenta de Vanessa, a nombre de Vanessa Vaughn. Por fin apareció la señora de pelo blanco y les dio sus nuevas tarjetas de la Seguridad Social envueltas en plástico con nueve números impresos en rojo. Aliviadas por haber salido del edificio sin que las pillaran, tomaron el autobús urbano para volver a casa mientras estudiaban atentamente sus tarjetas.

Mientras el autobús avanzaba, Trisha se jactaba: "Bueno, lo hemos conseguido".

"Sí, cuando me condenen, seré la única persona en la Penitenciaría Estatal de Mujeres de Carolina del Sur con dos tarjetas de la Seguridad Social. Y tú eres mi cómplice, así que esperemos que lleguemos a ser compañeras de celda".

CAPITÚLO CINCO

"Mira, Vanessa, por milésima vez, Carolina del Sur no cruza certificados de nacimiento y defunción. Mi plan es infalible ¡Positivamente infalible!"

CAPÍTULO SEIS

Dos años más tarde, Vanessa y Trisha recibieron cartas de aceptación de la Universidad de Carolina del Sur. Las dos se decantaron inmediatamente por la carrera de Periodismo. Cada futura estudiante recibió un folleto en el que se describían las diferentes disciplinas, pero las adolescentes no se molestaron en leerlo. Mientras ellos se limitaban a hojear las fotografías en color, la señora Bibbs y la hermana Rosalie lo leían de cabo a rabo. Inauditas en su época, ambas mujeres estaban entusiasmadas con la idea de que sus hijas siguieran la carrera de periodismo.

Cuando llegó el gran día, en contra de los deseos del sargento Bibbs, se vio obligado a recoger a la hermana Rosalie y a Vanessa, ya que el viejo coche del orfanato nunca podría llegar hasta Columbia y volver. Trisha se acurrucó junto a su padre mientras éste conducía, mientras Vanessa se sentaba tranquilamente a su lado. La hermana Rosalie y la señora Bibbs se sentaron en silencio en el asiento trasero.

Tengo miedo, papá", dijo Trisha nerviosa. "No creo que sea lo suficientemente inteligente para ir. Tú y mamá nunca fueron a la universidad".

"Tonterías, a tu edad, yo estaba en una playa de Guam recibiendo disparos de los japoneses".

"Pero, papá, hasta tu nombre de pila está mal escrito. Díselo a Vanessa".

Soy el menor de once hermanos de una granja de Alabama. Mi hermano mayor sirvió a las órdenes del general Pershing en Europa durante la Primera Guerra Mundial y regresó a casa en 1919. Después de escuchar sus historias, mi madre decidió ponerme el nombre de 'Blackjack Pershing' y lo deletreó 'Pursia', ¡gran cosa!".

"Pero tuve que jugar en un patio diferente al de los oficiales". "Santo cielo, ¿por mi rango, mi nombre mal escrito y un patio de recreo de alistados, crees que no eres lo bastante listo? Eso es estiércol de caballo. Tu excusa es como intentar enseñar a bailar a un cerdo. No funciona, y molesta al cerdo, ¡y yo soy el cerdo!"

"Espero que puedan comer la comida. No es casera. Asegúrense de comer sus verduras", advirtió la Sra. Bibbs, que obviamente no estaba escuchando la conversación.

"¡Mamá, no te preocupes! No nos moriremos de hambre".

"Espero que todos puedan comer la comida de la cafetería. Si todos no comen, todos pierden peso". "Siéntase libre de enviarme un paquete de atención, Sra. Bibbs", dijo Vanessa. "Ahora me preocupa no ser lo suficientemente lista tampoco".

"¡Ustedes me están haciendo enojar más que una gallina mojada! Yo estaba en contra de la escuela católica. Juntamos el dinero para una educación superior. ¿Verdad, hermana?"

Sumida en sus pensamientos, la monja no respondió. Curiosamente, no había oído ni una palabra.

"Lo siento, papá", le susurró Trisha al oído. "Estoy muy asustada". "Yo también", añadió Vanessa. "Estoy petrificada."

"Tener miedo está bien. Simplemente estudia. Apuesto a que algunos de los más tontos son universitarios".

"Columbia, hay una señal de nuestra capital". La hermana Rosalie señaló por la ventana".

"¡Oh no, aquí vamos!" El Sargento Bibbs suspiró.

"Cerca de Columbia se encuentra Cowpens, una de las batallas más significativas de la Revolución, junto con Kings Mountain. La brigada de Tarleton fue aniquilada como fuerza de combate eficaz por la milicia guerrillera de Carolina del Sur, lo que obligó a los británicos a retirarse a Carolina del Norte, causa de la derrota final de Cornwallis en Yorktown."

"¡Está soplando una tormenta en el asiento trasero!" Golpeó el volante con las manos.

En nuestra frontera, durante su "marcha hacia el mar", Sherman le dijo al general Halleck: "La verdad es que todo el ejército arde en un deseo insaciable

CAPÍTULO SEIS

de vengarse de Carolina del Sur. Tiemblo por su destino, pero creo que se merece todo lo que le espera. Aquí es donde comenzó la traición y, por Dios, aquí es donde terminará'".

"Hasta yo sé que Sherman quemó Columbia hasta los cimientos, hermana", soltó el Sr. Bibbs.

"El nuevo Partido Republicano de Lincoln se organizó para oponerse a la esclavitud. La Convención Nacional Demócrata de 1860 se celebró en nuestra querida Charleston. Tan divididos estaban los demócratas. Lincoln ganó las elecciones con 180 votos electorales, pero perdió por un millón de votos populares. El triunfo negro republicano se extendió rápidamente. Carolina del Sur adoptó una ordenanza de secesión".

"¡Y allá vamos, avanzando hacia otro siglo!"

"El presidente confederado Jefferson Davis era un graduado de West Point que sirvió larga y hábilmente en el Senado de los Estados Unidos y como secretario de guerra en el gabinete de Franklin Pierce. En 1861, figuraba entre los políticos más influyentes del país".

"¡Por favor, no! Ahora no". El Sr. Bibbs subió el volumen de la radio.

"Sin ser un extremista en la cuestión de los esclavos, Davis fue, no obstante, un defensor del 'modo de vida' sureño, y su respetada reputación dio estatura a la nueva nación. Nunca quiso la presidencia, aceptó la llamada del deber y buscó relaciones pacíficas con Lincoln. Charleston era un puerto internacional clave, por lo que la Confederación apenas podía reclamar la soberanía sin él".

"¡Bien, chicas! Son sólo veinte millas más. Llegaremos pronto, a menos que la buena hermana quiera conducir hasta West Point y ver el antiguo pupitre de Davis", pronunció el sargento Bibbs.

Trisha soltó una risita y supo que echaría de menos a su padre y su gran sentido del humor. Era muy afortunada.

"Jefferson Davis fue capturado por soldados de la Unión y encarcelado durante dos años".

"¡Estamos aquí! ¡Mirad! La Universidad de Carolina del Sur, la próxima salida". El señor Bibbs señaló mientras las cuatro mujeres rompían a llorar y empezaban a berrear y sollozar histéricamente. "¡Vamos, señoritas! Dos años de cárcel no son nada por lo que llorar cuando eliges el bando equivocado". Hizo sonar su bocina con fuerza.

La orientación para la Facultad de Periodismo de la Universidad de Carolina del Sur se celebró en un gran auditorio. Un hippie con el pelo largo hasta los hombros se sentó junto a ellos mientras un hombre larguirucho aparecía en el escenario. Soy el Doctor Ash. Todos los estudiantes de periodismo, por favor preséntense en la sala 201."

"¿De qué está hablando?" Trisha se inclinó ansiosa mientras un tercio de la sala se marchaba.

"Tengo la sensación de que deberíamos haber leído el folleto", dijo Vanessa con remordimiento.

"Nunca pude quitárselo a mi madre. No paraba de decir: "¡Mi hija, la reportera!"".

Entró el siguiente profesor. "Hola, mi nombre es Doctor Land. Todos los estudiantes de publicidad, preséntense en el aula 202". Una vez más, un tercio del público se marchó.

Presa del pánico, Trisha preguntó al hippie que tenía al lado: "¿De qué están hablando?".

Totalmente colocado, respondió: "¡Cómo, guau, me has pillado, nena!".

El micrófono resonó en todo el auditorio con una voz masculina atronadora. "¡Bienvenidos a la Universidad de Carolina del Sur, estudiantes de casting!"

"¡Guau, somos locutores de radio! ¡Genial!"

"Genial", bromeó Trisha. "Estos son todos los que no leyeron el folleto".

"Sin duda", respondió Vanessa. "Estos son los locutores. Que Dios ayude a nuestro país".

Tras convertirse accidentalmente en especialistas en radiodifusión, fueron consideradas únicas, lo que impresionó a sus compañeras de dormitorio, mujeres de primer año que se especializaban en educación o enfermería, producto de sus padres de la década de 1950, que inculcaron a sus hijas que la educación era un activo en el que apoyarse. La universidad era el lugar donde obtenías un título y encontrabas un marido que cuidara de ti: un vínculo instantáneo que se formaba entre todas las chicas de dieciocho años de su residencia de Carolina.

La gran moda en Carolina era el "streaking", en el que cuerpos desnudos corrían por una línea de meta establecida. Los campus universitarios de todo el país intentaban superarse unos a otros en número para batir el récord nacional de "streakers". Era un espectáculo extraordinario ver pasar cientos de cuerpos desnudos. Esa noche, la hermana Rosalie llamó a Vanessa a larga distancia. "Niña, ¿has visto a un hombre desnudo?"

"¡No, Hermana Roe, no he visto a un hombre desnudo sino a trescientos hombres desnudos!"

"¡Ten piedad de mí, niña! ¡Espero que hayas visto a esos hombres en un libro de biología universitario!"

"Adivina qué. Anoche tuvimos una redada de bragas. Chicos coreando se pararon fuera de nuestro dormitorio hasta que tiramos ropa interior por las ventanas. Las chicas besaron las suyas con pintalabios rojo antes de tirarlas".

"¡Oh, niña! Ten piedad de mi alma!"

"No te preocupes. Trisha y yo estamos trabajando en la estación de radio del campus. Es obligatorio para todos los estudiantes de radiodifusión. Betty Friedan estuvo en el campus y la entrevistamos. Escribió La mística femenina y fundó la Organización Nacional de Mujeres en 1966. Fue tan emocionante, ¡excepto que nuestra torpe grabación era tan rasposa que apenas se oía por el aire!".

"¡Debes estar muy orgullosa, niña! ¡Tu primera emisión profesional!"

"Nuestro profesor de fotografía nos dio un Alka-Seltzer para que lo fotografiáramos mientras se disolvía. Nos fijamos en un gorila que pasaba corriendo, pero seguimos fotografiando la pastilla que se disolvía. Nuestro profesor dijo que no habíamos visto al hombre del traje de gorila ni el objetivo de la prueba".

"Oh, niña, te echo tanto de menos". La hermana Rosalie se echó a llorar.

"¡No llores! La Organización Nacional de Mujeres presentó ante la FCC una petición de acción afirmativa en el empleo y la propiedad contra todas las emisoras del país porque las mujeres sólo trabajaban en puestos de secretaría. El director de la emisora WNOK-TV-AM-FM, afiliada a la CBS en Columbia, llamó a nuestro decano de radiodifusión para ver si tenía alguna mujer para enviar. Trisha y yo conseguimos trabajo, pero a mí no me dejan hablar en antena. Pongo discos y grabo una cinta que da a los oyentes las noticias y la hora exacta. Un jockey del turno anterior me lo graba".

"Bueno, yo declaro. Hasta que las vacas vuelvan a casa, ¿por qué no puedes hablar por la radio?"

"El director del programa dijo que la voz de una mujer en el aire apaga a los oyentes".

"¡Cielos Betsey, eso es ridículo y absurdo! Tienes una voz preciosa". "Al menos a mí no me gritan los vendedores como a Trisha".

"Hasta que las vacas vuelvan a casa, ¿por qué?"

"La formaron como encargada de las pausas publicitarias. Cargaba las máquinas de bobina con los anuncios locales, mientras que los nacionales llegaban en película. Los une con una empalmadora en caliente y los proyecta. En cuanto se emiten los anuncios, los retira y carga la siguiente pausa. Apenas tiene tiempo para montarlo todo, y sus errores provocan los gritos de los vendedores. Si sus anuncios no se emiten, no cobran. Tratan a Trisha como basura cuando se equivoca en una pausa publicitaria".

"¡Esos vendedores no son más grandes que un pececillo en un estanque de pesca!"

"Escucha esto: un vendedor pensaba que llegaría el día en que las emisoras se verían obligadas a dejar que las mujeres vendieran tiempo de emisión. Afirma que la primera mujer competente podría ganar mucho dinero".

"El dinero no da para mucho, pero Trisha debería ser la primera porque podría vender aire acondicionado a los esquimales. ¡Tiene agallas esa Trisha!"

CAPÍTULO SIETE

Durante su segundo año, Vanessa recibió una llamada de emergencia de la hermana Roe. La señora Hale había sufrido un infarto masivo y había muerto en el acto. Después de mirar el tablón de anuncios, consiguió que la llevaran a casa por un dólar compartiendo coche con otras siete estudiantes.

En lugar de ir al orfanato, Vanessa fue directamente a casa de Hales. Barry abrió la puerta y tenía la cara hinchada y los ojos inyectados en sangre de tanto llorar. Ninguno de los dos dijo una palabra mientras se abrazaban y se estrechaban con fuerza. Mientras él le acariciaba el pelo, se tumbaron en el sofá y se abrazaron durante un buen rato. La besó suavemente mientras le desabrochaba la blusa y le bajaba la cremallera de los vaqueros. Le metió los dedos en la vagina y la miró a los ojos. "Quiero hacerte el amor de verdad. Me enamoré de ti en cuanto te vi. Te quiero muchísimo. Nadie te amará más. Déjame entrar en ti. Nos completará y nos unirá para siempre".

"No tengo ningún método anticonceptivo, y pensé que habíamos decidido esperar".

"¿Esperar a qué? Los dos podríamos estar muertos mañana, como mi madre. Si realmente me amas, harás esto por mí. Eres la única mujer que me queda. Si quieres que te ruegue, lo haré".

"No lo sé."

"No te preocupes; lo sacaré justo antes. No te quedarás embarazada. Te lo prometo". Barry se desnudó y se arrodilló en la gruesa alfombra blanca frente a la chimenea. Se puso encima de ella y le lamió todo el cuerpo mientras le quitaba lentamente la ropa. Sus manos acariciaron suavemente la parte inferior de su cuerpo. Las lágrimas corrían por el rostro de Vanessa mientras Barry respiraba agitadamente mientras las lágrimas llenaban sus ojos. Durante un buen rato, acarició y besó su cuerpo por todas partes. Lenta y suavemente, la penetró, pidiéndole permiso. Cuando gritó que se iba a correr, ella sintió un chorro de líquido en la vagina mientras él sacaba el pene. Barry se desplomó sobre ella y quedaron tendidos sobre la alfombra, profundamente abrazados.

El miedo se apoderó de Vanessa. A menos que Barry supiera exactamente qué hacer de forma inherente, debía de estar con otra persona. Finalmente, él subió a ponerse un abrigo y una corbata, así que ella fue al baño a ponerse un vestido negro que le había prestado su compañera de piso. Cuando bajó, estaba guapísimo con su traje oscuro. En silencio, viajaron en el coche de su madre hasta la funeraria del centro de Charleston. Mientras conducían se sentía extraña, sabía que algo no iba bien.

※ ※ ※

En el tanatorio, el doctor Hale se sentó entre Vanessa y Barry. La señora Hale nunca llevaba maquillaje, pero el agente funerario le pintó tanto la cara que no parecía ella. Cuando los dolientes dijeron que nunca había estado más guapa, Vanessa supo que todos mentían excepto la hermana Roe, que frunció el ceño.

Tras el velatorio, todo el mundo se marchó excepto el trío, que se cogió de la mano en el banco forrado de seda que había junto al ataúd. La puerta se abrió de golpe y entró corriendo una mujer con tacones altos, pieles sobre los hombros y mucho maquillaje. Era la mujer negra más maquillada que Vanessa había visto nunca, y su pelaje era bastante extraño para esta época del año. "Barry, dijiste que no viniera, pero no podía mantenerme alejada", soltó con un marcado acento bostoniano mientras le agarraba por el cuello y le besaba con fuerza en los labios. "Me necesitas, mi amor, así que cogí el primer avión".

Paralizada e incapaz de moverse, Vanessa se aferró al cirujano y miró a la mujer con absoluto horror. "Tiene mi más sentido pésame, doctor Hale. Mis padres le envían recuerdos". Incapacitada mientras su corazón latía con fuerza, la mujer tomó la mano de Vanessa entre las suyas. "Hola, soy Michelle, la novia de Barry. Estudiamos medicina juntos. ¿Quién eres tú?" Se

CAPÍTULO SIETE

dejó caer en el banco y volvió a besarle en los labios. El cuerpo de Vanessa se puso flácido ante esta pesadilla de proporciones épicas.

Sintiéndose físicamente enferma, salió corriendo por la puerta para escapar al aire húmedo de la noche. Cayó de rodillas y vomitó en la acera. El doctor Hale la había seguido y se arrodilló a su lado, utilizando su pañuelo de lino blanco para limpiarle la boca. Ella sudaba profusamente mientras el cirujano utilizaba la manga de su camisa para secarle la cara. Sin hablar, se levantó de la acera y empezó a caminar por la calle Calhoun. Caminó lo más rápido que pudo, saboreando la brisa marina mientras humedecía su rostro sonrojado. Pero no pudo alcanzar al doctor Hale. Sus largas piernas le seguían el ritmo con facilidad mientras caminaban en silencio, pasando por delante de viejas mansiones de Charleston. Su carrera se detuvo en Battery mientras las olas chocaban contra el dique. De pie, observaron las turbulentas aguas.

"¿Qué piensa la Sra. Hale?"

"Se está riendo desde las nubes de esta ridícula situación en la que me ha metido mi hijo".

"Lo siento, Doctor Hale. Fue un shock. Nunca había mirado a otro hombre".

"Estoy preocupado por ti, y te agradezco ese alivio momentáneo de este intenso dolor".

"¿Sabías que la estaba viendo?"

"Sí, pero estas preguntas son para Barry, no para mí". Le puso una mano tranquilizadora en el hombro. "Vamos, déjame llevarte a casa". En silencio, volvieron a cruzar la ciudad.

Al día siguiente, en el cementerio, Vanessa se situó en la parte de atrás cuando el ataúd de la señora Hale fue bajado a tierra. Tras dar el pésame, instó a la hermana Roe a marcharse inmediatamente, ya que Michelle de Boston seguía a su lado. Le hizo un gesto para que la llamara. Ella quiso gritar, pero se controló. No tenía sentido montar una escena.

De vuelta al orfanato, soltó: "Barry dijo que me llamaría con un teléfono imaginario en la mano. ¿Qué le hizo Boston?" "¿Sabes por qué los norteños lo llamaban Bull Run y los sureños Manassas?".

"El Norte bautizó las batallas con nombres de masas de agua cercanas, y el Sur utilizó lugares".

"Esta batalla por el Sr. Barry Hale, un caso clásico del Norte enfrentado al Sur".

"¡Hermana Roe, quiero arrastrarme bajo una roca y desaparecer!"

"Con tu permiso, cariño, representaré a la contingencia del Norte y elegiré un buen río yanqui". Se rió, mientras dirigía el viejo Buick por una calle empedrada y llena de baches.

"Elijo al oeste del río Ashley por la coja de Scarlett", sollozó Vanessa. La hermana Rosalie apartó una mano del volante. "Esa yanqui es una zorra, a punto de escarbar. Yo declaro el elegante Ashley frente al francamente horrible Foxboro y el río Charles".

"Soy una penosa universitaria de segundo año. Sólo he salido con un chico en toda mi vida".

"Ahora, niña, sentir lástima por ti misma es tan inútil como el dólar confederado".

"¿Cómo de inútil?"

"¿Por qué, niña, el dólar confederado valía sólo 1,5 centavos en dinero de la Unión en 1865. Podrías volver a echar la red al mar para encontrar otra presa, como solía decir mi abuelo. Cariño, puede que haya peces más grandes que freír". Al girar hacia el camino de entrada, le hizo cosquillas a Vanessa, cuyas lágrimas se convirtieron en carcajadas histéricas.

※ ※ ※

Al día siguiente, Vanessa volvió a la universidad y escribió al doctor Hale una larga carta sobre la vez que su mujer la invitó a cenar. Como huérfana, fue la noche más maravillosa de su vida. El médico atesoró la elocuente nota. La

CAPÍTULO SIETE

guardó en el cajón superior de su escritorio del hospital y la leyó repetidamente para consolarse.

Barry telefoneaba constantemente, pero ella rechazaba sus llamadas. Finalmente, Trisha agarró a su amiga y la empujó hacia el teléfono de la residencia, que él sostenía pacientemente.

"Te quiero a ti, Vanessa, y a nadie más. Desde el primer momento en que te vi, eras tú y sólo tú. Nadie me importa más que tú. Cada minuto lejos de ti me duele. Sólo te quiero a ti".

"En cuanto llegó Foxboro, me olvidaron". "¿Quién? ¿Foxboro, quién?"

"Sra. Michelle, eso lleva demasiada pintura de guerra".

"La conocí el primer día en la Biblioteca Widener. Es muy pegajosa y es difícil deshacerse de ella".

"¡Ay de mí, ay de mí! Qué cuento tan retorcido contamos cuando practicamos para engañar". "Es verdad. Ella es la agresora".

"¿Has oído alguna vez la palabra no?"

"Le he dicho 'no' cientos de veces. No para de darme la lata. Es una pesada".

"Es una traición. Me hiciste jurar que nunca tocaría a otro hombre. No sólo nunca toqué a otro, sino que ni siquiera miré a uno". "Lo siento, lo siento profundamente. Por favor, perdóname". Barry ahogó las lágrimas. "Te quiero a ti. Sólo a ti. Eres mi único y verdadero amor. Eres mi alma gemela".

"Tengo un agujero en el corazón que nunca se podrá reparar. Me duele. No puedo dormir. Me destruiste; rompiste mi corazón en mil millones de pedazos. He recibido golpes toda mi vida porque nadie quería adoptarme. Adiós, Barry". Colgó el teléfono de golpe mientras las lágrimas le corrían por la cara.

* * *

Cuando terminaron el segundo año, Trisha les consiguió trabajo en el Sam's Seafood Restaurant, que estaba justo al lado del puente a la entrada de Folly, la primera isla barrera al sur de Charleston. Sus padres protestaron porque allí sólo trabajaba la pobre chusma blanca, pero ella había investigado concienzudamente las diferencias salariales. Las camareras cobraban cincuenta centavos por hora más propinas, superando fácilmente el salario de una cajera de 1,35 dólares. La hermana Roe conocía a la cocinera principal de Sam's, así que los padres de Trisha cedieron.

Durante el día, trabajaban en el puesto de perritos calientes del Boardwalk. Trisha era una experta nadadora, y ni las poderosas ni temibles olas de la barrera la disuadieron de comprarse una tabla de surf en mal estado por cinco dólares. Entre turno y turno, aprendió a hacer surf.

Por la noche, trabajaban junto a las camareras cincuentonas de Sam's con sus camisetas marineras azul marino, que apenas les llegaban a la parte superior de los muslos. El dueño del Sam's pensaba que las minifaldas eran buenas para el negocio, pero sus empleadas eran demasiado mayores para llevarlas con elegancia. Estas malhumoradas mujeres fumaban y bebían mucho, pero no dudaron en enseñar su oficio a las dos jóvenes. Quitarle el plato a alguien y servirle por el lado correcto. "Sigue estas reglas y conseguirás mejores propinas", decían las roncas mujeres.

* * *

El amigo de la hermana Rosalie, el señor Maniqault, el viejo cocinero de Sam's, hablaba gullah. Los gullahs de ascendencia africana habitaban las islas del Mar y las zonas costeras de Carolina del Sur. Su lengua creolizada se basaba en el inglés pero incluía vocabulario de varias lenguas africanas. Hablado sólo en comunidades aisladas, el gullah era la única lengua que conocía el Sr. Maniqault.

Una noche, después de que cerrara el restaurante, se sentaron en el porche trasero frente al pantano contiguo. A las once de la noche, con una temperatura de cuarenta y cinco grados centígrados, las chicas, hipnotizadas, observaban al cocinero de metro setenta y cinco, de apenas cien kilos, con su piel curtida de color negro azabache, que hacía juego con sus ojos. Una masa de arrugas hacía que su calva no se distinguiera de su rostro de ébano. Su sonrisa revelaba una boca con un solo diente frontal entre enormes encías rojas que lo rodeaban. Dentro de una bolsa de tela estaban sus piedras Juju, perfectamente lisas, que su bisabuelo trajo de África occidental, donde se

CAPÍTULO SIETE

utilizaban como fetiche, amuleto o amuleto para el Juju. Las hizo rodar alrededor de sus manos y entre sus dedos antes de extenderlas sobre el suelo de madera. Agitando las manos sobre las piedras, observó en silencio sus formaciones mientras hablaba en gullah sobre los poderes sobrenaturales que encerraban. El sudor le corría por la frente y las gotas de transpiración le resbalaban por el pecho mientras los grillos cantaban a lo lejos y los sonidos del pantano obligaban a Vanessa a acercarse para poder oír su gullah.

"Pronto, pierdes a dos en tu corazón. Se van de esta vida rápidamente, para no volver jamás". El Sr. Maniqault se frotó el pecho izquierdo.

"¿Yo? ¿Te refieres a mí?" Vanessa cuestionó su traducción del dialecto. "Uno viene del cuerpo; el otro está cerca. Pasan a la otra vida". "¿Quién?" Se movió en el duro suelo y de repente sintió mucho miedo.

"Fuerte, o no sobrevives". Agitó las manos sobre las piedras y se secó el sudor de la frente. "Juju entrar en un mal momento durante veinte años. Termina, la luz viene con tu alma gemela".

"¡Vaya!" exclamó Trisha. "No quiero saber lo que me depara el futuro. Pongámonos en marcha". Un barco camaronero hizo sonar su bocina mientras se acercaba al muelle. Asustadas, las dos saltaron hacia delante.

"¿Quieres decir que voy a ser miserable hasta que tenga cuarenta años?" preguntó Vanessa.

Volvió a balancear las manos sobre las piedras Juju y miró directamente a Vanessa. "Eres feliz en los malos tiempos negros. Depende de cómo quieras estar".

"Deja que te cuente tu futuro. A lo mejor vas a ser la primera dama".

"De ninguna manera. No quiero saberlo. Recuerda, fue idea tuya que el Sr. Maniqault predijera tu futuro. Nos advirtió que Juju da miedo".

"Toma". Ofreció una de sus piedras Juju. "Quédatela. Te protegerá hasta que vuelva tu alma gemela. Tráemela aquí". Se levantó de su maltrecha mecedora justo cuando llegaba un barco camaronero.

"¿Qué pasa con Trisha? ¿No vas a contarle su futuro?"

"Ella no cree en Juju." De repente, desapareció en la negra noche. "¡Tenías razón! Esto es espeluznante".

"Olvídalo. Maldito por veinte años, pero puedes ser feliz. Está cubriendo sus apuestas".

"El país bajo jura por Juju. ¿No quieres conocer tu futuro?". "Después de escuchar el tuyo, te garantizo que me casaría con un instalador de tuberías del astillero que me corretea. Viviríamos en un parque de caravanas hortera; él tendría barriga cervecera de beber cerveza todo el día mientras ve el fútbol con un montón de tatuajes. Venga. Vamos", dijo Trisha mientras se levantaba del suelo. "Además, no tiene sentido preocuparse por el futuro hasta que realmente ocurra".

"Pero según sus predicciones, ahora estoy en mi mala racha negra", se preocupó Vanessa.

"¡Exacto!" Trisha respondió. "¿Cómo es posible que eso sea cierto?"

CAPÍTULO OCHO

La hermana Rosalie hacía tortitas todos los domingos por la mañana después de misa. A los huérfanos les encantaba el "Domingo de las Tortitas". Esta mañana de agosto hacía un calor sofocante mientras se afanaban en la cocina. "Mi nuevo libro trata de George Pickett, que dirigió a quince mil hombres en Cemetery Ridge, y seis mil murieron o resultaron heridos en el rechazo".

"¡Dios mío, seis mil hombres!" Vanessa vertió más leche en el cuenco.

"Niña, se pone peor de verdad." La Hermana Roe probó la masa. Violentamente, la monja se desplomó hacia atrás con gran fuerza y aterrizó en el suelo de la cocina. Vanessa se apresuró a levantar la cabeza, rodeada por el pesado hábito. Tenía la cara terriblemente pálida y profusamente salpicada de abundante sudor. Corrió a llamar a la operadora y gritó que enviaran una ambulancia. "¡Es urgente!", gritó. Volvió corriendo a la cocina, donde las tortitas estaban ardiendo y la habitación se había llenado de humo. Apagó la cocina de gas y tiró las sartenes hirviendo al fregadero, lo que hizo que el vapor se elevara por los aires. Volvió corriendo al lado de la monja y se agachó para desabrocharle el hábito y que pudiera respirar mejor. Enfadada e impotente, dijo a las huérfanas: "¿Por qué tienen que llevar estas estupideces en pleno verano? No me extraña que la hermana Roe se desplomara con este calor espantoso".

Después de secar el sudor de la cara de la monja, la abrazó con fuerza y pudo oír el débil sonido de una sirena a lo lejos. "Sí que se están tomando su tiempo. Es culpa mía, porque no hice que pareciera una emergencia grave. Si pasa algo malo, nunca me lo perdonaré". El rugido de la sirena se hizo muy fuerte cuando la ambulancia entró en el camino de entrada. Dejando a la hermana Rosalie tendida en el suelo, corrió al encuentro de los dos paramédicos.

Estos la siguieron hasta la cocina con una camilla. Los voluntarios del barrio oyeron las sirenas y se reunieron para ayudar a los huérfanos.

No tengo pulso", dijo el paramédico mientras comprobaba sus constantes vitales.

* * *

Vanessa montó en la ambulancia y, tras llegar a la entrada de urgencias, el doctor Davies declaró a la hermana Rosalie muerta a su llegada el 3 de agosto de 1972.

La enfermera Bow intentó soltar a Vanessa del cuello de la monja, pero ésta se aferró con fuerza. Por la fuerza, la doctora Davies la soltó del cuerpo y la llevó a una habitación contigua. Sin aliento, apenas llegó al lavabo antes de vomitar. Se echó agua en la cara. "Doctor Hale, la hermana Roe no puede estar muerta. Por favor, revísela de nuevo".

De forma extremadamente amable y gentil, el cirujano explicó: "Murió de insuficiencia cardiaca completa, igual que mi mujer. Quizá genética y agravada por su peso". Pacientemente, le limpió la cara pálida con su propio pañuelo mientras la enfermera Bow traía un poco de RC Cola. El doctor Hale se sentó junto a Vanessa hasta que llegaron los miembros del clero. La madre superiora y toda su orden rodearon a la joven de diecinueve años. El padre Kelly habló en privado con el doctor Hale sobre su preocupación. La hermana Roe era la única persona que la huérfana tenía en todo el mundo, así que le sugirió que no volviera al orfanato. Los padres de Trisha bajaron rápidamente y le dijeron a Vanessa que se quedaría con ellos hasta que se reanudara la universidad. Le dieron un sedante mientras llevaban el cuerpo de la monja a una funeraria del centro de Charleston.

* * *

Fuera de su velatorio, se formó una cola en la calle Calhoun, una tremenda efusión de amor por la excéntrica monja. Vanessa se sentó junto al féretro mientras feligreses, clérigos, amigos y huérfanos ya adultos le daban el pésame. Abrumada por el dolor, lloraba mientras cada persona contaba su historia favorita de la hermana Rosalie.

El doctor Hale explicó: "Barry acudió al decano, pero éste denegó la petición, ya que la hermana Rosalie no era pariente consanguínea". Ella asintió mientras el médico continuaba: "Mi hijo está muy disgustado por no poder estar aquí con ustedes en este triste momento".

Discretamente, la señora Bibbs le dijo al doctor Hale que estaba preocupada porque Vanessa vomitaba constantemente. Él le aseguró que después del funeral le haría un chequeo médico completo. El trauma de presenciar la muerte, unido al dolor por la pérdida de su figura paterna, podía manifestarse en dolencias físicas. La señora Bibbs sonrió. Sabía que Vanessa estaba en las mejores manos posibles con el apuesto cirujano que le había salvado la vida a su propia hija.

El miércoles por la mañana se celebró una misa mayor por Sor Rosalía en la catedral de Santa María, la iglesia madre de las Carolinas y Georgia. Ejemplo grandioso de la arquitectura de los primeros tiempos de Charleston, su aspecto era aún más impresionante hoy porque el enorme altar estaba cubierto de innumerables arreglos florales. Oficiaba el arzobispo de la diócesis, asistido por doce sacerdotes, entre ellos el padre Kelly. Todos los bancos estaban abarrotados de gente, mientras que otros permanecían de pie en el vestíbulo trasero. La melodía del órgano resonaba en el desván, y Vanessa había elegido la música. El servicio comenzó con la canción favorita de la hermana Rosalie, "El himno de batalla de la República". Con una mezcla equilibrada de voces masculinas y femeninas, la soprano principal interpretó una interpretación desgarradora. Sollozó mientras las regias voces del coro bajaban y se apagaban al unísono. A continuación, interpretaron el Ave María, mientras se oía el llanto por toda la catedral. Cuando el arzobispo terminó su panegírico, se sentó en una enorme silla cubierta de satén en el centro de todos los demás sacerdotes.

Lentamente, Vanessa se levantó y se acercó al podio. El padre Kelly ajustó el micrófono y le entregó su pañuelo. Se secó las mejillas manchadas de lágrimas mientras miraba alrededor de la iglesia y se concentraba en las caras familiares que la hacían sentir segura. Su silencio pareció una eternidad para la congregación.

A Vanessa se le quebró la voz. "El destino me llevó a las escaleras de San Pablo en octubre de 1952. Yo era un bebé pequeño y abandonado, y una joven novicia respondió al timbre. Se llamaba Sor Rosalía; está ahí mismo". Señaló el ataúd.

"Se dirigía a Washington DC para dedicarse a su primer amor, la historia de Estados Unidos. Pero, como todos los padres, se enamoró perdidamente en cuanto vio a su pequeña. Aunque ahora haya tenido que dejarme, siempre será mi madre, y yo siempre seré su hija". Hizo una pausa mientras las lágrimas corrían por su rostro. "Una gran señora que era más divertida que un elenco de mil actores. La hermana Roe vivía cada día como si fuera el último. Llena de diversión, creaba magia para todos los que la rodeaban".

"Su mayor legado, por supuesto, fue su completa obsesión con la historia americana que involucraba a Carolina del Sur. En cuanto llegó a las 'puertas del cielo' el domingo, le pidió a San Pedro que la dirigiera inmediatamente a William Tecumseh Sherman. La hermana Roe creía que el "viejo Tecumseh" estaba loco cuando quemó Atlanta. Su locura le llevó a su destructiva "Marcha al Mar", que destruyó el Sur. El 'Viejo Tecumseh' podría llegar al cielo si el cielo reconociera un alegato de locura". Las carcajadas resonaron en la iglesia abarrotada. "¿No la ven ahora? Apuntando con el dedo a la cara del viejo Tecumseh.

Porque, ella sería su peor pesadilla por toda la eternidad. Si realmente no estuviera loco, como ella pensaba, seguro que después de un par de semanas con la Hermana Roe, lo estaría. El viejo Tecumseh sería sometido a los juicios de Rosalie y rendiría cuentas por toda la destrucción que infligió, especialmente en Carolina del Sur". Esporádicas risitas se extendieron por los bancos. "Mi madre pensaba que el cielo significaría la oportunidad de sentarse a tomar el té de jazmín con héroes como Marin Luther King y Rosa

Parks. Podría interrogarlos durante horas. Sería el cielo de Rosalie, al estilo de Rosalie". La solemne fila de sacerdotes sonreía mientras escuchaba, e incluso el severo arzobispo sonrió.

"Mi madre me enseñó que, a pesar de la emancipación, los negros fueron bajas duraderas de la guerra, al igual que la Declaración de Independencia. En la larga posguerra, pocos sureños, blancos o negros, pudieron ser felices. Cien años después, el Sur sigue recuperándose. Además, aquellos muchos norteños, que ellos mismos pestañearon ante la igualdad racial, sólo podían estar inseguros de su virtud en la victoria. Mi madre, una brillante historiadora, nos dio una visión única de nuestra preciosa historia. Su mayor temor eran nuestros errores.

Si no aprendíamos de ellos, estábamos condenados a repetirlos. Quiero que mi madre sea recordada como la señora que renunció a su vida para que los niños pudieran tener la suya. Renunció a su sueño por mí. Por eso, siempre la amaré y la apreciaré. Por favor, acompáñenme ahora con otra canción favorita: "America, The Beautiful".

Mientras los dolientes se agolpaban junto al féretro de la monja para presentar sus últimos respetos, todos besaban el ataúd o hacían una genuflexión al tocarlo. Vanessa vio cómo cientos de personas rendían homenaje a su madre. Tras la misa, los portadores del féretro colocaron el ataúd en la parte trasera del coche fúnebre para llevarlo a su última morada. Una fila de coches siguió al coche fúnebre hasta la tumba.

Al pasar junto a unos obreros de la construcción que estaban en una zanja, Vanessa se dio cuenta de que habían interrumpido su trabajo, se habían quitado los cascos y se los habían colocado sobre el pecho en homenaje al cortejo fúnebre que pasaba por allí. A la hermana Roe le encantaría esta muestra de respeto, sobre todo porque recordaba a una época pasada.

El coche fúnebre llegó al cementerio donde estaba enterrada la madre de Sister Rosalía. La monja sería colocada junto a su tumba. Utilizando el brazo del padre Kelly como apoyo, Vanessa caminó lentamente hacia el espacio que se había excavado en el suelo. El sacerdote se adelantó para recitar la Oración de San Francisco de Asís, pero apenas pudo hacerlo, pues estaba ahogado por la emoción. Vanessa se agachó y cogió un poco de tierra con la mano para echarla encima del ataúd. Cuando ya no pudo soportar más estar allí, se dio la vuelta y se dirigió enérgicamente hacia la limusina con el padre Kelly.

Un negro bajito caminó tranquilamente junto a ellos y le tocó el brazo. "Disculpe, señorita Condon. Me llamo Peter Whalen y soy el abogado de la difunta Mary McQueeney, la madre de la hermana Rosalie. ¿Sería tan amable de pasar por mi despacho de la calle Tradd lo antes posible?". Le presentó su tarjeta de visita. Ella nunca había visto una y se la cogió. Miró al abogado, impecablemente vestido con un traje de tres piezas y un reloj antiguo de oro colgado de la cintura. Hablaba con claridad y nitidez.

"Debes de tener curiosidad por saber de qué va todo esto, pero este no es el momento ni el lugar para discutir este asunto. Venga a verme la semana que viene, si es posible, y entonces responderé a todas sus preguntas. Lamento profundamente la tremenda pérdida que ha sufrido a tan tierna edad en su joven vida". Se quitó el sombrero y desapareció entre la multitud mientras ella se metía la tarjeta en el bolsillo. El padre Kelly abrió la puerta de la limusina y Vanessa subió.

El chófer la llevó al hospital, y Vanessa se quedó bastante sorprendida, ya que nadie le había dicho que iba a ir allí. La enfermera Bow la saludó e inmediatamente se disculpó por no haber hecho el servicio, explicándole que tenía que trabajar su turno. Le dijo que el doctor Davies le haría un examen físico completo. Ella asintió, pero su madre había muerto aquí y quería marcharse.

Sentada en la camilla, le preguntó: "¿Por qué cree que vomita?".

"¿Quién demonios le dijo que estaba vomitando, Doctor Davies?"

"Voy a hacer un análisis de sangre", respondió el doctor Davies con indiferencia. "¿Por qué? ¿Qué mostrará eso?"

"Confirmará si está embarazada o no, que suele ser la
razón por la que una mujer de tu edad tiene náuseas inexplicablemente".

CAPÍTULO OCHO

"¡Eso es imposible!"

"Entonces, ¿nunca has tenido relaciones sexuales?", preguntó clínicamente.

"Sería la Inmaculada Concepción. ¿Por qué me haces esto?"

"Eliminaré lo obvio con un simple análisis de sangre; si es negativo, haremos pruebas más sofisticadas". Insertó la aguja y extrajo sangre.

"La Hermana Rosalie me dio una patada. Ya no hacen mujeres como ella. Te llamaré personalmente con los resultados".

"Doctor Davies." Se bajó de la mesa de examen. "La Sra. Hale era delgada, y la Hermana Roe era pesada. ¿Por qué mueren tantas mujeres de ataques al corazón?"

"Las enfermedades cardiacas son una de las principales causas de muerte entre nuestra raza. Sufrimos una mayor incidencia debido a la genética; algunos científicos creen que es nuestra dieta. Mi teoría es que estas dos mujeres trabajaban a jornada completa, y que el estrés crea una cantidad desmesurada de cardiopatías femeninas." Se secó las manos.

"Quiero hacer carrera. ¿Moriré de una enfermedad cardíaca?"

"Si supiera la respuesta, sería un médico extraordinariamente rico, famoso y mundialmente reconocido". Se rió ligeramente. "Además, es sólo una teoría mía. Buenos días, Vanessa".

* * *

Al día siguiente, tomó el autobús urbano hasta el centro de la ciudad. En la esquina de las calles Tradd y King, giró y caminó por Tradd hasta llegar a un pequeño letrero impreso en letra inglesa antigua: "Peter J. Whalen, abogado". La pintoresca casa adosada de dos plantas era uno de los muchos edificios conservados por la Sociedad Histórica de Charleston. Tras abrir lentamente la verja blanca, subió los escalones mientras la madera crujía bajo sus pies. Golpeó la aldaba de latón y una anciana negra le abrió la puerta y la acompañó al despacho del Sr. Whalen. Al echar un vistazo, se dio cuenta de que todo, incluidos los muebles, era increíblemente viejo y olía a humedad.

"Hola, Srta. Condon. Estoy encantada de que haya podido venir. Por favor". Le indicó la silla que había frente a su escritorio mientras ella leía sus diplomas, que colgaban detrás de él.

"Represento el patrimonio de Mary McQueeney, la madre de la hermana Rosalie. A su muerte, dejó todos sus bienes a su única hija, Rosalie. Nunca contenta con que su única hija la privara de nietos cuando entró en el convento, su testamento establece que nada del dinero puede ir a la Iglesia Católica. Como Rosalie hizo voto de pobreza, no pudo quedarse con el dinero, ni tampoco entregarlo a la Iglesia. Tras el fallecimiento de su madre, le guardó la herencia en un fideicomiso. Por desgracia, el repentino fallecimiento de Rosalie se produjo antes de que cumplieras veintiún años". El Sr. Whalen abrió una carpeta. "La señora McQueeney era propietaria de una casa, que vendí por un beneficio de seis mil dólares. También tenía tres mil dólares en ahorros. Como no creía en el mercado de valores, guardaba todo su dinero en bancos asegurados por el gobierno federal, que generaban un tipo de interés increíblemente bajo. Por esa razón, le pregunté a la Hermana Rosalie si podía ser un poco más agresiva para conseguir un mayor rendimiento. Como es una mujer inteligente, accedió a mi petición. Me complace comunicarle que la suma total de su herencia asciende ahora a dieciséis mil dólares. Lo invertí de la manera más segura que pude dadas las circunstancias".

Atónita, siguió atentamente sus palabras. "Es una cantidad considerable para llegar a tenerla a una edad tan temprana sin ninguna orientación paterna. Por favor, use este dinero juiciosamente. La Sra. McQueeney pasó toda su vida limpiando la Casa Hayward-Washington. Fue un trabajo agotador que hizo incluso en su vejez. Le imploro que no despilfarre esta fortuna porque representa toda una vida de duro trabajo. ¿Tiene alguna pregunta?"

Vanessa negó con la cabeza.

"Aquí tiene un cheque por valor de dieciséis mil dólares. Le sugiero que abra una cuenta bancaria esta tarde y deposite el cheque inmediatamente. Desde luego, no deberías andar por ahí con una cantidad tan grande de dinero encima".

"La vida nos da un susto tras otro".

CAPÍTULO OCHO

"Tengo un consejo cursi y anticuado". La miró directamente a los ojos tristes. "El dinero nunca compra la felicidad. Sólo viene del interior de tu corazón. A la hermana Rosalie nunca le importó el dinero, mientras que su madre trabajó toda su vida para ahorrarlo para su único hijo. Ahora es todo tuyo". El abogado se levantó. "No dude en llamarme a cualquier hora, de día o de noche, si me necesita. La Sra. McQueeney era una cliente muy querida y apreciada".

Vanessa le siguió hasta la puerta y salió al aire pegajoso de agosto. Sin pensarlo, se dirigió a la Batería. El musgo español colgaba de los robles y se mecía suavemente con la brisa. Durante el resto del día observó cómo las olas se estrellaban contra la barandilla. El fuerte Sumter se alzaba a lo lejos, un recuerdo de todas las veces que ella y la hermana Rosalie habían ido allí de excursión y de lo felices que habían sido siempre juntas.

CAPÍTULO NOVENO

El doctor Davies entró en la sala de reconocimiento. "Tu análisis ha dado positivo, Vanessa". "¿Qué significa eso?", preguntó incrédula.

"Mis sospechas eran correctas. Estás embarazada". "Eso es imposible. Sólo tuve sexo una vez". "Desafortunadamente, eso es todo lo que se necesita."

"Barry me dijo que no me preocupara. ¡Él se retiró!"

"El mayor error es eyacular. Hay una pre-eyaculación que viene antes del orgasmo total. Es muy mortal y puede provocar fácilmente la concepción".

"¿Qué demonios voy a hacer?"

"Vas a tener un bebé", le dijo tranquilizadoramente el doctor Davies. "No puedo tener un bebé", respondió desesperada.

"No hay otra opción. El aborto es ilegal en este estado. Podrías ir a Nueva York".

"¿Nueva York? ¿Por qué no puedo abortar aquí mismo?".

"Va contra la ley. Cualquier médico que practique un aborto perderá su licencia y se enfrentará a una pena de cárcel. La ley de Carolina del Sur es clara al respecto".

"¿No puedes hacerlo sólo esta vez?", suplicó.

"Ya es bastante difícil para un negro estudiar medicina. No puedo permitirme correr ese riesgo. Me echarían la bronca, sobre todo a un médico licenciado".

"Por favor, sólo esta vez. Nadie lo sabría. Sólo quedaría entre tú y yo".

"No estoy de acuerdo con esta ley arcaica. He visto llegar a mujeres adultas a las que no podemos salvar. Algunas mueren y otras viven permanentemente estériles. Es un grave problema de salud en nuestro país".

"Por favor, ayúdame". Los ojos de Vanessa se llenaron de lágrimas.

"Moralmente, no tengo ningún problema con el aborto. Va contra la ley estatal, así de simple".

"¿Dónde puedo conseguir uno? Tú debes saberlo".

"Te lo ruego, no vayas a uno de esos carniceros. Pueden matarte. Ten al bebé".

"¿Qué hay del Doctor Hale? ¿Me ayudará?" se quejó Vanessa. "En serio, ni hablar. Háblalo con Barry. Te sentirás totalmente diferente después".

"Además de que no quiero volver a verle, no veo de qué va a servir llamarle. Tiene muchas mujeres en su vida. Eso seguro".

"Lo siento. De verdad que lo siento."

"¿No hay forma de que parezca otra cosa que necesitaba que me hicieran?".

"Todo se reduce a lo mismo: incumplir la ley. Es un delito que tiene duras penas para los médicos". Le llamaron por encima. "Tengo que irme. Por favor, no haga ninguna tontería".

Después de que él desapareciera por la puerta, ella se deslizó hacia abajo y se encontró subiendo las escaleras hasta el despacho del doctor Hale en trance. La puerta estaba abierta, así que se sentó en el sofá. Sus ojos estudiaron las fotos familiares que había en el aparador detrás de su escritorio. Fotografías de Barry a distintas edades decoraban la habitación. Un Barry de dos años en un bonito bañador colgaba entre la foto de su graduación en Harvard y una pose frente al cadáver de la facultad de Medicina. Una hermosa y joven pose nupcial de la señora Hale también adornaba la colección.

"¿A qué debo el placer de esta visita?" El doctor Hale interrumpió su hechizo.

"¡Estoy embarazada!", soltó.

Sin saber qué decir, el cirujano vaciló antes de hablar. "Siempre soñé con ser abuelo e imaginé esta maravillosa noticia. ¿Qué dijo Barry?"

"Él no lo sabe, y no quiero decírselo. Esperaba que me ayudaras".

CAPÍTULO NOVENO

"Por supuesto, tienes todo mi apoyo. Estaré encantado de ayudarte económicamente para que puedas terminar la universidad". Su tono era muy decidido mientras se paseaba por la habitación.

"No quiero tener el bebé, doctor Hale. Quiero que me haga un aborto".

Su respuesta le sobresaltó. "No puedo hacer eso, Vanessa. Esta es mi carne y mi sangre". "¿Recuerdas a la señorita Michelle de Boston? No puedo tener este bebé, ¡y lo sabes!"

"No te ayudaré a abortar un feto que resulta ser mi nieto", respondió con firmeza.

"Supongo que tendré que encontrar a alguien que lo haga". Se sonrojó ante su propia cursilería.

"Te prometo que si tienes este bebé, lo criaré". Estaba tranquilo y hablaba de forma concisa y clara. "El niño puede vivir conmigo. Tengo excelentes credenciales paternales".

Miró fijamente al cirujano. Siento que no quiera ayudarme. Usted, más que nadie, conoce las repercusiones de lo que voy a hacer ilegalmente".

"Le imploro que lo reconsidere y llame a Barry. Mi hijo estará tan emocionado como yo por esta gran noticia", dijo la doctora Hale mientras pasaba a su lado y cerraba la puerta.

※ ※ ※

Salió del hospital y cogió el autobús urbano hasta casa de Trisha, donde su amiga estaba tomando el sol en el patio trasero. Vanessa se sentó en el borde de la tumbona y la sobresaltó.

"Estoy embarazada".

"¡De ninguna manera en la verde tierra de Dios!" Estupefacta, se incorporó al instante. "Ya me has oído". le espetó Vanessa, evidentemente muy molesta.

"¿Cómo puedo ayudar?"

"El Dr. Davies y el Dr. Hale dijeron que debería tener el bebé". Se echó a llorar. Trisha la abrazó tiernamente mientras Vanessa enterraba la cara en su pecho sudoroso y lloraba aún más fuerte. "No puedo tener un bebé, sobre todo ahora".

"No te preocupes. Ya se me ocurrirá algo, como siempre hago", la tranquilizó Trisha. "Entremos en casa. Aquí fuera hace demasiado calor. Tengo que pensar en una posible opción".

* * *

Trisha cogió el coche familiar con Vanessa, que lloraba histéricamente, y se dirigió a Sam's. Esas camareras viejas y malhumoradas con sus vidas miserables tenían que saberlo. La primera anotó un número en su libreta de camarera y se la metió en el bolsillo. Se dirigieron a casa.

* * *

Una vez dentro de su casa, Trisha fue a la cocina y llamó al número. El teléfono sonó y sonó. Al cabo de quince timbres, alguien descolgó el auricular pero no dijo nada al otro lado. Nerviosa, preguntó si ése era el número al que había que llamar cuando se estaba en apuros. La voz masculina, muy dubitativa, respondió que dependía del tipo de problema. Ella explica que está embarazada y que necesita ayuda. Le pide su nombre y su número y le dice que se pondrá en contacto con ella. Ella se preguntó cuánto dinero costaría, pero él no contestó y colgó. Caminó por el pasillo hasta su dormitorio para asegurar a su mejor amiga que todo iría bien.

Temerosos de que sus padres contestaran al teléfono, no salieron de casa. Pasaron cinco tortuosos días antes de que él llamara con la dirección y dijera que vinieran con seiscientos dólares en efectivo.

* * *

bos se levantaron temprano y llegaron cerca de la puerta principal de la base naval de Charleston. Las manzanas de alrededor estaban llenas de locales de striptease con prostitutas en las sórdidas calles que lloraban para cortejar a posibles clientes.

Al pasar, los adolescentes se agarraron con fuerza hasta que se encontraron frente a una escalera mugrienta. La pintura se desprendía de las mugrientas paredes, y las escaleras sin limpiar olían a orina. El intenso calor hizo que el repugnante y asqueroso olor se impregnara en sus fosas nasales mientras subían las escuálidas escaleras sin luz. A mitad de camino, Trisha se detuvo bruscamente. "¡Quizá deberías tener este bebé!" Te lo suplico. No me hagas sentir peor. Barry no me quiere. Ya no hay vuelta atrás".

En lo alto de la destartalada escalera, Trisha intentó abrir la mugrienta puerta cerrada con llave. Golpeó ligeramente y se frotó los nudillos cuando la puerta chirrió al abrirse. Un hombre de aspecto desagradable vestía unos vaqueros sucios y una camiseta mugrienta. Sus delgados brazos estaban cubiertos de tatuajes lascivos con mujeres desnudas rodeadas de expresiones obscenas. El hombre repugnante le pidió el dinero, y ella reconoció al instante su voz de la llamada telefónica. Rebuscando en su bolsillo, le entregó los seiscientos dólares. Tras contar rápidamente los billetes arrugados, desapareció tras otra puerta.

Echaron un vistazo a la estéril habitación, abarrotada de mujeres visiblemente pobres con ropas andrajosas y niños pequeños a cuestas. Nadie emite sonido alguno. Las prostitutas llevaban mucho maquillaje llamativo y faldas que apenas les cubrían la entrepierna. Sus cuerpos apestaban a perfume rancio y la asquerosa habitación olía peor que la escalera.

Trisha sintió un impulso irrefrenable de salir corriendo por la puerta cuando vio a una mujer con los ojos vendados salir de la habitación contigua. La sangre le corría por las piernas hasta los zapatos, que estaban llenos de periódicos. Su ropa manchada de sangre tenía rasgaduras y desgarrones por todas partes, y apenas podía andar. El hombre delgado con tatuajes le quitó la venda de los ojos y le aconsejó que no se quitara el catéter. Abrió la puerta exterior y salió torpemente mientras su hijo la seguía. Horrorizada y asustada, se aferró con fuerza a Vanessa y la estrechó en un tenso abrazo.

"Llamemos a Barry a Harvard", susurró.

Varias mujeres más entraron vulgarmente con los ojos vendados y salieron sangrando profusamente.

"¡Por favor, llama a Barry!"

El hombre delgado le puso una a Vanessa y apartó bruscamente a Trisha. "De ninguna manera, tío. Devuélveme mi dinero".

Cedió y vendó los ojos de ambas chicas. La alcoba, brutalmente calurosa, no tenía ventanas ni ningún tipo de ventilación. La temperatura era insoportable en el interior de la cámara vacía, donde sólo había periódicos sucios en el suelo. Le dijeron que se quitara toda la ropa por debajo de la cintura y que se tumbara. Le dio un trozo de periódico manchado para que se cubriera. Trisha se subió un poco la venda para poder ver lo que había ocurrido. Un hombre gordo con un espeso bigote se acercó y separó las piernas de Vanessa mientras el tatuado le sujetaba firmemente los muslos. El abortista sacó de su bolsillo un tubo de plástico rojo que Trisha reconoció como un catéter Foley de su propia estancia en el hospital. Tanto el catéter como sus manos estaban sucias cuando se lo introdujo en la vagina. La niña gritó de dolor y las lágrimas corrieron por las mejillas de Trisha mientras sujetaba a su asustada amiga y observaba cómo le introducía el tosco tubo en el útero. Diez uñas se clavaron en sus brazos mientras el cuerpo de Vanessa se retorcía bajo el peso del hombre que la sujetaba mientras ella se retorcía de dolor. El abortista no habló en ningún momento y, menos de un minuto después de introducir el catéter, el hombre flaco la soltó y le dijo burdamente que se levantara. El desordenado asunto había terminado, e insistió en que se marcharan inmediatamente. Sin esperas.

El intenso dolor vaginal apenas le permitía mantenerse en pie, y mucho menos caminar. Trisha volvió a ponerle la ropa a su amiga y, cuando entraron en la habitación exterior, el flacucho les quitó las vendas de los ojos. Incapaz de bajar los escalones, sintió un dolor punzante que le atravesaba la pelvis y avanzó a trompicones con el apoyo de su amiga.

* * *

Experimentando terribles escalofríos, todo su cuerpo se crispó y vibró mientras vomitaba en la acera. Se dirigieron a la gasolinera Esso, al otro lado de la calle, y entraron en un baño grotesco y mugriento. A medida que las contracciones empeoraban, ella gritaba mientras el sudor empapaba su ropa en el asqueroso asiento del retrete.

CAPÍTULO NOVENO

Oyeron ruidos súbitos de separación, chapoteo y plop mientras los desechos rojos del cuerpo salían entre sus piernas. El catéter colgaba parcialmente fuera, en el agua de la taza del váter. Vanessa siguió sangrando profusamente durante horas en la estación Esso. Por fin, Trisha consiguió meterla en el coche y volvieron a su casa.

* * *

Sus padres estaban fuera visitando a unos parientes, así que cuidó de Vanessa día y noche, pero su amiga enferma empeoraba. Al tercer día, se desmayó y no pudo ser reanimada. Trisha la arrastró hasta el coche agarrándola por los pies, mientras el pavimento magullaba y raspaba gravemente su cuerpo inerte. Consiguió subirla al coche, para lo que necesitó todas sus fuerzas.

* * *

Condujo lo más rápido que pudo el coche de su padre y se dirigió directamente al hospital. Al llegar a la entrada de urgencias, entró corriendo y le dijo a la enfermera Bow, sin aliento, que necesitaba ayuda rápidamente. Con calma, la enfermera ordenó a un celador que sacara a Vanessa del vehículo. Por encima de la cabeza, el sistema de buscapersonas resonó: "Doctor Davies a Urgencias, STAT. Doctor Davies a Urgencias, inmediatamente". Sus fuertes brazos la izaron fuera del coche mientras el tubo de plástico se balanceaba entre sus piernas cubiertas de sangre y las manchas rojas cubrían por completo su vestido, piernas y brazos.

La doctora Davies apareció y dio órdenes con voz tranquila, sin que nadie le preguntara nada. El celador le indicó que se sentara en la sala de espera. Se sentó y observó cómo entraban negros con diversas enfermedades. Nadie reconocía realmente su existencia ni se preocupaba de que fuera la única persona blanca. Se sentía fatal, y si su mejor amiga moría, esperaba morir ella también.

La enfermera Bow se acercó. "El doctor Hale quiere verle en su despacho inmediatamente".

Lentamente, la siguió escaleras arriba, la subida más larga de su vida. El doctor Hale hizo un gesto a la enfermera Bow para que cerrara la puerta. "¿Quién es este carnicero perchero?"

"Realmente no lo sé."

"No toleraré en absoluto ninguna no-respuesta. ¿Está claro, señorita?" Sus cejas se arqueaban mientras miraba con total disgusto. "¿Tiene idea de cuántas mujeres veo en este hospital mes tras mes, año tras año, que mueren a causa de estos abortos ilegales? Simplemente no lo consiguen. Su amiga está en estado crítico".

"No, señor. No tenía ni idea".

"Estas mujeres están entre las personas más enfermas que he visto. Más enfermas que el infierno. Con fiebres altísimas, tienen infecciones graves. Algunas responden a la terapia con antibióticos y se recuperan. Otras no tienen tanta suerte y mueren. Un alto porcentaje se vuelve permanentemente estéril".

"No sabía que pasaría nada malo".

"Algunos tardan sólo horas en morir si están muy avanzados. Otros aguantan días".

"¿Por qué mueren?"

"La septicemia es una afección en la que la infección está tan avanzada que las bacterias o sus toxinas invaden el torrente sanguíneo y circulan por todo el organismo. El shock séptico se produce cuando el organismo está tan desbordado por la infección que provoca un colapso circulatorio general. A menudo, hay insuficiencia renal o hepática y un cierre masivo del organismo".

"¿Se pondrá bien?"

"Tiene peritonitis. Tiene el abdomen sensible y salta incluso cuando se le presiona suavemente. Tiene tejido infectado en el útero. Su temperatura es de 39 grados y no hemos podido bajarla. Desafortunadamente, esta es una condición que he visto demasiadas veces en mi carrera. La pelvis puede soportar cierta infección, pero, en su caso, hubo un grave grado de contaminación cuando se hizo el procedimiento para crear una sepsis tan masiva."

"Todo esto es culpa mía. No hay manera de que hubiera tolerado ese lugar por su cuenta".

"Llamé a la policía, y vas a contarles todos los detalles. ¿Entendido?"

"Sí, señor. Pero nos vendaron los ojos. No pude ver bien al gordo que lo hizo. Pero definitivamente pude reconocer a su asistente".

"Todo lo que necesitan es la dirección. Ni más ni menos".

"Ella vino a ti primero en busca de ayuda. Puedes realizar un aborto seguro. Usted la rechazó. ¿Por qué?"

"Perder mi licencia médica y sufrir la humillación de una pena de cárcel es simplemente un precio mayor del que estoy dispuesto a pagar".

"¿Prefieres tener pacientes destrozados y moribundos que arriesgar tu propia comodidad?".

"Va contra la ley. No infringiré la ley. Se trata de un enorme problema de salud pública del que no asumo ninguna responsabilidad. No soy político".

"Eso es conveniente. Pero alguien debería preocuparse por estas mujeres y sus huérfanos".

"Espera en mi oficina hasta que llegue la policía".

"Era tu nieto, ¿sabes?", soltó.

"Soy dolorosamente consciente de ello, jovencita". Abrió la puerta y la estampó contra la pared, la única vez que ella le había visto mostrar alguna emoción.

Llegó la policía y el doctor Hale permaneció estoicamente sentado durante todo el interrogatorio de Trisha sin decir una palabra. Cuando la policía se marchó, Trisha le pidió tímidamente permiso para pasar la noche en la habitación del hospital con Vanessa, pero él se negó a concedérselo. Con frialdad, le dijo que viniera durante las horas de visita, como todo el mundo. Ella intentó débilmente discutir con él, pero él se mantuvo firme. Las normas del hospital sólo le permitían quedarse cinco minutos.

* * *

Cuando Vanessa se sintió físicamente lo bastante fuerte para reanudar sus clases, el doctor Hale la llevó personalmente de vuelta a Columbia. Ninguna de las dos pronunció una sola palabra durante las dos horas que duró el desagradable trayecto en coche. Reinó un silencio absoluto hasta que llegaron al campus y el doctor Hale preguntó: "¿Vas a llamar a Barry para decírselo por fin? También era su bebé".

Vanessa le fulminó con la mirada. "Doctor Hale, nunca se lo diré. Ni volveré a verle. Su hijo me ha infligido suficiente dolor para toda una vida".

"Se preocupa por ti y está locamente enamorado de ti. Lo vi en sus ojos esa primera noche".

"Tu hijo se preocupa por demasiadas mujeres".

"Michelle nunca durará. Eres tú, sólo tú. Es tan obvio. Es joven. Perdónale".

"No en esta vida". Cogió su pequeña bolsa y dijo: "Gracias por salvarme la vida".

El triste cirujano asintió. "Lamento profundamente no haber podido salvar la vida de mi propio nieto, una herida que me perseguirá hasta el fin de mis días".

CAPÍTULO DIEZ

Vanessa y Trisha pasaron los dos años siguientes agobiadas con su carga de cursos y trabajando en WNOK-TV-AM-FM. Vanessa nunca se recuperó emocionalmente de su aborto y de la muerte de la hermana Rosalie. Charleston guardaba demasiados sentimientos detestables, así que nunca volvió. La huérfana pensaba a menudo en su tarjeta falsa de la Seguridad Social y se obsesionó con ella. Deseosa de cambiar por completo su vida, formuló un plan y no se lo contó a nadie. Por primera vez, decidió no confiar en Trisha por miedo a que la disuadiera.

Su compañera de dormitorio trabajaba en el Departamento de Transcripciones de la Universidad, así que Vanessa reveló por primera vez que era huérfana y que acababa de recibir su verdadero certificado de nacimiento. Connie reveló que cambiaban los nombres sur las mujeres todo el tiempo cuando se casaban, pero que ella nunca había cambiado un número de la Seguridad Social. Su supervisor le informó de que era muy poco habitual y le pidió todos los documentos.

Nerviosa, le contó su plan a Trisha. "¿Estás loca? Era una broma de instituto. No puedes ir en serio usando ese número falso de la Seguridad Social".

"¿Por qué no? Para empezar, fue idea tuya", recordó rápidamente a su mejor amiga.

"¡Un momento! No soy tan listo como para pensar eso, y lo sabes. Ese bibliotecario tan servicial y cerebro informático nos dijo exactamente cómo hacerlo. Además, ¿y si te pillan?"

"No tengo intención de que me pillen".

"Apuesto a que eso dijo Al Capone de camino a Alcatraz por fraude fiscal".

"Tengo una cita con el jefe del departamento de transcripciones y tengo toda la intención de cambiar mi expediente. Quiero trasladarme y que no me vuelvan a encontrar. Voy a empezar de nuevo, simple y llanamente, con una nueva vida. He pensado en ello desde que me tumbé en esos sucios periódicos. Nada de lo que digas me hará cambiar de opinión, así que ahórrate el aliento".

"Es una idea muy estúpida, y es imposible que lo consigas".

* * *

Al día siguiente, Vanessa fue al departamento de transcripciones a presentar sus documentos a una anciana que escuchaba en silencio mientras sus ojos azul pálido se fijaban en Vanessa. Llevo treinta años en la universidad y nunca me he encontrado con una petición así. Cambiar de nombre es fácil; lo hacemos todo el tiempo. Pero en tres décadas, nunca he cambiado un número de la Seguridad Social. Ni siquiera estoy segura de que sea posible".

Nerviosa, se removió en el asiento. "Mi nombre me lo dio el estado de Carolina del Sur. Lo justo es cambiar a mi nombre legal, que incluye un número de la Seguridad Social".

Sus manos arrugadas acariciaron el documento que tenía sobre la mesa. "Entiendo su preocupación por su nombre de pila, pero no puedo entender qué posible diferencia hace su Seguridad Social...".

"Es mi derecho según las leyes de los Estados Unidos de América. No puedo evitar que me críen en un orfanato", dijo con tristeza para despertar simpatía por su difícil situación.

"Trataré este asunto con el Sr. Graves, para asegurarnos de que no estamos violando ninguna ley federal". Se levantó de su silla. "Nos pondremos en contacto con usted después de que se tome una decisión."

"¿Quién es el Sr. Graves?"

"El presidente del Departamento de Administración. Sólo él puede decidir sobre este asunto".

Saliendo lentamente del edificio, incapaz de burlar a un burócrata de carrera, se alarmó por el descubrimiento de su identidad robada y las consecuencias.

* * *

CAPÍTULO DIEZ

Volvió corriendo al dormitorio y gritó cada detalle mientras Trisha estaba en la ducha. Corrió la cortina y asomó la cabeza mojada. "Esto es tan estúpido como el truco que hice ayer cuando encendí el micrófono en la emisora de radio para anunciar que el vicepresidente Spiro Agnew dimitía entre acusaciones de negocios financieros ilegales".

"Deberías haber escuchado al director del programa, que te advirtió repetidamente de que la audiencia desconectaría si escuchaba a una mujer locutora. ¿Cuánto tiempo llevas a prueba?"

"¿Quién sabe? Pásame una toalla. Mi carrera como locutora y Spiro Agnew cayeron en desgracia el mismo día, el 10 de octubre de 1973, ¡la famosa fecha de tu nacimiento!". Cogió la toalla y se secó el cuerpo. "Nunca puedes escapar de tu pasado".

"Fue realmente una tontería. Ojalá pudiera volver atrás y deshacerlo".

"¡Vuelve allí! Dile que has cambiado de opinión y que quieres ser Vanessa Condon como el Estado quería que fueras". Salió de la ducha.

"¿Vienes conmigo?"

"Ser tu amiga es un gran dolor", gimió. "¡El azul de la prisión en realidad podría halagarte!"

"Divertido, excepto que vas conmigo, como mi cómplice en el crimen".

"El azul no es mi color", espetó mientras bajaban las escaleras.

El departamento de transcripciones estaba cerrado cuando se asomaron por la ventana transparente. No había nadie dentro cuando acercaron sus narices al cristal. Entonces Trisha fue a Don's a tomar una cerveza barata.

A la mañana siguiente, Trisha tenía una resaca terrible cuando la llamaron del departamento de transcripción. Le dolía la cabeza mientras luchaba por vestirse. "Date prisa". Vanessa estaba asustada. "Vámonos ya".

Se acercaron y entraron directamente en el despacho de la señora. "El Sr. Graves tomó una decisión. Esto está completamente fuera del ámbito de nuestra jurisdicción. No tenemos autoridad para cambiar un número de la Seguridad Social.

El Sr. Graves y yo estamos de acuerdo en que debe llevar este asunto a la Administración de la Seguridad Social. Mientras tanto, cambiaré su expediente a Vanessa Vaughn, ya que me ha facilitado su partida de nacimiento". Completamente atónitos, ninguno de los dos se movió mientras ella barajaba los papeles. "Me ocuparé personalmente de todo".

Vanessa se levantó lentamente de la silla. "Gracias por todos sus esfuerzos en mi nombre".

* * *

Fuera, Trisha gritó: "¿Qué demonios vas a hacer con este estúpido cambio de nombre?".

Me traslado a la Universidad de California en Berkeley, en la costa oeste".

"¡Un momento! ¿No es Berkeley donde están todos los radicales?" "Supongo, pero estoy empezando mi vida de nuevo."

"¡Tres mil millas! La cabeza me está matando, y tú no ayudas".

"Quiero irme lejos. Llevo mucho tiempo pensando en esto. ¡Un tiempo terriblemente largo!"

"Es la primera vez que lo oigo. ¿Por qué no me lo dijiste?" "Me disuadiste. Pensé que era mejor no decírtelo".

"Te mudas al país de las frutas y las nueces, donde todo lo que suena rueda hacia el Oeste".

"Recibí la solicitud de traslado la semana pasada".

"No hay garantías de que te acepten. ¡Mi cabeza está golpeando! Estás haciendo esto sólo para alejarte de Barry, pero hay cosas como los teléfonos, que son mucho menos dramáticas".

* * *

Ese mismo día, Connie llamó a la puerta de su dormitorio. "He oído que han denegado tu solicitud. Eso apesta". Se tiró en la cama. "Espera un par de semanas, cuando todo se calme. Te cambiaré el expediente. Ese sitio es una montaña de papeleo, así que nadie se enterará".

"No te arriesgues a meterte en problemas por mí. Podrían despedirte si te pillan".

"Esas probabilidades son nulas. Son viejos y se rigen por normas. No veo por qué no lo hacen en primer lugar. Estoy solo durante el turno de almuerzo. Lo haré cuando no haya moros en la costa. Dame tu tarjeta y te avisaré cuando cambie". Connie agitó la tarjeta en el aire mientras se marchaba.

Cuando se marchó, Vanessa se dio cuenta de que estaba intentando vengarse de Barry al no aparecer. Pero ya no había vuelta atrás, pues Connie estaba decidida a ayudarla a triunfar.

Semanas más tarde, Connie se dejó caer por allí con una copia del historial cambiado de Vanessa. Se tumbó en la cama y se quedó mirando al techo mientras la invadía una sensación muy extraña. Más tarde, ese mismo día, fue a la oficina de correos del campus y dejó caer el expediente y la solicitud falsificados en la ranura. Cuando soltó la manilla, el metal se cerró con un golpe seco.

El resto del semestre transcurrió sin incidentes hasta que llegó una carta de la Universidad de California. Los peores temores de Trisha se habían hecho realidad. Su mejor amiga había sido aceptada como estudiante transferida y había decidido mudarse durante las vacaciones de Navidad de su último año. Sin la hermana Roe y con Barry fuera de su vida, ella quería un nuevo comienzo. Devastada, Trisha se pasó todas las horas del día intentando convencerla de que no se fuera, pero Vanessa no se dejó disuadir.

En la cafetería, comió un pastel de nueces. "Estás en un barco becado que la Hermana Roe trabajó duro para conseguirte. No tires su dinero. Quédate aquí y termina de usarlo".

"Es mi herencia".

"¿Por qué gastar dinero en la escuela si no es necesario? Úsalo cuando realmente lo necesites".

"¿Por qué es un concepto tan difícil de entender para ti? Un nuevo yo evita el mal yuyu".

"Lo sabía. Ese viejo loco de Manigault sin dientes te asustó. No desperdicies tu herencia huyendo a ninguna parte. No resolverá nada. Un verdadero creyente del Juju sabe que no se puede huir de él. No escaparás de él, y sólo huyes de Barry".

"Barry ni siquiera forma parte de esta ecuación".

"¡Te va a crecer la nariz como a Pinocho! Le quieres y siempre le querrás. Si te separas sin resolver tu amor por Barry, siempre lo lamentarás, y te perseguirá por el resto de tu vida."

"Prométeme una cosa. Jura que nunca le dirás a Barry ni a nadie a dónde fui".

"¿Qué? ¡No puedo hacer eso! De ninguna manera!"

"Un nuevo comienzo significa que debes guardar silencio sobre mi paradero".

"Puedo mentirle a Barry y al resto del mundo. ¿Y a tu mejor y único amigo?"

"Siempre estaremos juntos y el uno para el otro. Sólo quiero una nueva vida". "¿Qué se supone que debo decirle a Barry?"

"¡Como quieras!"

"¿Y mis padres, el doctor Hale, el padre Kelly y todas las monjas de la orden de la hermana Roe? Quieres demasiado. Me pides que mienta a gente que te quiere, que te quiere de verdad".

"¿No lo entiendes? Estoy cambiando de raza. No puedes crear una nueva identidad si tienes un pasado. Sólo tú serás el poseedor de la llave de mi vida anterior, lo que significa que nadie pasará por ti".

"Este acto de desaparición no funcionará. Simplemente pueden llamar para ver dónde te transfirieron".

"Mis expedientes son confidenciales y no pueden divulgarse sin mi consentimiento. Quiero que todo el mundo piense que me fui sin más. Depende de ti convencerles de que me largué y dejé los estudios".

"Seguro que no pides mucho. Mentir a toda la población de la civilización occidental. Soy un pésimo mentiroso, y no hay garantía de que nadie, incluidas esas monjas seniles, me crea".

"Espero que uses tus mejores dotes de locutor para convencerles".

CAPÍTULO DIEZ

"Ni siquiera puedo hablar en antena porque soy mujer; ¡soy una locutora!".

"Siempre seremos los mejores amigos y estaremos en contacto para siempre." "O hasta que toda esta gente descubra lo terrible mentirosa que soy."
"Debes ser absolutamente convincente si quiero tener la oportunidad de una nueva vida".

* * *

En las vacaciones de Navidad, Vanessa cogió un autobús Greyhound a Atlanta. Era una ciudad nueva, bulliciosa y moderna, sin el viejo encanto sureño de Charleston. Se preguntó qué aspecto tendría hoy si el "viejo Tecumseh" no la hubiera incendiado. Después de salir de la terminal, viajó por el Sur profundo. Cerró los ojos y se quedó profundamente dormida; la voz de la hermana Rosalie era clara y fuerte. "Niña, los Rebeldes aún tenían en su poder un tramo suficiente del Mississippi aunque la desembocadura del río estaba ahora en manos de la Unión. Vicksburg era la clave. Cariño, tácticas audaces permitieron a Grant cruzar el río hacia el sur".

Acurrucada contra la ventana, volvió a escuchar la historia que tantas veces le habían contado. Le reconfortó escuchar a la monja: "Grant inició un asedio que mató de hambre a los ciudadanos, que comían ratas para sobrevivir. La ciudad cayó el 4 de julio de 1863, y hasta el día de hoy, algunos habitantes de Vicksburg, Mississippi, no celebran el 4 de julio".

Cuando el conductor del autobús hizo sonar la bocina, despertó de su trance y la hermana Roe ya no estaba. Abrió los ojos y vio un cartel que decía: "Se marcha de Mississippi". Lloró durante todo el trayecto por Luisiana, pero finalmente se durmió en Texas mientras subían más pasajeros. El terreno de Nuevo México la intrigó, pero no pudo mantenerse despierta y se durmió en la mayor parte de Arizona.

Bajó del autobús en el desierto de California y no estaba preparada para el intenso y seco calor que le golpeó la cara al contemplar su recién adoptado estado. Ve hacia el oeste, joven, pensó mientras el autobús se adentraba en las resplandecientes luces de Los Ángeles. Los bulevares bordeados de palmeras la clavaron en la ventanilla con la esperanza de ver a una estrella de cine. A medida que viajaban hacia el norte, el paisaje se volvía cada vez más espectacular y las casas parecían colgar de los acantilados. Su primera visión de la majestuosa costa escarpada y rocosa del Océano Pacífico la mantuvo con el rostro a centímetros de la ventanilla. Diez horas más tarde, Vanessa llegó a las legendarias colinas de San Francisco y a su destino.

* * *

De vuelta en Carolina del Sur, Trisha se enfrentaba a un bombardeo constante de preguntas sobre el paradero de Vanessa. Barry, que había vuelto de la Facultad de Medicina de Harvard por Navidad, insistió en que le contara la verdad. Fueron a su antiguo local del instituto. Sabía que Trisha recuperaría la memoria después de un par de copas.

Después de entrar en el bar, lleno de humo y poco iluminado, esperaron a que sus ojos se adaptaran a la luz para dirigirse a la barra. Barry acercó un taburete vacío y Trisha se sentó en el desgarrado vinilo mientras él pedía dos cervezas de barril.

"¿Dónde está? Mucha gente está muy preocupada. No estás siendo justo con ellos ni conmigo".

El camarero empujó la jarra de cerveza por el pegajoso mostrador.

"¿Justo para ti? Apenas estabas cuando te necesitaba". Dio un trago de cerveza.

"¿De qué estás hablando?" Barry la miró tragar saliva.

"¡Nada! Nada", suplicó en un débil intento de cambiar de tema. "¿A qué te referías?" Él se alzaba sobre ella mientras permanecía rígido a su lado.

"¿No te lo dijo tu padre?" "¿Decirme qué?"

"Si realmente no lo sabes, no soy quién para decírtelo. Pregúntale a tu padre sobre el verano pasado".

"¿De qué demonios estás hablando?" Le apretó el brazo. "Sabes que la quiero. Pienso en ella cada minuto del día y de la noche. Nunca puedo sacármela de la cabeza. Nunca".

"Estoy muerto si te lo digo."

CAPÍTULO DIEZ

"Camarero, otra ronda. La de veinte onzas, por favor". Puso más dinero en el mostrador.

Después de dos cervezas, Trisha, achispada, contó toda la historia. "Vanessa estaba embarazada y tu padre se negó a abortar. Incluso se ofreció a criar al bebé él mismo. Un carnicero abortista casi la mata. Tuvo una infección y tu padre le salvó la vida. Incluso la llevó de vuelta a Carolina. No puedo creer que no te lo dijera".

El camarero trajo otra ronda y ella continuó: "Vanessa se enfadó después de verte con esa chica en el funeral de tu madre. Ella pensó que ustedes dos tenían una relación monógama. Excepto por ti, ella nunca miró a otro hombre en toda su vida. Eras el único hombre con el que había estado, y en Carolina, nunca tuvo una sola cita en todo el tiempo".

Barry dio un sorbo a su cerveza mientras las lágrimas nublaban sus ojos color chocolate. "La llamé todos los días tras la muerte de mi madre, pero se negó a hablar conmigo. Mi pasión por ella es real; mi amor es verdadero". Metió la mano en el bolsillo y arrojó dinero sobre la barra. "¡Vámonos!"

Se hizo un silencio incómodo en el coche mientras volvían a casa de Trisha. La incómoda quietud se interrumpió cuando Barry se detuvo en la entrada de su casa. Dio la vuelta para abrir la puerta del coche. Al salir, se dio la vuelta. "Es de suponer que nunca te lo dijo. Vanessa nunca fue lo bastante buena para su precioso hijo. Color de piel equivocado, ¿verdad, Barry?" Ella entró corriendo en su casa mientras Barry se quedaba helado.

CAPÍTULO ONCE

Trisha se acercó para apagar el despertador cuando el locutor dijo: "James Earl Carter Junior ha sido elegido trigésimo noveno presidente de los Estados Unidos". Mi voto debió de ser el beso de la muerte para Gerald Ford, pensó mientras se levantaba de la cama. No podía llegar tarde a su primer trabajo real de locutora en WDCA-TV en Washington, DC. Al volante de su querido "Sherry Chevrolet", un Malibú de 1974, pulsó los botones de la radio, pero esa mañana de noviembre sólo había noticias sobre las elecciones de 1976. Nunca se había levantado tan temprano en la universidad.

Cuando llegó puntualmente a las ocho y media, la puerta principal de la cadena de televisión estaba cerrada. Tocó el timbre hasta que una voz se oyó por el altavoz: "No me lo puedo creer. Realmente han contratado a una mujer".

"¡Encantada de conocerte a ti también!", gritó en el palco.

Un ingeniero de transmisiones con una amplia barriga abrió la puerta. "Ve a ver a Merl el Perla".

"¿Quién es?"

"Pronto lo sabrás", le dijo mientras ella le seguía al departamento de ventas.

Una voz llegó desde un despacho interior. "Soy Merl, el director nacional de ventas. Llegas tarde".

Entró apresuradamente.

"Escucha, yahoo. La FCC ahora requiere que las mujeres trabajen en empleos no tradicionales. Aparentemente, eres lo mejor que pudimos hacer, un master de la Universidad del Sur de Mississippi. ¿Cuánto por un puesto en Hattiesburg?"

"Un dólar por grito". Se rió.

"Lindo, yahoo, ahora escucha. Eres la única tía que hemos encontrado con experiencia en ventas, y vas a ayudarnos a mantener nuestra licencia con la FCC. Ni se te ocurra robar ninguna cuenta nacional de nuestro representante RKO. Te despediré en un segundo. Toma, patán sureño". Le dio una guía telefónica. "Tu lista de cuentas."

Su rudo adoctrinamiento se vio bruscamente interrumpido cuando un hombre de pelo plateado apareció en la puerta. "Querida, estás aquí. Soy el Sr. Brant, el director general. Estamos encantados de tener en nuestra plantilla a la primera vendedora del mercado. Bienvenida a WDCA-TV, ¡y buena suerte!"

Todo el personal de ventas estaba formado por hombres de unos cincuenta años. A la hora de comer, uno gritó: "¡Eh, chaval! Anda, ven. Vamos a comer. Es hora de irse". Ella los siguió hasta un bar de la avenida Wisconsin, donde la única comida que se servía eran nueces con cerveza. Bebiendo martinis, los vendedores se turnaban para usar el teléfono público que había fuera de los baños. Pasó toda la tarde intoxicándose.

"Eh, chaval, no vuelvas en esas condiciones", advirtió el mismo hombre.

Ella le ignoró y, en su estado de embriaguez, se fue a la comisaría. Consternado, Merl le hizo la vida imposible. Los vendedores le tendían deliberadamente una trampa y la saboteaban siempre que se presentaba la ocasión.

Se volvió menos ingenua y pronto se dio cuenta de sus juegos. Todas las mañanas llegaba temprano y se quedaba hasta que llegaba Merl. Después de que él hiciera su aparición, ella salía a la carretera en un Sherry Chevrolet, su solitaria oficina sobre ruedas. Mi diploma de journal ism podría colgar del espejo retrovisor; pensó mientras recorría una manzana entera antes de mover el Sherry para empezar de nuevo el proceso. Entró en S & K Meats para ir al

CAPÍTULO ONCE

baño y, sin darse cuenta, entró en el despacho del presidente, cuyas paredes estaban cubiertas de recuerdos de hockey.

Desde detrás de su escritorio, preguntó: "¿Eres fan?".

"Trabajo en la WDCA y retransmitimos al equipo de hockey de los Capitals. "Jugué en los profesionales hasta que me lesioné. ¿Podría permitirme hacer publicidad?"

Ella se concentró en su trofeo montado en la pared y no contestó. Cuando por fin llamó su atención, salió de su despacho con un patrocinio de cien mil dólares.

* * *

Al día siguiente, asistió a una visita guiada por el Kennedy Center. Cuando el guía no estaba mirando, entró en el despacho del director general y le entregó su tarjeta de visita.

"No puedo permitirme la televisión", afirmó él mientras ella miraba todos los anuncios del periódico en su pared.

"Si puedes permitirte el Washington Post, puedes estar en nuestras ondas. Sois el teatro más prestigioso del país. Mostrad vuestras obras en televisión en directo". "Lo intentaré, pero más vale que funcione. Acabo de empezar hoy como responsable de publicidad". La primera campaña televisiva del Kennedy Center fue un éxito. Así que los directores del Arena Stage, el Ford's Theater y el Capitol Centre se convirtieron rápidamente en anunciantes fijos. Con la suerte del principiante, se convirtió en la experta residente en artes escénicas y enseguida se dio cuenta de que buscar anunciantes en el periódico era mucho más fácil que deambular por las calles de DC. Cuando cambió a los anunciantes a la televisión, el medio más poderoso jamás inventado, todo lo que se anunciaba en antena aumentaba sus ventas.

* * *

Para disgusto de sus colegas masculinos, consiguió otra gran cuenta. Sight and Sound gastó diez mil dólares en la emisora, el mayor gasto mensual.

La dirigía un cristiano renacido que citaba la Biblia y se aprovechaba de los pobres alquilando electrodomésticos a personas sin crédito. Un televisor de trescientos dólares acababa costando miles, mientras que las víctimas desprevenidas pagaban mensualmente durante años. Llamaba a diario con el horario comercial exacto, pero un día le llegó un mensaje grabado: "¡Esta línea ha sido desconectada!" Sin molestarse en volver a marcar, se dirigió directamente al pequeño centro comercial de los suburbios de Virginia.

Al llegar en el Sherry Chevrolet, vio que la tienda estaba completamente vacía, e incluso el letrero de la fachada había desaparecido. La habían estafado. Debía más de treinta mil dólares, una cantidad enorme de dinero, y ella conocía su destino.

Merl anuló todas las comisiones de su nómina, lo que se tradujo en cero ingresos durante meses. "¡Yahoo, de todas formas estás ganando demasiado dinero!" Merl gritó.

"Tienes el estómago de un caballo", sermoneó el desagradable interventor con un marcado acento alemán. "Tus esposas son de oro". Mientras la reprendían, odiaba cada segundo de las ventas, pero estaba completamente enganchada al dinero. Ganaba cuatro veces más que Vanessa, que trabajaba como secretaria glorificada en un departamento de noticias de San Francisco.

Trabajando duro para reponer los ingresos perdidos, convenció a un extravagante propietario de camas eléctricas que se contorsionaban en distintas posiciones de que la televisión era el medio visual perfecto para llegar a los ancianos y los enfermos. Sus resultados fueron asombrosos, ¡un aumento de las ventas del 300%!

Los grandes almacenes Norton atendían exclusivamente a negros. Tras una insoportable negociación, la propietaria accedió a comprar los anuncios por la mitad del precio indicado. Aquella tarde, Merl el Perla arremetió contra ella y rechazó categóricamente el pedido. Así que Trisha se dirigió al

CAPÍTULO ONCE

propietario, lo que fue una maniobra de lo más inepta desde el punto de vista político. El Sr. Brant había entrado en antena en una vieja gasolinera Texaco y gestionaba la operación con un presupuesto muy reducido. El estudio, junto con las cámaras de televisión, era donde se arreglaban los coches rotos en los bastidores. El Sr. Brant, que tenía graves problemas financieros con los distribuidores que le suministraban la programación, apenas podía pagar la nómina y, como no sabía nada de ventas, se lo dejaba a sus sórdidos vendedores. No tuvo más remedio que mantener a su grupo de perdedores. Otras emisoras estaban dirigidas por locutores de primera categoría con prestigiosas empresas detrás. Impecablemente vestido, abrió la puerta. Sus paredes exhibían premios de su apogeo como locutor en los años cincuenta. "Querida, ¿a qué debo el honor de tu presencia?", dijo con su atractiva voz de locutor.

"Por favor, intercede con Merl, y pon Norton's en el aire a modo de prueba. Se enganchan y se convierten en anunciantes regulares a la tarifa real".

"Querida, eres tan persuasiva. Puedes convencer fácilmente a tu supervisor". "Me odia porque soy mujer". Al instante, se arrepintió de la afirmación, pero no había forma de retractarse. "Me discrimina".

La expresión de su rostro cambió de inmediato y el Sr. Brant la despidió secamente.

"Nunca trabajarás en la radiodifusión mientras yo viva", despotricó Merl tras enterarse de que ella iba por encima de él. "Tendrás suerte si vendes chicles en el 7-Eleven local".

Escuchó nerviosa su perorata y, cuando salió, sus compañeros vendedores que escuchaban a hurtadillas la saludaron con sonrisas burlonas.

Las cosas empeoraron cuando el Sr. Norton pagó la tarifa real pero llegó con maniquíes grotescos y sin pelo. Demasiado tacaño para contratar modelos vivos, puso ropa en cuerpos de plástico calvos y sin rostro. Furioso, el equipo de producción se vio obligado a filmar un anuncio hortera tras otro. La emisora se hizo famosa por sus extraños anuncios que vendían de todo, desde ceniceros sin humo hasta la Vegematic, una batidora de mirtilo. Trisha tenía el dudoso honor de traer todos los anuncios extravagantes, y los anuncios de la WDCA se convirtieron en el hazmerreír de la capital del país. La culpa recayó directamente en Trisha, ya que la emisora se convirtió en el blanco de las bromas de los humoristas nocturnos.

Por suerte, su amigo de la universidad trabajaba para el representante John Jenrette, de Carolina del Sur. "Después del trabajo, nos vemos en el Capitolio. Nos colaremos en los cócteles nocturnos", dijo Gus con entusiasmo.

Ella se reunió con él en el Capitolio y él le explicó que los senadores y congresistas tenían fichas con el número de la sala. Aquella tarde, Gus y ella siguieron al senador Hollings en su reunión con los productores de carne de cerdo de Carolina del Sur a las seis, con los productores de electricidad y gas de Carolina del Sur a las seis y media y con los productores de melocotones de Carolina del Sur a las siete.

"Cuando hay sesión, este ritmo de cócteles continúa cada media hora hasta las nueve". Gus señaló el gran vestíbulo. "En estas Asambleas se reúnen las personas más importantes y, en consecuencia, tienen los mejores aperitivos. Aprenda a moverse por el Capitolio y no volverá a comprar comida", dijo Gus.

Beowulf's era propiedad de un tackle de los Washington Redskins, y cada noche era una fiesta. Navegando en canoa por el río Potomac, Jimmy Carter fue grabado golpeando con su remo a un pobre e indefenso conejo, y afirmó que había sido atacado por un "conejo asesino". El dueño de Beowulf cubrió su corpulento cuerpo con un disfraz de conejo blanco con orejas y vertió sangre falsa sobre las vendas. Un conejo gigantesco llevaba una tarta con forma del Estado de Georgia y tiraba nueces enteras al suelo.

Carrie, que vivía en su edificio de apartamentos, era promiscua y hablaba abiertamente de las relaciones sexuales. El enrevesado código moral del Sur, unido a doce años de escuela católica, hacían que Carrie pareciera positivamente atrevida.

CAPÍTULO ONCE

"Voy a coger un taxi, lo que significa que me voy a casa con un tío. ¿Entendido?" Carrie se rió. "¡Los tíos altos y delgados siempre tienen las más grandes! ¡Los reconozco a la legua o hasta que les bajo la cremallera de los pantalones! Estoy de bajón con una ristra de penes pequeños!".

Trisha recibió una llamada histérica en la comisaría. "¿Qué pasa?", susurró. "Tengo un horrible brote de herpes", sollozó Carrie.

"¿Qué es eso?"

"Semilla de heno, incluso por debajo de la línea Mason-Dixon, es una enfermedad venérea." "¿Cómo te contagias?"

"¿Qué te parece, palurda? Tengo que remojarme en un baño de avena hasta que acabe este brote. Los sureños no sois rápidos, pero daos prisa y comprad avena".

Salió de la comisaría inmediatamente. En el apartamento de Carrie, se encontró con el herpes. Llagas rojas cubrían su piel hasta las rodillas, mientras que el interior de sus muslos estaba cubierto de lesiones inflamadas. Me perderé una semana de trabajo. Me duele demasiado caminar. Esta bañera es mi cama. Los cangrejos son más fáciles".

"¡Cangrejos! ¿Se arrastran por las playas de Carolina del Sur?"

"Los sureños sois unos neandertales. Demasiada endogamia. Escucha, palurda; ¡hace falta un champú de prescripción para deshacerse de las ladillas! ¿Entendido, palurda?"

Cuando Trisha salió de la estación esa noche, los dos clientes de Merl de Chicago P & G le preguntaron: "¿Conoces algún bar?".

"Conozco justo el lugar".

La siguieron mientras conducía hasta Beowulf's, su hogar lejos de casa. En la puerta principal, los dos tipos casados le dijeron: "¿Podemos invitarte a cenar y abusar de nuestras cuentas de gastos?".

Miró los anillos de boda de ambos hombres. "Tomemos una copa primero."

Al despertarse, el fuerte olor a colonia masculina la hizo hundirse en la almohada para respirar hondo. Recordaba el mismo olor de la noche anterior. Abrió los ojos lentamente y miró a su alrededor, pero el aroma persistía. Sentía la boca seca y le dolía la cabeza cuando volvió a aspirar el olor sólido y fragante. Mortificada, se puso la ropa y condujo directamente a la comisaría para llamar a Vanessa a San Francisco.

"¿Te he despertado?" Sonaba como su propia madre, que siempre llamaba a horas intempestivas e invariablemente decía exactamente lo mismo.

"¿Qué pasa? Son las 3 de la mañana." "Anoche me acosté con dos tíos".

Vanessa se sentó recta en la cama. "¿Cómo pudiste hacer eso en una noche?"

"Al mismo tiempo. Lo hice al mismo tiempo".

"¡Ni siquiera Ian Fleming hace que James Bond se acueste con dos mujeres a la vez!"

"No me hagas sentir peor. Estoy tan avergonzada; ¡también son clientes de Merl!" "Por el amor de Dios, Merl te odia. ¿Y si se entera?"

"¡Probablemente se mude al oeste con un nombre falso! ¿Te suena familiar?" "Merl te encontraría, no importa en qué rincón de la tierra te escondas." "Dime que no soy una puta."

"No eres una puta". Vanessa levantó su sábana. "¡Llamé por apoyo moral, y no lo estoy recibiendo!"

"Moral, ¿quieres apoyo moral después de acostarte con dos hombres?"

"Apoyo moral" fue una mala elección de palabras. ¿Pensaría la hermana Rosalie que soy una puta?"

"Más te vale que la hermana Roe estuviera discutiendo con el viejo Tecumseh anoche cuando tuvisteis vuestro 'menage a trois'. Deja de beber y este tipo de cosas nunca sucederían", sermoneó Vanessa.

"Ni siquiera sabía sus nombres. Nunca pregunté".

CAPÍTULO ONCE

"Ve a Looking for Mr. Goodbar. Ten cuidado. Podrías acabar como Diane Keaton. Su asesino era un asqueroso total. No puedo creer que se acostara con él".

"Era guapísimo. Me quedé en los créditos para saber su nombre. Es Richard Gere".

"Nunca he oído hablar de él."

"Recibí el artículo que tu madre envió sobre la boda de Barry".

"No es malicioso. Deja de suspirar por él. Se casó con esa yanqui. No ha tenido ni una sola cita desde que se graduó en la Universidad de California, Berkeley, hace seis años. Es hora de olvidarle".

"Ojalá pudiera". Vanessa empezó a llorar.

"Oye, será mejor que me vaya. Son las ocho y media. Todos los chicos estarán aquí en cualquier momento. ¡Odio mi trabajo! ¿Por qué escuché a ese vendedor de radio sobre entrar en ventas de publicidad? Bueno, hemos batido otro récord: dos horas en la factura telefónica de la emisora. ¡Podrían quebrar en cualquier momento!"

* * *

A la sombra de White House y Capitol Hill existían los peores guetos del país. Logan Circle, antaño de moda y ahora en decadencia, era una zona de casas victorianas en proceso de aburguesamiento, a sólo ocho manzanas al noreste de la Casa Blanca. Trisha compró una pequeña casa adosada, la única propiedad que podía permitirse. Ahora era la única persona rubia y de ojos azules en un radio de diez manzanas, a excepción del Presidente Carter y su esposa, en el 1600 de Pennsylvania Avenue.

Sus amigos de los suburbios estaban petrificados por el centro de la ciudad y le advertían que no viviera en ese gueto, pero ella hacía caso omiso de sus advertencias. Una noche, cuando estaba parada en un semáforo con el Sherry Chevrolet, un niño pequeño chocó con su bicicleta y la sangre le corrió profusamente por la cara y le manchó la camisa. Ella paró y corrió a su lado. "¿Dónde está tu mamá?"

"En la Catorce y la Q", gritó.

Metió su bicicleta en el maletero y lo envolvió con su abrigo. Condujo hasta aquella esquina repleta de prostitutas. "No veo a mi madre. No está aquí". La sangre brotaba del corte en su mejilla. "Ella trabaja en esta esquina". Intentó consolar al pequeño mientras se dirigía al hospital de la Universidad Howard. La sala de urgencias evocaba recuerdos del hospital de Charleston, ya que el personal y los pacientes eran en su mayoría negros. Al entrar, a nadie le preocupó que un niño negro tuviera una madre rubia.

"Al menos seis puntos", anunció un joven interno. "Dígale a admisiones cómo pagará".

Su cartilla militar se lo había pagado todo. Buscó en su cartera y miró hacia arriba. "Tengo treinta dólares".

"Lo aceptamos", rió el empleado. El cargo es de veintiocho dólares". "Tómeselo con calma el resto de la noche", bostezó el cansado interno. Su médico habitual puede quitarle los puntos la semana que viene", le indicó.

Tras comprarle una Coca-Cola y una chocolatina, llevó al pequeño hasta su coche. Mientras mordisqueaba el chocolate, le indicó un edificio de viviendas sociales situado a una manzana de su casa de la avenida Vermont. Se detuvo, sacó la bicicleta doblada del maletero y los llevó a ambos al interior. La pintura descascarillada rodeaba las ventanas agrietadas y la maleza cubría los cristales rotos.

Desapareció en el interior del ruinoso edificio y ella se sintió avergonzada por no haberle acompañado dentro. Soy la peor persona del mundo, pensó mientras conducía una manzana hasta su casa.

* * *

Aquella noche, Trisha se despertó con un fuerte golpe en la puerta de su casa. No conocía a nadie en absoluto, pero sin pensárselo abrió la puerta de golpe. Una prostituta vestida con unos pantalones rojos ajustados, muy maquillada y con pestañas postizas estaba delante de ella, mostrando todas las partes de su cuerpo mientras sus enormes pechos sobresalían de su top con

CAPÍTULO ONCE

volantes. "Has hecho algo bueno por mi chico. ¿Necesitas dinero para coser a mi bebé?", preguntó la prostituta en un lenguaje casi analfabeto.

"No", murmuró Trisha.

"Jimmy dice que nadie te molesta, oyes. Jimmy corrió la voz". La prostituta hizo un gesto a su chulo, que estaba sentado en un Oldsmobile de 1965 con grandes aletas, y desapareció. Después de aquella noche, disfrutó de una libertad inaudita como intocable. Como mujer blanca de Logan Circle, nunca la molestaron y se sentía segura en su pequeña casa adosada del gueto.

※ ※ ※

Un mes más tarde, llamaron a toda la plantilla por megafonía al estudio y todos los empleados se agolparon alrededor de las cámaras. Soy Ro Grigg, presidente de Taft Broadcasting, y hemos comprado esta emisora. Les presento al nuevo director general, Mark Smith. Regresen a sus escritorios ahora".

Hombres con trajes azules de poliéster de la sede central de Taft en Cincinnati, Ohio, se habían hecho cargo del departamento de ventas. Se había ido Merl el Perla, y detrás de su escritorio, el nuevo gerente ladró: "Tienes cinco minutos para entrevistarte para tu antiguo trabajo y cinco minutos para limpiar tu escritorio".

Trisha vio entrar a cada vendedor, limpiar su mesa y marcharse enseguida. Pensó que no podría pagar la hipoteca si me echaban, mientras la llamaba al antiguo despacho de Merl por última vez.

"Taft Broadcasting necesita su primera mujer para dirigir una de nuestras emisoras. Todos nuestros directores generales vienen de ventas. Tú eres la vendedora que más factura con la comisión más baja. Eres perfecta".

Se echó a reír. "¿Despediste a todos mis torturadores masculinos?"

"Los pésimos registros de Merl muestran que tus ventas empequeñecen las de los hombres, y es todo negocio nuevo".

Trisha se rió entre dientes. "Merl me reprendía a diario, decía que era el peor vendedor que tenía".

"¡Es un imbécil! En 1980 empieza una nueva década, y necesitamos mujeres en la dirección. Nuestro objetivo es una chica dirigiendo una emisora, el último bastión masculino de poder inalcanzable para una dama". El Sr. Grigg la miró directamente. "Seamos francos. Una UHF independiente es como tener una enfermedad venérea. Necesitas una emisora de verdad, una filial de una cadena". Ella se sintió halagada e intrigada hasta su siguiente frase. "Vas a ir a nuestra filial ABC más fuerte, WBRCTV, en Birmingham, Alabama. Es la única VHF en un mercado con dos emisoras UHF de banda alta. Lingotes de oro salen directamente de esa estación. El partido Alabama Auburn obtuvo un rating de ochenta y seis".

"Nunca he oído hablar de una calificación de ochenta y seis. ¿Es eso posible?"

"Exactamente, Srta. Bibbs. Usted venderá una verdadera estación de televisión y hará una fortuna haciéndolo. Y será nuestra primera mujer gerente general en Taft Broadcasting".

Trisha condujo por el río Potomac semanas después mientras las lágrimas corrían por sus mejillas. El Monumento a Washington retrocedió en el espejo retrovisor de Sherry Chevrolet al pasar junto al Pentágono. Aquí viene otro ladrillo a mi cabeza. Pensó en la policía de Birmingham rociando a los negros con mangueras de incendios en los años sesenta. En la radio, un grupo de universitarios de hockey asombraba al país al vencer a los poderosos y profesionales rusos.

"¿Creéis en los milagros?" dijo Al Michaels cuando sonó la bocina y los jóvenes estadounidenses se hicieron con la medalla de oro olímpica.

"¡No!" Trisha gritó a la radio del coche. "¡No, Al, no creo en milagros!"

CAPÍTULO DOCE

Tras licenciarse en Periodismo por la Universidad de California en Berkeley en 1974, Vanessa consiguió un trabajo como ayudante de producción, un puesto glorificado de secretaria en la KPIX-TV de San Francisco. El ambiente explosivo de la redacción, junto con la emoción de la televisión de los grandes mercados, la convirtieron en una adicta al trabajo. El director de informativos, el Sr. Fellows, se dio cuenta de sus largas horas de trabajo, le dio una tarjeta de prensa y le asignó más responsabilidades. Su impresionante dedicación hizo que el director confiara en ella para llevar a cabo el trabajo sucio que todos los demás evitaban. Mecanografiaba los guiones, los entregaba a los presentadores, los introducía en el teleprompter, recortaba los periódicos para la mesa de asignaciones y visionaba las cintas. Constantemente le gritaban órdenes, pero ella se mostraba tranquila y profesional. El personal de informativos trabajaba para vivir; como todos los sanfranciscanos, veneraban el tiempo libre como un derecho precioso que no había que malgastar. Sus compañeros no pasaban ni un minuto más en la emisora, así que Vanessa los consideraba unos vagos cuando le echaban encima sus tareas.

Un reportero llamado Mackenzie le arrojó notas garabateadas y le ordenó groseramente: "La guerra de los trolebuses la inició en 1904 Patrick Calhoun, así que averigua quién demonios es".

"El padre de Patrick era John Caldwell Calhoun, vicepresidente de John Quincy Adams y Andrew Jackson. Sostenía que los estados tenían derecho a anular la legislación federal que consideraran inconstitucional", respondió Vanessa. "¿En serio?" Mackenzie golpeó su escritorio. "He dicho que lo compruebes. ¿Entendido?" El señor Fellows interrumpió: "Mackenzie, le asigno esto a Vanessa. ¿Entendido?"

Después de tres años, ésta fue su primera gran oportunidad. Era inaudito que una ayudante de producción escribiera un reportaje, y lo hizo a costa de la reportera más odiosa de la plantilla. Pasó innumerables horas investigando y no se le escapó ni un solo dato pertinente, pues estaba decidida a que este segmento informativo resultara fascinante. "La guerra de los trolebuses fue iniciada por Patrick Calhoun, nieto del famoso secesionista de Carolina del Sur, John Caldwell Calhoun. Como propietario de United Railroads, vio una ventaja en las líneas eléctricas aéreas, eliminando así la maraña de sistemas de caballos y cables en muchas calles de San Francisco. Patrick Calhoun prometía un mejor servicio, mientras que sus vociferantes oponentes veían una ciudad nueva e increíblemente fea, atascada de cables. Tras el terremoto, quiso electrificar primero la calle Sutter".

El Sr. Fellows levantó la vista. "Este ángulo es un trabajo excelente, Vanessa".

"¿Puedo narrar?", preguntó ella con atrevimiento, pero se arrepintió al instante cuando él se puso al teléfono.

Semanas más tarde, decidió dejarla hacer la narración, pero no pudo aparecer en antena. En los Archivos de San Francisco, encontró fotografías antiguas del sistema de tranvías, junto con fabulosos retratos de Patrick y su abuelo. Para el sonido, utilizó el concurso anual de campanas del teleférico y unas deslumbrantes vistas de la bahía de San Francisco desde las colinas de la ciudad.

"Es hipnotizante, así que para ya", dijo Trisha mientras Vanessa seguía leyéndolo una y otra vez.

"¿Estás seguro?"

"Se emite durante el periodo de audiencia de noviembre, el barrido más importante para la medición de audiencias de Nielsen y Arbitron. Ese barrido determina las tarifas aplicadas. ¡Está en camino!"

Trisha acertó cuando Vanessa ganó el premio al mejor reportaje en los Northern California Broadcast News Awards. El Sr. Fellows la ascendió rápidamente a editora de asignaciones y, durante su reinado, KPIX ganó más premios que ninguna otra emisora de San Francisco.

CAPÍTULO DOCE

Vanessa vivía en un destartalado Bat de Haight-Ashbury con cinco mujeres, y ellas traían a casa un flujo constante de ligues de una noche. Cuando un desconocido tras otro la saludaba en el baño, se prometió mudarse. Era una ciudad cara, y vivió lo más modestamente posible hasta que encontró un estudio en Nob Hill. Le costó más de lo que quería gastar, pero estaba justo en la línea del teleférico de Hyde Street. Ahora, su trayecto por la empinada California Street le ofrecía una deslumbrante vista de la bahía de San Francisco, uno de los puertos naturales más bellos del mundo. Los pantanos de murciélagos de Carolina del Sur de su juventud fueron sustituidos por las espectaculares vistas desde las cuarenta y tres colinas de San Francisco.

Oía el ruidoso traqueteo de los teleféricos a lo largo de las vías de su nuevo apartamento, y sus frenos chirriaban en el escarpado recorrido vertical. Los guardafrenos hacían sonar sus timbres con fuerza mientras ella intentaba dormir, pero le encantaba su libertad. El jaleo de los guardafrenos sólo rompía su paz interior cuando maniobraban el tranvía bajo su ventana y las bocinas de niebla cuando guiaban a los barcos por el estrecho canal del Golden Gate. Lloviera o hiciera sol, Vanessa tomó el teleférico y pasó por Chinatown mientras los niños pequeños correteaban junto a los puestos de pescado fresco. A lo lejos se veía la isla-prisión de Alcatraz, mientras ella se bajaba en el distrito financiero y caminaba el resto del trayecto hasta el trabajo. Su único ejercicio consistía en explorar las seductoras colinas mientras se cruzaba con gente de todas las razas y nacionalidades. Amaba su hogar adoptivo tanto como Charleston, y apreciaba la libertad que la mayoría de los habitantes de San Francisco daban por sentada: todas las nacionalidades posibles coexistían con una facilidad desconocida en el Sur. La tolerancia hacia las distintas razas y estilos de vida parecía no suponer ningún esfuerzo.

En 1980, Vanessa se convirtió en la primera mujer en producir las últimas noticias. El devastador invierno de 1982 trajo consigo terribles corrimientos de tierra que causaron estragos al deslizarse las casas por las colinas y dejar a los residentes sin hogar. Como filial de la CBS en San Francisco, KPIX alimentó a la cadena para su emisión nacional y rápidamente contrató talentos para la cadena CBS de Nueva York.

Cuando amainaron las tormentas, se convirtió en reportera a tiempo completo. Tenía treinta y un años. Había tardado nueve años en convertirse en reportera de televisión y cumplir su sueño.

La prostitución que asolaba el Tenderloin y amenazaba el negocio turístico de los comerciantes fue su primera misión. La presión del alcalde hizo que la policía las detuviera, pero noche tras noche, las prostitutas reaparecían para ejercer su oficio. Su reportaje principal debe mantener el interés de los telespectadores sobre un tema tan sombrío.

Mientras volvía a casa en el último teleférico de la noche, vio a un marine vestido de azul escoltando a una mujer cuya minifalda apenas le cubría la entrepierna. Dosificó sus ojos y pudo oír la voz de la monja como si estuviera sentada a su lado en el tranvía. "Vaya, niña, los hombres bajo el mando de Hooker durante la Guerra Civil eran un grupo particularmente salvaje, y cuando estaban de permiso, sus tropas pasaban gran parte del tiempo en burdeles. En Washington, un gran barrio rojo se conoció como la División de Hooker, en homenaje a las inclinaciones del general Joseph Hooker. Se originó la teoría de que las prostitutas eran conocidas como 'hookers'. Los hombres de Hooker eran a veces indisciplinados, pero niño, el licor, y no las mujeres, era la principal fuente de sus dificultades con el mariscal preboste. Pero el nombre de hooker se ha mantenido desde entonces". La calidez de la voz de la hermana Roe se vio bruscamente interrumpida por los gritos del guardafrenos. Se bajó de un salto, pero sabía que su madre le había dado la noticia principal.

* * *

A la mañana siguiente, Vanessa estaba en la biblioteca principal de San Francisco cuando el guardia de seguridad abrió la puerta. Mientras miraba el catálogo de tarjetas, recordó que la hermana Roe había leído las memorias de Ulysses S. Grant y que éste había hecho una afirmación despectiva sobre

Hooker. Dentro de las memorias de Grant, encontró una fascinante referencia donde describía a Hooker como un "hombre peligroso, no se subordina a sus superiores". Localizó una fotografía intrigante del verdadero barrio rojo de Washington que los soldados de la Unión utilizaron durante la Guerra Civil y encontró un retrato hechizante del general Joseph Hooker. "Fighting Joe" parecía borracho, mientras permanecía de pie junto a una sexy y glamurosa dama. Con estas dos fotografías, tenía una historia principal fascinante.

Entregó la versión final del guión. "Tengo una sugerencia", dijo el Sr. Fellows. "Aquí en California, tenemos soldados uniformados de la Unión y la Confederación, junto con armas antiguas que recrean batallas como si fueran historias vivientes. A ver si recrean Chancellorsville para su historia".

"¡Chancellorsville, donde Hooker fue derrotado a manos de Lee!" Vanessa interrumpió. "¿Por qué no se me ocurrió a mí? ¡Qué idea tan fantástica! ¿Crees que lo harán?"

"Hombres adultos desfilando con uniformes de lana caliente morirían por tener la oportunidad de salir en antena". Haz hincapié en que todos los nombres aparecerán en los créditos. Les encantará". Cogió el teléfono, sin perder un segundo, lo que significaba que ella estaba despedida.

Se reunió con el director de la Civil War Reenactment Society, que era profesor de historia en la Universidad de Stanford. Le aseguró constantemente que no era un chiflado, como tampoco lo eran sus hombres, que se dedicaban a vivir la historia. Era carismático hasta que ella se fijó en su alianza. Mientras conducía de vuelta al trabajo, intentó analizar por qué le afectaba. Era una aficionada a la historia, pero ni siquiera la hermana Roe iría por ahí los fines de semana con un uniforme caliente a su costa. Subió el volumen de la radio del coche de noticias justo cuando sonaba por los altavoces la canción de Fifth Dimension "Marry Me Bill".

El programa se emitió en horario de máxima audiencia durante el barrido de mayo de 1984 y sorprendió a todo el departamento de ventas cuando obtuvo una audiencia sobresaliente. A la mañana siguiente llegaron los resultados de la medición nocturna y el Sr. Fellows invitó a los empleados a celebrarlo en la suite del Sr. Collins. Nunca había entrado en el despacho del director general en sus diez años en la emisora. Magníficamente decorado, su enorme despacho colindaba con una gigantesca sala de conferencias. Se sintió abrumada por el exquisito mobiliario, igual que cuando entró por primera vez en la casa de Barry.

Un bar con espejos estaba rodeado de costosos cristales. Después de trabajar durante más de una década, no tenía nada comparable a la riqueza de sus pertenencias personales. Nerviosa, bebió un sorbo de una copa. Temerosa de derramar el líquido sobre la alfombra blanca de felpa, deseó volver a la redacción.

El Sr. Collins exclamó: "¡Estoy encantado! Vanessa, ganarás fácilmente otro Premio de Radiodifusión del Norte de California. Al Sr. Fellows y a mí nos gustaría que cenaras con nosotros en el Olympic Club". Sorprendida por la inesperada invitación, asintió. "Bien, a las siete".

Cuando desapareció bruscamente, se sintió desconcertada por la petición, ya que nunca había comido con el Sr. Fellows, que era todo negocios y no confraternizaba con subordinados. Se quedó mirando su escritorio, preguntándose qué ropa ponerse para ir a un prestigioso club privado.

Enseguida se reunieron en el vestíbulo y al entrar en Battery Street les golpeó una ráfaga de aire frío procedente de la espesa niebla del Pacífico. Las calles de San Francisco estaban cubiertas por una nube espesa y fría cuando el Sr. Collins abrió la puerta de su flamante Mercedes azul plateado. Se sintió incómoda sentada en el asiento delantero porque su jefe iba solo en el trasero. Los tres escuchaban atentamente las noticias de la radio y no hablaban, cosa que ella agradeció. El aroma de los asientos de cuero le llegó a la nariz mientras sus zapatos se hundían en la alfombra de felpa. Aunque no fue relajante, el viaje resultó bastante agradable. Inconscientes del tiempo que hacía, los turistas de fuera de la ciudad se congelaban en pantalones cortos y se cubrían la cabeza porque pensaban que la niebla era lluvia.

"¿Sabes cuál dijo Mark Twain que fue el invierno más frío que pasó?"

"No", mintió amablemente.

"¡Un verano en San Francisco!" El Sr. Collins rió con ganas.

En la entrada del lujoso Olympic Club, los guardias de seguridad les hicieron señas para que entraran. Situado entre el lago Merced y el océano Pacífico, el club estaba formado por familias de la vieja guardia de San Francisco y era tan exclusivo que los forasteros rara vez lograban entrar. De repente, sintió miedo al entrar en un club privado blanco como la nieve, donde los negros trabajaban en la cocina o en el campo de golf. Sintió que el corazón le latía desbocado dentro del pecho cuando pasaron junto a altos eucaliptos.

Cuando entraron en el ornamentado restaurante, el maitre les acompañó a su mesa y apartó la silla de Vanessa mientras los dos hombres pedían inmediatamente unos cócteles. Los camareros vestían esmoquin negro mientras ella echaba un vistazo a la majestuosa sala. Las paredes de madera oscura delineaban elaborados ventanales, mientras que del techo al suelo colgaban lujosas cortinas. Elegante mantelería blanca y opulento cristal adornaban su mesa iluminada por velas. El Sr. Collins miró directamente al otro lado de la mesa. "Vayamos al grano, Vanessa. Esta noche tengo una oferta que espero que aceptes".

El Sr. Fellows interviene: "Nuestra presentadora se marcha a Los Ángeles. A5 es una emisora que pertenece a la CBS y está gestionada por ella, así que es una oportunidad excelente para que se abra camino hasta la cadena. Tras una exhaustiva búsqueda nacional, hemos mirado en nuestro propio patio trasero, y te estamos mirando a ti, Vanessa".

El Sr. Collins interrumpió a su director de informativos. "Llevamos casi cinco años siendo el número dos en los índices de audiencia de las noticias tempranas y tardías. Las noticias locales cuestan mucho dinero de producir, pero generan una cantidad significativa de ingresos. El potencial de ingresos brutos de nuestro departamento de informativos se vigila muy de cerca en la sede central de Nueva York. No sólo afecta a nuestro presupuesto anual, sino que controla mis ingresos personales. Me preocupa a mí y a nuestros accionistas de Westinghouse".

Ni siquiera había echado un vistazo al menú cuando el Sr. Collins pidió con displicencia para todos y dio instrucciones específicas sobre qué aperitivos y platos principales traer.

Cuando el camarero se marchó, el Sr. Fellows dijo: "Hemos sido negligentes económicamente, pero siempre se ha apreciado tu duro trabajo. Ahora estamos en condiciones de recompensarte monetariamente".

El Sr. Collins sacudió el dedo e interrumpió bruscamente. "Ahora, Vanessa, hay una advertencia. Si aceptas nuestra oferta, espero que seas diferente de tu predecesora. Ella era una pesadilla. No tengo intención de hacer una contraoferta para mantenerla. Era un dolor de cabezo".

"¿Por qué era un problema?" Habló por primera vez. "Por favor, llámame Ian."

"Vale, Ian, ¿qué puedo hacer diferente?"

"Por ejemplo, las apariciones públicas. Fiestas en la estación para nuestros clientes importantes. O no aparecía o venía pero no hablaba con nadie. Era demasiado buena para hablar con los compradores de medios de las grandes agencias, como J. Walter Thompson y McCann Erickson. Estas mujeres gastan más de millones al año en el mercado. Su grosería hizo que las ventas se dispararan. Nuestro trabajo es hacer dinero para Westinghouse Broadcasting, y punto. No me importa si una de estas compradoras de medios mastica comida con la boca abierta y te la echa a la cara. ¡Se amable! ¡Sean agradables! En otras palabras, ¡no seas una perra! Mantener contentas a las ventas me hace feliz. Ascendí en el escalafón de ventas y me fijo en el resultado final. Vivo para ver las cifras de ventas".

"¿Nunca has trabajado en un departamento de noticias?", preguntó incrédula. "El 99% de las cadenas de televisión están dirigidas por hombres que, en su juventud, estuvieron en la calle vendiendo anuncios. Las empresas

CAPÍTULO DOCE

de radiodifusión preparan a los vendedores y los promocionan para que dirijan una cadena. Yo empecé en Filadelfia, y ésta es mi primera oportunidad como director general, así que quiero que ésta sea la emisora insignia de Westinghouse. Pretendo que sea tan rentable que los furgones blindados cargados de lingotes de oro se dirijan a Nueva York. Puedo escribir mi propio billete".

"¿Nunca has trabajado en un departamento de noticias?", repitió la pregunta. "La única razón para producir un noticiario local es hacerlo barato, convertirlo en número uno, subir las tarifas y mantenerlo vendido. Mi intención es adelantar a la cadena ABC y hundir sus informativos de última hora. ABC tiene una gran audiencia en prime time. Debemos pensar más rápido y más inteligentemente para volver a la carrera. Las noticias de primera hora nos seguirán si podemos hacernos con el primer puesto a las once en punto. Los sanfranciscanos son criaturas de hábitos. Una vez que los tengamos a las once, los convertiremos fácilmente a nuestras noticias tempranas. Mi objetivo es hacer de esta emisora la que más facture en el mercado. Cualquiera que se interponga en mi camino es historia por aquí".

El director general detuvo su perorata para aprobar una segunda botella de Merlot caro. Nunca bebía alcohol y sintió que la ínfima cantidad que había consumido se le subía directamente a la cabeza. Trisha ya le había dicho lo mismo. En las ventas estaba el dinero y el poder.

"Sé que somos el departamento de noticias más condecorado de la ciudad, pero los premios de radiodifusión no significan nada si no reinamos en los índices de audiencia. En un mercado medido, recibimos nuestro boletín de notas cada mañana. Espero que tú y Bob se preocupen por las audiencias nocturnas tanto como yo. ¿Entendido?"

Asintió al recordar a Trisha diciendo que los vendedores que se convierten en directores generales son historias de terror. Escoria de estanque, escoria de estanque! pensó mientras sorbía su vino.

"Espero que vivas y respires ratings. Si tienes que trabajar todos los días, que así sea".

Interrumpió el Sr. Fellows. "Puedo asegurarle que durante la última década ha trabajado siete días a la semana. Es una heroína anónima de las noticias". Su elogio fue completamente ignorado por el Sr. Collins.

"Para lanzar tu debut, quiero una serie de cenas íntimas con la comunidad de compradores de San Francisco. Puedes cenar con esas viejas y encandilarlas. Haz que coman de tus manos, así empezarán a poner más dinero en nuestras noticias para crear una falsa sensación de estrechez. Esto dará a las ventas influencia sobre las tarifas. Bob, no podrían importarme menos todos esos premios que sigues ganando. Quiero índices de audiencia. Sal y encuentra historias que atraigan audiencia. ¡Un niño jugando en una vía de tren al que le cortan el pene! ¡Como quieras! ¡Hazlo!"

El Sr. Collins era increíblemente grosero, y ella sentía que su trabajador director de noticias no se merecía este trato. Pensó que si la Hermana Roe estuviera aquí, él no sabría qué lo golpeó.

"Estoy dispuesto a cuadruplicar tu salario". Volvió a centrarse en la conversación. "La estación no ha sido demasiado generosa a la hora de compensarte, pero ahora podemos recompensar tu duro trabajo".

El camarero llegó con calamares fritos. "Mi predecesor ganaba quinientos mil dólares", mencionó con desparpajo mientras daba un bocado al calamar rebozado.

"Vanessa, ¿dónde has oído eso?", preguntó fingiendo sorpresa.

"Lo leí en el Chronicle cuando Westinghouse la contrató en Chicago".

"Lo máximo que estoy dispuesto a ofrecer en este momento son doscientos mil".

Se metió un trozo de pan de masa fermentada en la boca y pensó: "Vaya, me van a dar cincuenta de los grandes más sólo por leer el periódico".

"Ahora, Vanessa, te daré un coche nuevo, que podemos cambiar, y también una asignación para ropa", replicó, inclinándose aún más sobre la mesa.

Achispada, no se dio cuenta de que había un silencio incómodo, que el Sr. Collins no podía soportar.

CAPÍTULO DOCE

"Ahora, Vanessa, te reembolsaremos cualquier gasto en el que incurras en este puesto". Agitó el tenedor para enfatizar. "La empresa te proporcionará una tarjeta de crédito".

Dio otro bocado a los calamares y deseó que Trisha estuviera aquí para negociar.

"Ahora, Vanessa, puedes ser bastante generosa contigo misma cuando usas la tarjeta corporativa".

Sintiéndose intoxicada, se preguntó por qué no se había dado cuenta de que lo haría gratis. El Sr. Fellows sabe que lo haría. De repente, cayó en la cuenta de por qué el director de noticias no había dicho ni una palabra. Estos dos son incompatibles. El Sr. Fellows podría haber negociado un trato mucho mejor, pero se puso de su parte y dejó que este bufón regalara la tienda mientras disfrutaba de cada minuto. A mí no me va tan mal, aunque Trisha podría haberlo hecho mejor. Estoy disfrutando de una cena fantástica, y acabo de comprarme un coche. Nunca he tenido uno, y el Sr. Fellows sabe que soy Miss Mass Transit.

"¿Sabes de dónde viene el término calamar? ¿Significaba calamar preparado como alimento?".

Los hombres asintieron negativamente, así que ella se lanzó a disertar. "Es el plural italiano de calamaro, del latín tardío calamarium, 'estuche de pluma'. Del latín viene calamarius, relativo a una pluma de caña quizá por la 'tinta' que segrega el calamar".

"¿Has estudiado latín?" El Sr. Fellows habló por primera vez en mucho tiempo.

"Me enseñaron latín al mismo tiempo que aprendí inglés".

"Creía que el latín era una lengua muerta". El Sr. Collins mostró su ignorancia. "Para mi madre, estaba muy viva, Sr. Collins. Quiero decir, Ian".

"Creía que te habías criado en un orfanato", replicó el Sr. Fellows. "Así fue", contestó ella secamente, y se hizo el silencio.

Llegó el abalón salteado al estilo de San Francisco. Disfrutó mucho de esta comida porque comía en su mesa o a la carrera. La oferta de trabajo, el alcohol y el ambiente del exclusivo entorno eran embriagadores. Me pregunto si debería decirle al viejo Ian que va a poner en antena a la primera presentadora negra de San Francisco. Y por suerte, es una mujer. sonrió.

Extendió la mano. "Tienes un trato, Ian. No te preocupes por nuestros clientes. Haré todo lo que pueda para ayudar al departamento de ventas. Mi mejor amiga trabaja en ventas en el este. Aprendí de ella lo importantes que son las ventas, y ayudaré a nuestros vendedores en todo lo que pueda."

"¡Fantástico! Quiero que se envíe un comunicado de prensa a todas las emisoras locales de radio y televisión, así como a los periódicos. Tenlo en mi mesa a las ocho y media, Bob". Rebuscó en su maletín y apareció con un contrato mecanografiado y un bolígrafo. Tachó el salario e insertó la cantidad correcta con todas las ventajas ofrecidas. Instintivamente, supo que debía hablar con un abogado. Pero el único que conocía estaba en Charleston y era mayor, por lo que ya podía estar muerto. Estoy encantado. Eres un activo tremendo. No podría estar más contento", dijo el Sr. Fellows.

Interrumpió el Sr. Collins. "Creo que el ángulo huérfano es un vendedor seguro".

"Yo no", respondió el Sr. Fellows. "Empezaremos con su graduación en Berkeley".

Cuando la dejaron en Nob Hill, llamó inmediatamente a Trisha a Birmingham y le contó sin aliento todos los detalles de la velada. "Hiciste un trabajo increíblemente competente negociando tu contrato. Si hablas demasiado, lo echas a perder. Estuviste perfecta al seguir comiendo mientras él regalaba la granja", aseguró Trisha a su amiga.

"Era demasiado estúpido para saber que lo habría hecho por nada".
"¡Claro! Es un hombre, ¿no? ¿Adivina qué? Conseguí permiso para asistir a la convención de Mujeres Americanas en Radio y Televisión." "¡Es en San Francisco!" Vanessa gritó en el teléfono.

"¡Muy bien! Y no demasiado pronto, porque tengo que salir antes de que te acosen todos tus fans". Trisha gritó en el auricular. "Quiero que seas un desconocido, para que podamos deambular por las calles hasta altas horas de la madrugada. Ah, y quiero dejar mi corazón en San Francisco porque se está rompiendo aquí, en el precioso centro de Barna, ¡cariño!".

"¡No puedo esperar! Ven aquí tan pronto como puedas".

Vanessa rompió a llorar. Su sueño de ser presentadora de televisión por fin se hacía realidad y, después de doce largos años, iba a volver a ver a su mejor amiga.

CAPÍTULO TRECE

Emocionada, observó a los pasajeros que desembarcaban por el pasillo. Cuando apareció Trisha, las dos gritaron mientras se abrazaban y se besaban. Cuando llegaron al estudio de Vanessa, se pararon junto a las vías, esperando un teleférico. Su amiga se maravilló ante la espectacularidad de la ciudad mientras se subían al último trayecto de la noche y bajaban por una empinada cuesta que la dejó sin aliento. Mientras la fría niebla empapaba sus ropas, regresaron a casa y se metieron en la cama. Hablaron hasta que salió el sol y luego se durmieron profundamente. A última hora de la tarde, se duchan y se preparan para una noche en la ciudad. Después de subirse a un teleférico, bajaron la colina hasta Maxwell's Plum, con vistas al puente Golden Gate y a Alcatraz.

Cuando se disipó la niebla, las aguas zafiro de la bahía brillaron ante las cristaleras del restaurante. Los barcos navegaban serenamente junto a ellos mientras Trisha, absolutamente cautivada, se enamoraba por completo de San Francisco y de su belleza y encanto infinitos. Después de cenar, fueron a un café al aire libre de North Beach, en la zona italiana de la ciudad. Se sentaron en una acera de Broadway y pidieron dos capuchinos. Enrico's producía extrañas vistas, ya que por allí pasaban travestis de camino a Finocchio's, el club nocturno de referencia de San Francisco desde 1936, en el que actuaban imitadores femeninos de fama mundial.

"Esperaba encontrarme con un hombre, pero esto no es exactamente lo que tenía en mente", dijo Trisha mientras pasaba un hombre de metro ochenta con tacones de diez centímetros y llegaba su camarero con chaqueta blanca y boina.

"¿Conoces la historia de la palabra capuchino?"

"No, pero tengo la sensación de que voy a averiguarlo". Cargó su espresso con azúcar.

"En italiano, el capuchino se parecía al color del hábito de los frailes capuchinos". "Claro que sí. Me acuerdo de esos monjes", replicó Trisha con sarcasmo.

"Su orden desempeñó un gran papel en el regreso del catolicismo a la Europa de la Reforma".

"¿Dónde has aprendido eso?"

"¡Espera! El primer uso de cappuccino en inglés se registra en una obra de San Francisco de 1948".

"Bien, hija de la Hermana Roe, ¿dónde encuentras estas cosas?"

"Lo leí en la parte de atrás del menú". Vanessa se rió mientras Trisha negaba con la cabeza. La conversación no se detenía ni un segundo; hablaban sin parar, como en el instituto.

"Nunca he cogido vacaciones de una semana, así que el Sr. Fellows se alegró de que viniera un amigo".

"¡Estás loco! ¡Completamente certificable! Aprovecho cada día de vacaciones y pido más".

"Westinghouse decidió que mi debut sería durante los barridos de julio. La empresa contrató a un profesor de oratoria para eliminar mi rastro de acento sureño. El profesor dice que no es extraordinariamente fuerte, pero lo suficientemente sutil como para salir en antena".

"No lo oigo, pero no soy un experto". Le guiñó un ojo al camarero. "Es británica y odia el dialecto sureño".

"Dile que se ponga a la cola con el resto del país".

"Tiene una paciencia desmesurada y está totalmente dedicada a eliminar el defecto de mi discurso". Vanessa pasó la lengua por el paladar para demostrar sus ejercicios vocales. Mientras Trisha la observaba, supo que sería cautivadora en el aire. Sería una presentadora dinámica, una belleza deslumbrante que poseía un encanto del viejo mundo.

"Mi jefe cree que asisto a la convención de Mujeres Americanas de la Radio y la Televisión en el Moscone Center. Tengo que darme una vuelta y coger algunos folletos para demostrarle que he asistido".

CAPÍTULO TRECE

"Consigue un trabajo aquí".

"Le doy a Taft Broadcasting un contrato corto para que cumpla su promesa de gestión conmigo".

De camino al aeropuerto, abordó el tema. "¿Qué se sabe de Barry?"

"No te ofendas, pero tienes treinta y dos años y tuviste sexo una vez. Hasta la hermana Roe te diría que doce años de penitencia son suficientes, incluso para los estándares de la Iglesia Católica. No te pases y te conviertas en una zorra como yo, pero podrías tener citas. Míralo como una cena gratis, mientras sufres una aburrida velada con algún hombre". Al pasaron por Candlestick Park, ella señaló. "¿Qué tal un deportista? Ese lugar debe estar plagado de ellos".

"Estás perdiendo el tiempo. Vuelve con Barry".

"Se graduó y se quedó a hacer el internado y la residencia en el Mass General".

"Ya lo sé. Cuando visitas a tus padres, ¿lo ves?" "Llevo aquí una semana. ¿Por qué haces estas preguntas ahora?" "¿Le has visto?"

"La última vez que estuve en casa, la promoción de 1968 invitó a todos los antiguos alumnos al Holiday Inn con vistas al río Ashley. Me colé en el cóctel y Barry fue la primera persona con la que me crucé".

"¿Tenía una cita?

"Si llamas a tu mujer una cita. Se casó con esa yanqui de Boston. Es patóloga en el Saint Francis y aborrece vivir en el Sur. ¿Te sientes mejor? Ella está atrapada en Charleston, y tú no. Ella es miserable, y tú no. Si te sirve de consuelo, esos dos parecen perfectamente patéticos. Positivamente patéticos, apenas se hablaban".

"¿Cómo se ve?"

"No puedo mentir. ¡Es guapísimo! Siempre lo ha sido y siempre lo será. Corre todos los días y está en plena forma. Y su cuerpo también".

"¿De verdad crees que es infeliz?"

"Volvió a Charleston porque su padre nunca se volvió a casar y está solo a su avanzada edad. Barry es el hijo obediente, pero no parecía muy emocionado de vivir allí".

"¿Tiene hijos?"

"Un chico, ¿y dejar de torturarte? Tuvo sexo una vez con ella y una vez contigo".

"¡Qué gracioso! ¿Preguntó por mí?"

"¡Voy a arder en el infierno a menos que la Hermana Roe mueva algunos hilos con San Pedro por mí!"

"¿Qué ha dicho?"

"Me llamó mentiroso como siempre y me dijo que te dijera que nunca dejó de quererte. Puedo decirte esto: eres mil veces más hermosa que su esposa yanqui".

"Pero es médico".

"¡Y tú eres una famosa presentadora en San Francisco!" Trisha gritó por la ventana. "Apostaría mi miserable trabajo de ventas a que Barry se arrepiente de no estar contigo".

"Todo lo que tengo ahora eres tú y mis recuerdos".

"Sí, tus recuerdos, tu talento, tu nuevo trabajo de presentador en el quinto mercado emisor del país. ¿Me olvido de algo?" Trisha golpeó el salpicadero y gritó: "Un flamante BMW descapotable, cortesía de Westinghouse".

Durante los barridos de julio, KPIX-TV gastó 100.000 dólares en promocionar el debut de su nueva presentadora Vanessa Vaughn. Las vallas publicitarias, coincidiendo con una amplia campaña en radio y prensa, presentaban a los copresentadores de Eyewitness News, Dave y Vanessa. Julio se consideró un libro de usar y tirar porque, cuando salió, los anunciantes estaban preocupados por los índices de audiencia del estreno de otoño. Pero el Sr. Collins estaba decidido a triunfar y a convertirse en el canal de noticias más importante, y bombardeó el mercado con la imagen de Vanessa. Una serie de almuerzos complementaron el bombo mientras ella iba a reunirse con empresas nacionales con sede en el Área de la Bahía, como Chevron y Levi's. Asistió a la cena del alcalde con la Junta de Supervisores de San Francisco, se dirigió a los departamentos de Policía y Bomberos de San Francisco y se reunió con innumerables grupos sin ánimo de lucro.

CAPÍTULO TRECE

A medida que se desarrollaba la gira relámpago, ella seguía al pie de la letra las órdenes de la dirección, y al Sr. Collins le encantaba tener un talento que podía controlar totalmente.

Cuando terminó el barrido de julio, el Sr. Collins llamó al departamento de noticias a su despacho para felicitarles. Habían superado a KGO-TV en las audiencias nocturnas, superándoles en la media de cuatro semanas de barrido de las audiencias domésticas. Un desayuno les esperaba en la sala de conferencias mientras él levantaba su copa. "No tendremos los datos demográficos hasta que salga el libro, pero las audiencias nocturnas han sido fantásticas. Volvemos a estar en lo más alto, así que mantened este impulso. Ese libro de noviembre es el que necesitamos para ganar, pero confío en que lo haremos".

De forma poco habitual, el Sr. Fellows propuso un brindis. "Srta. Vaughn, tiene usted un talento natural para las ondas, y estoy encantado de tenerla en mi equipo". Hombre de pocas palabras, su homenaje lo decía todo.

La fiesta de estreno de otoño se celebró en el Palacio de Bellas Artes de San Francisco, y no se reparó en gastos. Vanessa se encargó de las ventas y se reunió con los principales clientes. Por último, se le dio la oportunidad de acercarse al micrófono y presentar el vídeo del estreno de otoño, que mostraba extractos de todos los nuevos programas de la cadena CBS. Las luces se atenuaron, salvo un foco que la iluminaba. "Mi nombre es Vanessa Vaughn, y en nombre de KPIX y su personal, me gustaría darles la bienvenida a nuestro estreno de 1984-85 de la cadena CBS. NBC tuvo a Bill Cosby en la fiesta de otoño de KRON en el Opera Center. Como pueden ver, la CBS no escatimó en gastos para nuestra fiesta de otoño, por eso les presento la cinta."

El público borracho ruge a carcajadas y le dedica un estruendoso aplauso. Hizo una pausa hasta que se calmaron. "La NBC tiene el programa número uno con el Sr. Cosby, ¡pero nosotros tenemos mejores vendedores! Sin duda, todos los presentes nos comprarán más anuncios a nosotros que a nuestra competencia". Los ebrios clientes aplaudieron con fuerza. "Ahora, una cosa más antes de rodar la cinta: ¿Podríais poner algunos anuncios en nuestro noticiario? Me encanta San Francisco y me gustaría mucho seguir en antena aquí. Necesito vuestro apoyo para hacerlo".

Los aplausos y silbidos resonaron con entusiasmo por toda la sala mientras ella abandonaba rápidamente el estrado.

El estreno de la CBS comenzó con clips de Dallas, Falcon Crest, 60 Minutes y Murder She Wrote.

"¡Has estado genial!" El director de ventas sonrió. "No teníamos estrellas, y tenías a las viejas bolsas de Menopause Marketing comiendo de tus manos".

Las luces se encendieron después de la película. "Así que, guapa, ¿qué piensas de la programación de otoño de la CBS?" Los penetrantes ojos azul cristalino del hombre alto y de pelo marfil estaban fijos en ella.

"Esperamos lo mejor".

"Me llamo Tod Von Westerkamp. He sido un fan desde su historia del teleférico. Mi abuelo conocía a Patrick Calhoun".

"¿En serio?" Su interés se despertó de inmediato. "Sí, al parecer, tenía negocios con él".

Me encantaría hablar con tu abuelo. Es increíble". "Está muerto."

Se puso rojo escarlata. "Lo siento mucho". "No lo sientas. Lleva muerto mucho tiempo". "¿Es usted cliente de la estación?"

"Sí, mi familia es dueña del San Francisco Chronicle".

"Oh, así que eres el hijo de la familia Von Westerkamp". Inmediatamente se dio cuenta de lo ridículo que sonaba aquello, pero era un ambiente de fiesta y no estaba pensando como una reportera. Tod Von Westerkamp era el único heredero de una de las mayores fortunas de California. Su familia controlaba o formaba parte del consejo de administración de la mayoría de las empresas internacionales de San Francisco y era la más poderosa y rica de la élite de San Francisco. Su único hijo era un codiciado soltero con fama de mujeriego.

"¿Qué me dices? Vámonos de aquí". Sus penetrantes ojos de zafiro se fijaron en ella.

"No puedo irme. Soy el sustituto de Mike Wallace, 60 Minutos; canceló anoche".

CAPÍTULO TRECE

"Su trabajo ha terminado aquí, Srta. Vaughn. Vayamos al Cliff House a tomar una copa".

Soy un poco aburrido. No bebo alcohol".

"En ese caso, vayamos al Cliff House a tomar el postre".

"No podría comer otra cosa", respondió ella, sin ganas de irse. Era muy guapo, pero a ella no le atraían en absoluto los hombres de piel blanca y pálida. Tod Von Westerkamp se salía con la suya con las mujeres, así que insistió hasta que ella accedió a ir. Cuando la sala se vació, el jefe de ventas la felicitó por su buen trabajo y le dio las buenas noches.

* * *

De mala gana, entró en su Bentley, pero no tenía ni idea de por qué había aceptado subirse a un coche con un perfecto desconocido por el que no sentía ninguna atracción. Pero la noche era joven y le gustaba la idea de dirigirse a su amado océano.

La Cliff House tenía unas vistas inolvidables desde lo alto del mar. Fundada en 1850, era donde los sanfranciscanos decían que comenzaba San Francisco. Tod la acompañó a la acogedora habitación, tenuemente iluminada, mientras la crepitante chimenea proyectaba su resplandor sobre los ventanales de cristal que dejaban ver el océano Pacífico. Contenta, se hundió en los mullidos cojines del sofá acolchado frente a la crepitante llama mientras Tod pedía dos cafés irlandeses, uno sin licor. Se sentó en silencio, saboreando el calor del fuego crepitante.

Tras la última llamada, bajaron los viejos escalones de piedra hasta la playa rocosa. Una vez en la orilla, ella se quitó los tacones y Tod la envolvió con su chaqueta de esmoquin. Cogidos de la mano, pasearon bajo la brillante luz de la luna, entre las olas rompientes, mientras la fría arena que había bajo sus pies se aplastaba entre los dedos. El choque del agua creaba olas blancas iluminadas por la impresionante noche. Exploraron Seal Rocks en Point Lobos, que abría el Golden Gate al océano Pacífico. Enormes rocas situadas bajo los acantilados soportaban el constante bombardeo de las olas. Con la marea baja, las focas de California tomaban el sol en ellas, de ahí el nombre de Seal

Rocks. Observaban a las focas zambullirse en busca de peces y se emocionaban cuando una de ellas emergía del oscuro mar de color vino con una presa en la boca.

Cuando hizo demasiado frío para seguir soportando el gélido aire de la tarde, regresaron rápidamente al Bentley de Tod. Una vez dentro, él puso la calefacción al máximo, y el opulento coche la hizo sentirse muy cómoda y acogedora.

"Vivo en Seacliff. Pasemos por allí y lavemos tus pies". "Oh, Tod, no puedo. ¿Qué hora es?"

"Son las tres y media. ¿Tienes hambre? ¿Te gustaría desayunar?" "¡Oh, no! Debería irme a casa."

"¿Puedo convencerte de tomar una copa en mi casa?"

"Lo siento, pero mañana tengo trabajo. Debería dormir un poco". Ella declinó amablemente la invitación, pero sí quería ver Seacliff, uno de los barrios más exclusivos. Las mansiones daban a la entrada de la bahía de San Francisco, con impresionantes vistas del puente Golden Gate. Allí vivían familias acaudaladas de San Francisco.

"Tu increíble pelo es tan sedoso ahora como lo era en el podio. El aire salado no lo alteró".

Soltó una risita. "Eres demasiado amable. Seguro que es una ruina". "¿Puedo llamarte?"

"Eso estaría bien", respondió en voz baja.

Me voy a Europa, así que me pondré en contacto con usted a mi regreso. Estoy jugando al golf en Escocia y recorriendo diferentes campos. ¿Juegas?"

Me temo que no", respondió mientras arrancaba el coche y se alejaba. No le importaba volver a verlo. Era demasiado rubio y demasiado pálido para su gusto. "Hay que tener contentos a los clientes", oyó decir a Trisha mientras se despedía con la mano.

CAPÍTULO CATORCE

Con Vanessa como copresentadora a las seis y a las once, Eyewitness News ganó fácilmente los barridos de octubre y noviembre de 1985 y derrotó ampliamente a la competencia. The CBS Evening News con Dan Rather se convirtió en el noticiario número uno de la cadena. Vanessa se convirtió en la niña mimada de los comerciales, ya que iba encantada a las Asambleas. Trisha le aconsejó que la máxima seguridad laboral es tener a las ventas de tu lado, y ella hizo caso a su amiga.

Tod la perseguía sin descanso en su vida personal, y cuanto más rechazaba ella sus insinuaciones, más decidido se mostraba él. Las mujeres, incluso las casadas, no le rechazaban. Incluso la llamó desde Europa para decirle que esperaba verla a su regreso.

Tras hablar de Tod con Trisha, su asesora del amor de Alabama pensó que debía seguir siendo la única rubia de su vida, y ella pensaba seguir su consejo. Aunque nunca salía con nadie, sólo le atraían los hombres negros y siempre resucitaba en su mente a Barry como el hombre perfecto.

* * *

Pero no fue una coincidencia cuando le pidieron que fuera la presentadora de la recaudación de fondos del Ballet de San Francisco. La familia Von Westerkamp había donado 4 millones de dólares para ayudar a construir el nuevo Opera Center, y ella sabía que Tod estaba detrás de la carta de invitación.

"¿Qué le parece esta ceremonia?", preguntó al Sr. Fellows.

"Sería de mala educación rechazar este acto benéfico. La gente con dinero de verdad de San Francisco lo apoya, así que no se gana nada alienándoles.

Además, no puede hacer daño ser visible dentro de esta comunidad de élite". Siguiendo su consejo, mecanografió una carta de aceptación al grupo sin ánimo de lucro.

Esa noche llamó a Trisha, que la despertó. "Este tío está haciendo todo lo posible para que salga con él", le gritó excitada a su amiga. "Normalmente, si rechazas a un hombre dos veces, se da por vencido. Es un animal de dos patas diferente. ¿Qué hago?"

"No has tenido una cita en trece años". Bostezó. "¿Qué tan malo puede ser salir con uno de los solteros más ricos de California?"

"Es tan blanco como un lirio. No te lo creerías". "Es tu decisión. Renuncié a ti y a los hombres hace años".

"¡Vamos! Dime si debo salir con él o no". "Ya te lo he dicho. Tacha a las rubias de tu lista".

"Dime lo que realmente piensas. ¿Debería salir con él?"

"Sólo tú puedes responder a eso. Barry está muy casado, con un hijo y una esposa. Está todo lo casado que se puede estar, y tú vas por ahí como una monja sin hábito. Deja de castigarte por ese aborto. Le podría haber pasado a cualquiera. Yo tuve suerte y tú no. ¡Así de simple!"

"Entonces, ¿estás diciendo que debería salir con él?"

"Yo no he dicho eso. Haz la pregunta del millón, ¿y si se entera de que eres negro?"

"Ni idea, pero supongo que enloquecerá. Su familia es muy rica, a diferencia de Charleston, donde las familias antiguas sólo tienen su linaje y nada de dinero. Los tatarabuelos firmaron la Declaración de Independencia, y la Guerra Civil los dejó tan pobres como ratones de iglesia. Aquí es diferente. Son acomodados incluso a nivel nacional".

"¿Me dejas salir con él? Parece mi tipo de hombre: alto, guapo y con mucho dinero. Mis tres requisitos para un marido. Incluso me saltaría los dos primeros si tiene el último".

"No eres de ninguna ayuda".

"Sé exactamente lo que quieres que diga, y no lo haré. La conclusión es que si te relacionas con un hombre blanco, tienes que decirle que eres negra. Si no lo haces, las repercusiones pueden ser terribles. No importa si te casas con un negro y él cree que eres blanca. Pero hacer lo contrario podría ser catastrófico". Volvió a bostezar. "Es un milagro orquestado por la Hermana Roe que no te hayan pillado. Mirando desde las Puertas Perladas, ella te está protegiendo".

"Escribiste a la sala de registros y obtuviste el certificado de nacimiento de ese bebé muerto".

"Ni en un millón de años pensé que lo usarías de verdad. Pero admítelo: Vanessa Vaughn es un nombre fabuloso para salir al aire".

"¿Debería salir con él o no?"

"Si eres célibe por otros trece años, bien podrías unirte a un convento. Seguro que la orden de la hermana Roe, las Hijas de la Misericordia, te aceptarían".

"¡Muy gracioso!"

"Esto puede chocarte mucho, pero las mujeres y los hombres salen con personas con las que no tienen absolutamente ninguna intención de casarse. Además, este tipo es un soltero empedernido. Una vez que se acueste, se habrá ido hace tiempo. Todos los hombres quieren casarse contigo hasta que se vienen. Una vez que se vienan, eres una puta".

"Me encanta tu visión distorsionada de las citas en EE.UU.".

"Sal con él, y pasaos toda la noche hablando de tu estupendo amigo abandonado en Alabama intentando entrar en la gestión de emisiones. Me gastaría su dinero".

"Por eso te quiero. Eres tan práctico".

"Deja de torturar a la pobre alma y sal con él".

"Llevo tanto tiempo jugando a las blancas que empiezo a creérmelo".

"¿Recuerdan el Catecismo de Baltimore? Adán y Eva eran blancos. Tú también podrías serlo".

"Vuelve a dormir. Ese cerebro tuyo necesita un descanso".

"Llámame a tiempo para que pueda comprar un vestido nuevo para la boda. Buenas noches. Buenas noches."

Vanessa donó amablemente su tiempo como maestra de ceremonias y cautivó a la multitud de ancianos y adinerados. Se convirtió en la estrella de la ciudad. Todos la adulaban, excepto Tod Von Westerkamp, que tenía una cita inesperada y de una belleza impresionante. A pesar de la última conquista de Tod, se sintió triste, pero decidió disfrutar de aquel acontecimiento de gala. Al final de la velada, Vanessa dio las gracias al presidente y a su equipo y se dirigió al ascensor.

"Creía que te habías ido", soltó cuando él se puso delante de ella al abrirse las puertas.

"No tenías una cita, así que decidí deshacerme de la mía." "Por favor, dime que no hiciste eso".

"Yo no hice eso", respondió sarcásticamente. "Ahora, ¿a dónde iremos para recompensarte por ser tan encantadora maestra de ceremonias?".

"¡Eres demasiado! ¿Dónde podríamos ir vestidos así?"

"¡A la playa, por supuesto! Me dijiste que te encantaba el mar, ¡así que al Pacífico!".

Cuando el aparcacoches abrió la puerta del Bentley, Vanessa se sintió feliz y emocionada de que Tod hubiera vuelto a por ella. Pero momentáneamente, sintió remordimientos por la mujer despechada mientras conducían hacia China Beach. Su lástima se desvaneció por completo cuando el Golden Gate sobresalió en la distancia con sus luces brillando contra el agua. La envolvió con su chaqueta de esmoquin mientras caminaban cogidos de la mano. Se acordó de lo mucho que me gusta el mar; pensó con cariño mientras la arena crujía bajo sus pies. Contemplaron las olas chocar contra la orilla hasta que Vanessa tuvo demasiado frío y regresaron al coche.

"Mi casa de Seacliff está a unas manzanas. ¿Te gustaría verla?", preguntó.

CAPÍTULO CATORCE

Ella asintió suavemente. Su curiosidad se transformó en asombro cuando Tod pulsó un botón de su Bentley y se abrió un imponente portón de hierro.

Un alto muro de ladrillo rodeaba el recinto, ofreciendo un aislamiento formidable. Mientras maniobraba por la exclusiva entrada, los sentimientos de su infancia inundaron su cuerpo y le trajeron vívidos recuerdos de su primera visita a la casa de Barry. Las gafas de color de rosa de la joven huérfana seguían existiendo.

* * *

Su corazón latía con fuerza cuando él avanzó por el extenso camino de entrada circular y pulsó un botón que abrió la enorme puerta, dejando al descubierto una flota de coches en el interior. Apagó el motor y dio la vuelta para abrir la puerta del coche de ella. "Bienvenida a mi piso de soltero", dijo mientras le cogía la mano.

En silencio, entraron en una cocina que era el doble de grande que su estudio. Tenía la intención de comprar una casa más grande, pero nunca había tenido tiempo de buscarla. Lo primero que pensó fue que Tod nunca debería ver dónde vivía. Entraron en una habitación inmensa, donde las ventanas de cristal macizo que iban del suelo al techo dejaban ver un asombroso conjunto de luces que iluminaban el puente Golden Gate.

"Me siento como si Sir Francis Drake estuviera a punto de pasar", comenzó Vanessa.

"Si lo hace, tenemos que deshacernos de ese puente". Tod se rió. "Seguro que diría que hemos arruinado uno de los estrechos más bonitos del mundo. ¿Qué te apetece beber?"

"Si no es mucha molestia, me encantaría un poco de té caliente. Puedo ayudarte a hervir el agua".

No soy el mejor cocinero del mundo, pero hasta yo puedo hervir agua". "¿Estás seguro? Déjame ayudarte."

"Siéntate, relájate, disfruta de la vista. Imagina que es 1579, y Drake encuentra este canal".

"Si insistes. Se me da muy bien fingir que estoy en otro siglo". Se sentó.

"¿Te gusta la historia?"

"En realidad, sólo historia americana". "¿En serio? Es un periodo de tiempo tan corto."

"Lo sé, pero es muy sangriento y fascinante".

"Supongo que hemos dado al mundo películas de indios y vaqueros, probablemente nuestra mayor exportación internacional. Déjame que te traiga el té". Desapareció en la cocina.

El espectacular paisaje la hipnotizó, pero se obligó a mirar el lujoso mobiliario de la habitación. Rápidamente cautivada por las exquisitas obras de arte, estudió las estanterías, con una escalera empotrada que se deslizaba a lo largo de toda la habitación.

Reapareció con una bandeja. "Lo he metido en el microondas. ¿Está bien?"

"No seas tonto. El agua caliente es agua caliente". Dejó la bandeja junto a una caja de regalo con un envoltorio único. "Lo compré en Escocia, pero como te has negado rotundamente a salir conmigo, nunca pude dártelo".

"Estaba sentada aquí sintiéndome culpable de que me hicieras té. Ahora, realmente me siento culpable".

"Sólo deberías sentirte culpable por no salir conmigo", bromeó y se sentó a su lado. "Ábrelo. Quiero saber si te gusta".

Desenvolvió la caja y sacó una preciosa capa con capucha de lana tejida a mano con una tupida mezcla de azules oscuros y morados. "Me encanta. La recorrió con los dedos. Es tan maravillosamente cálida. Es magnífica".

"Te gusta pasear por la playa, así que esto debería ser perfecto para nuestros fríos y brumosos veranos".

En ese momento, se dio cuenta de que nunca había recibido un regalo de un hombre en sus treinta y cuatro años en el planeta Tierra. Lamentable, pensó.

"Hay una salvedad", interrumpió sus pensamientos. "¿Cuál?"

"Sólo puedes llevar este chal cuando camines conmigo". "¿Qué tal cuando camino sola?"

"¡Sólo cuando estás sola, ese es el trato!" Él se inclinó para besarla, pero ella enseguida cogió el té para beber un sorbo. Le frotó la espalda y su mano se deslizó hasta el tirante del sujetador.

CAPÍTULO CATORCE

"Mañana trabajo. Es tarde. Creo que debería irme".

"¿Por qué no pasas la noche aquí?" Ella respondió a su pregunta con un silencio absoluto. Sintiendo su disgusto, sugirió: "Puedes tener tu propio dormitorio. Hay diez. Elige".

"Puedo llamar a un taxi. No tienes que llevarme". "No seas ridícula. Te llevaré a casa".

"Es demasiada molestia. Puedo coger un taxi", respondió Vanessa con frialdad. "Mira, has dejado bien claro que no vamos a pasar la noche juntos. No hace falta que me lo restriegues por la cara". Levantándose, Tod le tendió la mano para ayudarla a levantarse del sofá.

* * *

El viaje de vuelta a Nob Hill le pareció muy largo. Cuando llegaron, dio la vuelta para abrir la puerta del coche. Siempre el perfecto caballero, extendió cortésmente la mano.

"Puse todas las relaciones potenciales en espera por mi carrera. No te lo tomes como algo personal".

"No hay otra manera de tomarlo, Vanessa".

"Chasqueas los dedos y cualquier mujer de esta ciudad saldrá contigo. ¿Correcto?"

"Llevo chasqueando los dedos desde agosto y no consigo nada contigo".

"El envoltorio de Escocia fue un bonito detalle".

"Sí, la envoltura y yo te hemos estado esperando, pero nunca viniste." "Buenas noches." Ella puso la llave en su puerta. "Me lo he pasado muy bien. El regalo es precioso".

"La próxima vez que vayamos a pasear por la playa, no tendré que darte mi chaqueta. ¿Verdad?"

"¡Por supuesto!" Empezó a subir la escalera y no se atrevió a mirar atrás.

Una vez dentro, examinó los vivos colores del envoltorio y pasó los dedos por la exquisita lana. Decidió no llamar a Trisha. "Ella tiene razón. Quítamelo de la cabeza. No puedo involucrarme con un hombre blanco sin que sepa la verdad sobre mi raza". En aquel momento, Vanessa resolvió no volver a ver a Tod.

* * *

Durante los barridos de mayo, trabajó diligentemente siete días a la semana. Tod no se dejó amilanar y creyó que, una vez finalizado el periodo de audiencia, volvería a verle. Llamaba diariamente a la emisora para conocer los índices de audiencia nocturnos y fingía interés por ellos. Acostumbrada a sus llamadas, se sentía decepcionada los pocos días que no la llamaba.

Al final de las audiencias, Eyewitness News ganó en las sobrenoches. Con Vanessa al frente durante todo un año, las noticias estaban en primer lugar. El departamento de noticias lo celebró después del noticiario de las once. Incluso el Sr. Fellows, que nunca confraternizaba con sus empleados, accedió a venir. El personal se reunió en Perry's, en la moderna Union Street, un legendario bar para ligar con solteros.

Cuando entró el Sr. Fellows, que no solía aparecer por allí, se le dibujó una sonrisa de oreja a oreja. Su sonrisa se desvaneció rápidamente cuando Tod Von Westerkamp, acompañado de una llamativa rubia, le siguió. Nerviosa, volcó su Virgen María, que se derramó sobre ella. El zumo de tomate empapó su vestido verde pálido y lo cubrió de manchas. El camarero se acercó corriendo con una toalla, pero Vanessa, muy avergonzada, se limpió y rechazó su ayuda.

Tod se acercó. "Menos mal que no has venido antes de la emisión de esta noche. El público se quedaría mirando tu vestido y no a ti". Guiñó un ojo mientras agarraba con fuerza el brazo de la mujer. "Vanessa, esta es Melissa".

Vanessa sintió que su propio corazón latía rápidamente. "Encantada", murmuró. La belleza de cabellos dorados siguió balbuceando, lo que le dio tiempo a recuperarse de emociones que creía muertas desde hacía tiempo en su interior. Su rostro se sonrojó de un rojo rubí por sus propios celos y las sensaciones de asombro que no habían aflorado desde que sorprendió a Barry con otra mujer. Al igual que Barry, Tod no estaba precisamente sentado en casa suspirando por ella. Tuvo que enfrentarse al hecho de que él no iba a perseguirla para siempre. En ese momento, sintió un deseo persistente, casi nostálgico, por él, pero sus propios sentimientos la desconcertaron.

Antes de este encuentro, nunca se había sentido físicamente atraída por Tod cuando éste entraba sin avisar con una mujer guapísima.

Melissa se excusó y fue al baño. "¿Debería deshacerme de mi cita?"

"Tod, eres incorregible."

"No, lo eres. Nunca te he visto llevando mi regalo escocés. Aquí estás de fiesta, y me gustaría ser parte de esa celebración".

"Cuando se trata de mujeres, eres irredimible".

"Entonces, ¿qué dices? Melissa no se va a quedar en el baño de mujeres para siempre".

"Si yo fuera tu cita, ¿me dejarías y me llevarías a casa para estar con otra mujer?".

"Nos acercamos a nuestro aniversario". Ignoró por completo su pregunta.

"¿Cómo es eso, Tod?"

"Ha pasado un año desde que empezaste tu letanía de excusas de por qué no puedes salir conmigo. ¡Ese es probablemente el único aniversario que tendremos!"

"Aquí viene. Salió rápido del baño. Debe de ser vidente". Sonrió.

"¿Cuál es tu respuesta?"

"Nuestro departamento nunca celebra. Estoy aquí por la duración de este."

" "Lo dejamos para otro día". La rodeó con el brazo y su comportamiento molesto escandalizó a Vanessa.

Cuando él se fue, ella se sintió más cómoda y empezó a disfrutar. Sus compañeros de trabajo consumieron grandes cantidades de alcohol y se emborracharon. Sobria, se reía con ellos. Adoraba a los periodistas y sentía que eran su única familia, aunque no supieran cómo se sentía. El camarero anunció la última llamada, así que todos pidieron otra ronda y se quedaron hasta que cerró el bar. Hizo un gesto al camarero para que le llamara un taxi.

* * *

Mientras esperaba fuera, vio pasar a la multitud que se agolpaba a altas horas de la noche en Union Street. Inesperadamente, Tod llegó en coche y bajó la ventanilla eléctrica. "Mi cita se sintió muy mal de repente, así que la llevé a casa". Le brillaron los ojos.

"¿Qué tal un paseo hasta el puerto deportivo? Si te apetece, podríamos intentar llegar hasta Fort Point".

"Oh, Tod, puedo decirte una cosa. Nunca querría casarme contigo".

"Dijiste que yo era el mejor partido de San Francisco. ¿Estás renegando de esa afirmación?"

"Francamente, empiezo a flaquear", respondió ella mientras él le abría la puerta del coche.

En el puerto deportivo, aparcó en su club, el Saint Francis Yacht Club. Ofrecía una vista espectacular de Alcatraz mientras las luces de los barcos brillaban en la distancia. Se cogieron de la mano mientras la noche clara hechizaba a Vanessa, y ella decidió escuchar a su corazón, en lugar de a su mente. Saldría con Tod Von Westerkamp y esperaba que no se la llevara a casa para estar con otra mujer.

CAPÍTULO QUINCE

Después de doce años trabajando a horas de muerte, Vanessa ya no iba los fines de semana. Los pasaba con Tod en su finca de Seacliff. Sus compañeros se percataron automáticamente de su inusual ausencia, y la noticia de que se veía con Tod Von Westerkamp corrió rápidamente por toda la cadena. Sus legendarias hazañas femeninas eran bien conocidas, y sus compañeros de trabajo sabían que había pocas probabilidades de que resultara herida.

Se tomó su tiempo para conocer a Tod y se negó rotundamente a acostarse con él. El miedo excesivo al embarazo era la razón por la que nunca salía con nadie. Habían pasado catorce años desde la última vez que vio a Barry, pero si cerraba los ojos, su olor y su sabor la inundaban de recuerdos. Para que su relación con Tod funcionara, tenía que olvidarse de Barry.

Un año después de conocerse, Vanessa sucumbió a las insinuaciones de Tod. Él se mostró muy inquisitivo sobre su pasado sexual cuando ella le confió que sólo había tenido sexo una vez a los veinte años. Increído, se rió, pero ella se enfadó y él accedió a no volver a sacar el tema. Sus fuentes en la comisaría decían que nunca había tenido citas, lo que le dejó atónito, pero le encantó la idea de que Vanessa fuera "casi virgen". Le aseguró que su relación le proporcionaría un éxtasis total, su edén particular. Pronto descubrió que Tod Von Westerkamp sabía hacer el amor con sus mujeres. Amante gentil, su paciencia ante la falta de experiencia de ella la ayudó a aprender el arte de hacer el amor, y ella se empeñó en complacerlo. El nirvana llegaba al final de sus sesiones, cuando ella sentía que le había satisfecho. Metódicamente, él hizo que se enamorara de él, y su afecto se convirtió en una droga, sin la que ella ya no podía vivir. Sólo dos personas, la hermana Roe y Barry, la habían tocado. Ahora, ansiaba sus caricias a diario.

El día de San Valentín de 1987, Tod invitó a sus padres a cenar con ellos en Ernie's, uno de los restaurantes más caros y famosos de la ciudad. Comprensiblemente nerviosa, quería su aprobación, así que optó por vestir un conservador traje de seda negro con el pelo recogido. Un Rolls Royce con chófer se detuvo en Montgomery Street y un conductor uniformado abrió la puerta trasera. Alexander Von Westerkamp de la página de sociedad del periódico. Su madre vestía de largo hasta el suelo, de piel blanca lisa, y sus padres entraron inmediatamente, sin esperarles. Cuando entraron en el lujoso establecimiento -sus ojos tuvieron que adaptarse a la iluminación, ya que el interior del Ernie's era bastante oscuro, según la vieja tradición de San Francisco-, el maître saludó a Tod por su nombre y los condujo a su mesa privada habitual. Vanessa siempre se asombraba del trato que generaba el apellido Von Westerkamp.

"Madre, esta es Vanessa Vaughn", dijo Tod rotundamente.

Encantada de conocerla, señora Von Westerkamp -dijo con calidez y le tendió la mano. Su madre asintió pero no habló, así que dirigió su atención a Alexander cuando se levantó y le estrechó la mano. Estoy encantada de conocerte", exclamó. Sin embargo, él tampoco habló, y ella se sintió completamente desconcertada por su descortesía.

"Ahora que se han acabado las galanterías, vamos a beber", espetó Tod mientras acercaba la silla.

Alexander chasqueó los dedos e inmediatamente aparecieron dos camareros vestidos de esmoquin blanco. "¿Qué vas a tomar, hijo? ¿Vanesa? Whisky con hielo", ladró.

"Té helado, por favor."

"Vanessa no bebe", anunció Tod. "¡Qué encantador!" respondió Suzanne con frialdad.

Vanessa se estremeció y pensó: "Estoy en directo en un importante mercado televisivo con más de cinco millones de personas, y estos dos me están poniendo nerviosa". Además, Tod parecía completamente ajeno a su comportamiento maleducado.

CAPÍTULO QUINCE

Ella y su madre quedaron excluidas de la conversación mientras hablaban de golf. El camarero vino con agua caliente, un surtido de bolsitas de té y un vaso con hielo.

"Sra. Von Westerkamp, ¿dónde creció?" preguntó Vanessa después. Soy sanfranciscana de quinta generación", proclamó secamente.

"¡Qué fascinante! Debes de tener historias maravillosas sobre la ciudad". "No se me ocurre ninguna", respondió Suzanne con displicencia.

Ignorando el sarcasmo, Vanessa trató de establecer una buena relación. "Me enamoré de esta ciudad en cuanto la vi. Es la más bonita de Estados Unidos".

"¿Es así? ¿Exactamente cuántas ciudades de esta nación has visitado?"

Se sonrojó de un vergonzoso rojo vivo, ya que sólo había estado en Los Ángeles y Sacramento. "Tienes razón. No he viajado lo suficiente para juzgar su belleza".

Dio un sorbo a su té helado, el peor que había tomado nunca, y soportó una eternidad de gélido silencio. Tod levantó su vaso de whisky. "Un brindis por la primera Asamblea de la familia Vaughn".

"¿Qué demonios significa eso, hijo?" preguntó Alexander con el ceño fruncido.

"Sencillo, papá. Vanessa se crió en un orfanato, así que representa a toda su familia, y nosotros encarnamos a la nuestra". De mala gana, Alexander levantó su whisky para chocar los vasos, y Suzanne golpeó su whisky, haciendo que se derramara. "¡Buena jugada, madre! Has conseguido empapar el mantel de lino blanco con mi whisky y no con tu vino tinto. Excelente jugada".

Dio un sorbo a su merlot e ignoró el golpe verbal de su hijo. Los minutos pasaron lentamente, y la insoportable cena se convirtió en una completa pesadilla mientras Tod parecía no inmutarse por su atroz conducta. Pasó una hora, y no se pidió comida mientras sus padres consumían más cócteles, lo que no los apaciguó. Excusándose, se escapó al tocador, se deslizó en una silla, se quitó los zapatos para relajarse y dio una propina al sanitario hispano.

Mientras tanto, de vuelta en la mesa, Tod habló en voz alta. "Tengo que hacer un anuncio".

"¿Qué es eso, querido?" Su madre borracha arrastró las palabras. "Voy a pedirle a Vanessa que se case conmigo".

"¿Qué? Esa corista". exclamó Suzanne mientras su gesto con la mano volcaba su vino. El camarero bajó rápidamente para limpiarlo y verter más de la botella en un vaso nuevo.

"Apenas está en el Strip de Las Vegas. Es presentadora del noticiario de mayor audiencia y ha recibido el premio a la Mujer Locutora del Año de California. Es muy prestigioso".

"Ella es una estrella, hijo. ¡No me importa si sale en 60 Minutos!"

"Francamente, hijo, me he quedado sin palabras. Nunca has insinuado casarte con nadie, y mucho menos con ésta". Alexander engulló su whisky.

"Bueno, he decidido formar una familia. Llegué al gran cuatro-oh el año pasado. Ya es hora".

"Francamente, hijo, no me gusta esto de las historias de huérfanos. De esas instituciones sale escoria".

"Tu padre tiene razón". Suzanne arrastró las palabras. "No sabes cuál es su linaje. Por lo que sabes, desciende de una larga línea de prostitutas".

"Ustedes dos son increíbles. ¿No es lo suficientemente buena? ¡No lo entiendo!"

"Estamos preocupados. Has tenido muchos cazafortunas en tu pasado que iban tras nuestra fortuna, y ella podría serlo también". Su padre se metió un cubito de hielo en la boca.

"Tardé más de un año en conseguir que saliera conmigo. Salvo las modelos internacionales, es la mujer mejor pagada con la que he salido. Irónicamente, ella está totalmente desinteresada por el dinero. No significa nada para ella. Deberías ver dónde vive. El todopoderoso dólar no significa nada para ella".

"O eso quiere que creas", añadió maliciosamente su madre.

"Tal y como yo lo veo, podéis continuar con vuestro trato atroz o acogerla en vuestra familia. Nunca me ha importado la insensibilidad que todas las mujeres con las que he salido han recibido de vosotros dos, pero esta es diferente.

Tengo intención de casarme con ella y, por respeto, te lo he dicho a ti primero. Espero un cambio a partir de ahora. Esta noche. ¿Entendido?"

"En mi defensa, tu elenco de mil bimbos ha sido difícil de soportar a lo largo de los años".

"Madre, Vanessa tiene un talento extraordinario para las noticias y resulta que también es muy brillante. Ella no está en la misma liga, y lo sabes. Así que basta".

"¿Qué le ha pasado? ¿Se ha caído?", le preguntó su madre. "Probablemente se está recuperando de la primera ronda de los abusos verbales que ustedes dos infligieron".

"Alexander, creo que tu hijo quiere que traigamos el encanto".

"¿Tan entrañable como nosotros cuando almorzamos con el alcalde?", bromeó. "Sí, padre, haz como si fuera uno de tus políticos".

"Entonces, ¿cuándo tendrá lugar este bendito acontecimiento?" preguntó Alexander con sarcasmo.

"Siempre existe la posibilidad de que me rechace". "Lo dudo", intervino Suzanne. "¡No mi hijo!"

"¿No es tu hijo? ¿Lo estás repudiando?" preguntó Vanessa acercándose a la mesa.

"Bienvenida de nuevo". Tod se levantó de un salto para ayudarla con la silla.

Los camareros aparecieron con los aperitivos. "Aquí tenemos el tartar de salmón, una mezcla de salmón fresco molido, pimientos morrones asados, cebollas rojas, alcaparras y limón, servido con puntas de pan tostado", anunció con gran brío. "Brie en chimise, un queso brie horneado envuelto en filo con calabaza a la parrilla en salsa de pimientos asados". Otro camarero puso orden en el segundo plato. "Nuestros tradicionales caracoles de Borgoña servidos en una concha con mantequilla de ajo. Vinagreta Poireaux, puerros fríos y frescos en salsa vinagreta. ¿Puedo traerle a alguien otra bebida?"

Alexander pidió una botella de Cabernet Sauvignon de doscientos dólares mientras miraba los platos y se daba cuenta rápidamente de que no había nada que quisiera probar. Sintió una tremenda pena por la increíble cantidad de dinero malgastado.

La hermana Roe podría haber alimentado al orfanato durante un año. La velada se alargó mientras sus padres bebían más y se volvían algo tolerables. Ya no deseaba desesperadamente caerles bien porque sabía que nunca lo harían. La historia se repetía. Ella no era lo suficientemente buena para Barry y ciertamente no para esta pareja rica.

En la limusina, Tod preguntó: "¿Entiendes por qué estoy soltero a los cuarenta?". "¿Es la conducta de esta noche bastante típica?"

"Se han portado como el culo de un caballo con todas las mujeres que les he presentado".

"No hicieron ninguna excepción conmigo, así que al menos son coherentes. Está claro que se trata de dinero, y me ofende su actitud", soltó sin rodeos. "No necesito su riqueza".

Después de aquella espantosa cena, Tod le dijo a Vanessa que hiciera las maletas para unas minivacaciones en un clima cálido. El destino iba a ser una sorpresa, pero su primera pista llegó cuando subieron a un avión privado y aterrizaron en San Diego. Les esperaba un Ferrari rojo descapotable y pusieron rumbo al norte. El sol caía a plomo y el aire caliente le golpeaba el pelo contra la cara. Pasaron junto a las impresionantes montañas y entraron en La Costa Spa and Resort.

"¿No es esta una granja de gordos exclusivamente cara y hedonista? ¿Intentas decirme algo?"

"Este es el plan. Tú te pasas la mañana en el spa haciéndote tratamientos faciales, masajes, manicuras, lo que quieras, y yo me la paso jugando al

CAPÍTULO QUINCE

golf. Nos reuniremos para comer, nos relajaremos en la playa, echaremos una siesta por la tarde y cenaremos en La Jolla por la noche. ¿Qué te parece?"

"¡Perfecto!"

"Prueba todos los tratamientos de spa que ofrecen". Tod se rió. "Eres un hombre como yo".

Su espectacular suite daba al campo de golf, extraordinariamente cuidado. El salón era de mármol pulido, con un sofá blanco y sillas acolchadas sobre una gruesa alfombra de felpa. Incluso el dormitorio era más grande que el estudio de Vanessa.

La pareja dio largos y románticos paseos por la playa, y Tod jugó dieciocho hoyos mientras ella trabajaba en el spa.

En lugar de aventurarse en La Jolla en su última noche, se dirigieron al restaurante principal del complejo. Se sentaron al aire libre, y la querida noche de abril era cálida mientras ella echaba un vistazo a los hermosos jardines. Llegaron dos tés helados, ya que Tod nunca consumía alcohol cuando estaban solos. Nunca antes había tomado té helado, pero ahora se consideraba un entendido.

Apareció el maitre con una bandejita de plata con la parte superior redondeada y la colocó delante de Vanessa.

"Aún no hemos pedido. Se habrán equivocado de mesa", dijo inocentemente.

"Se lo aseguro, madame. Tengo la mesa correcta", respondió. "Madame, ¿puedo?"

Ella asintió ligeramente mientras él levantaba la tapa plateada, revelando la caja de Tiffany. "¡Caramba, pensé que me iban a dar los pasteles de cangrejo!"

El maitre respondió: "Estoy seguro de que esto es muy superior a nuestros pasteles de cangrejo".

Abrió la caja dorada. Dentro había un diamante en forma de marquesa de cinco quilates. La piedra estaba sola en el forro de terciopelo. Lo cogió con cuidado y rompió a llorar.

"Odio cuando lloras. ¿Al menos te gusta?" Se preocupó. "Es como una piedra de la mitología; es mítico. ¡Increíble!" "¿La ponemos en un marco y nos comprometemos?"

"Creo que lo haremos". Ella se inclinó y lo besó. "¡Creo que lo haremos!"

"Sé que las mujeres quieren elegir sus alianzas, así que yo seleccioné el diamante, y tú puedes elegir el engaste. Me encantan los marqueses, y lo hice tasar por un tasador independiente para garantizar la calidad. Además, si alguien sabe de diamantes, es el hijo de Suzanne Von Westerkamp".

"No tengo ninguna duda al respecto". Hizo girar la piedra con los dedos. "Entonces, ¿te gusta?"

"Como" no es la palabra adecuada. Estoy tan abrumada. Nunca dejas de sorprenderme. ¡Nunca!"

"Eso es bueno. Me gusta mantener a mis mujeres adivinando".

"¡Cariño, creo que es tradicional que renuncies a todas tus mujeres ahora!"

"¡Si insistes!" "Insisto."

"Creo que puedo vivir con eso". Tod sonrió.

"Más te vale. La monogamia es especialmente importante para mí. Particularmente crucial".

"¿Por qué?"

"El único hombre con el que había estado, su novio principal, apareció en el funeral de su madre".

"Nunca me has hablado de eso".

"Por fin puedo hablar de ello sin caer en una depresión total". "¿Por qué sigues molesto todos estos años después?"

"Fue una traición total y completa, que nunca se perdona ni se olvida. Nunca seas desleal".

"He esperado mucho tiempo, así que tomaré mis votos en serio. ¿Cuántos años tenías?"

"Veinte".

"Quince años es mucho tiempo para guardar la rabia dentro. Olvídala. Es historia".

"Si no recuerdas la historia, estás condenado a repetirla. Como el régimen nazi".

"No metamos en esto mi ascendencia alemana", respondió Tod en broma. "Seré lo más auténtico posible. Ya basta; no arruinemos una velada que llevo

CAPÍTULO QUINCE

meses planeando". Después de cenar, dieron un paseo a la luz de la luna e hicieron el amor toda la noche.

En mayo de 1987, Vanessa trabajó sin descanso para mantener el primer puesto de audiencia del telediario. Tod se enfadó mucho porque estaba agotada y sólo quería dormir. No se veían nunca, así que animó a su prometido a reunirse con sus padres en Europa hasta que terminara el periodo de audiencia.

Así que Tod se fue a Francia y jugó al golf todos los días con su padre mientras su madre hacía la compra. Suzanne Von Westerkamp se oponía totalmente al compromiso de su hijo, así que en su primera noche en París organizó una cena con su antigua novia. En el restaurante, su madre nunca se había mostrado tan encantadora, hablando a Antoinette en un francés fluido, cosa que nunca había hecho. Antes, utilizaba el inglés para que Antoinette se sintiera incómoda y fría. Tod, ella no quería desperdiciar su francés. Ahora, su madre parloteaba como si Antoinette fuera su amiga perdida hacía mucho tiempo, y su actuación le resultaba absolutamente nauseabunda. Educado en la escuela franco-americana, pasaba todos los veranos en la Costa Azul con su madre. Ahora, escuchaba su impecable acento francés frente al de Antoinette, natural de París, mientras la modelo le explicaba cómo había despegado realmente su carrera. Su rostro aparecía en quince portadas de revistas europeas y había rodado anuncios de televisión de Nestlé en Londres. No se le ocurrían dos mujeres que pudieran hablar más de sí mismas que este dúo. A diferencia de ellos, Vanessa siempre se interesó más por la gente que la rodeaba.

Antoinette le apretó los muslos por debajo del cable mientras observaba cómo la luz de las velas iluminaba sus despampanantes facciones. Mientras le frotaba los muslos con más agresividad, de vez en cuando le tocaba la entrepierna y se detenía en su cremallera. Después de acariciarle suavemente el pene, volvió a tocarle los muslos. Podía cruzar las piernas y poner fin a su pequeño juego, pero se dio cuenta de que disfrutaba de este coqueteo porque hacía tiempo que no estaba con otra mujer. Recordó el dulce e ingenuo discurso de Vanessa sobre la monogamia, un concepto extraño para él. Tenía toda una vida de ejemplos de su padre, que tuvo más mujeres que la mayoría de los hombres solteros.

"¿Te ha dicho mamá que me he prometido?", le preguntó atrevidamente en un francés fluido. Ella retiró rápidamente la mano de su pierna y su rostro enrojeció. "Sí, la semana pasada, de hecho".

"Oh, no te preocupes. Esto es sólo una fantasía pasajera. Se acabará para cuando volvamos".

"O quizá no vuelva", convino su padre en un francés apenas audible. "Como puedes ver, no estoy recibiendo mucho apoyo en mi entrada en los votos sagrados".

Ella miró con una mirada pétrea, y la velada se tornó terriblemente aburrida. Suzanne apagó el encanto, sus padres se emborracharon y Antoinette cogió un taxi.

Durante el desayuno, su madre repitió toda la escena de la noche anterior y le reprochó su anuncio de boda delante de Antoinette. Tod bromeó. "¡Así que no habrá fiesta de compromiso para nosotros, madre!".

"No es lo primero de mi lista", respondió Suzanne con sorna.

"Hijo, ¿de verdad vas a casarte con esa mujer?" Levantó la vista y miró perplejo su periódico. "Si estás empeñado en casarte con ella, vamos a investigarla", ordenó Alexander. "Si encontramos a sus padres viviendo en un parque de caravanas sureño, no tendrás tanta prisa por llegar al altar. Después de las nupcias, vendrán corriendo a hacer caja, ¡como una nueva fiebre del oro!".

"Antoinette es de una familia francesa rica y antigua. Tú también la odiabas.

Madre, tu maniobra de anoche fue despreciable".

"Hijo, tu padre tiene razón. Contrata a un investigador privado, y haz un pequeño descubrimiento previo".

CAPÍTULO QUINCE

"Llegáis demasiado tarde", replicó Tod. "Sus padres fueron investigados. Contraté a un detective privado que voló a Charleston y revisó los registros del condado".

"No nos dejes con la intriga", se entusiasmó Suzanne.

"Doris Vaughn murió de cáncer de seno en 1954 en el Hospital Roper de Charleston, Carolina del Sur. Lowell Vaughn estaba en el Cuerpo de Marines y murió en Corea en 1953. No se sabe con certeza por qué su único hijo fue dado en adopción. El investigador privado me dijo que los archivos de Catholic Charities están más cerrados que un tambor. No pudo sobornar a las monjas ni a los curas. Eran inaccesibles, así que nunca supo por qué la dieron en adopción. Al más alto nivel, confirmó que Vanessa no sabía quiénes eran sus padres. Sé más de su pasado que ella misma".

"Eres el hijo de tu padre". Suzanne le dio un mordisco a su cruasán. "Buen trabajo, hijo. Estoy muy impresionado. ¿Qué rango tenía?"

"Lo siento, papá. Estaba alistado y murió en un combate en el río Yalu".

"Qué terrible", dijo Suzanne.

"Sí, un desperdicio de sangre americana."

"No estaba hablando de él. Sólo observaba su rango. Nunca hemos tenido soldados rasos en nuestra familia".

"Las familias con generales del Tercer Reich no presumen de ello a menos que vivan en Hamburgo".

"Tod, no toleraré que hables así", reprendió Alexander a su hijo.

"Bueno, dale un respiro. Ha criado a una hija guapa y con talento", replicó Tod. "Las consecuencias serían catastróficas si Vanessa lo supiera. Esto seguirá siendo nuestro pequeño secreto familiar".

"¿Cuándo hiciste esto, cariño?" preguntó Suzanne alegremente.

"Después de la cena de San Valentín. Quería que ustedes dos me dejaran en paz con ella."

"Personalmente, hijo, me siento aliviado. Si realmente vas a seguir adelante con esto, es mejor que los esqueletos salgan del armario antes de que lleguen los niños y compliquen las cosas."

"Lo he descubierto por mí mismo". Tod dio un sorbo a su zumo.

"Suzanne, parece que tienes una boda que planear. Como es huérfana legítima, parece que nosotros pagaremos la cuenta del bendito evento".

"Debo decir que cuando pasaste sobre Antoinette anoche, supe que debías estar lujurioso".

"Madre, no iba a torturar a Antoinette más de lo que lo he hecho en el pasado. No quería que se hiciera ilusiones y, seis meses después, se enterara de que me había casado".

Ignorándole, Suzanne declaró: "Creo que deberíamos acortar nuestro viaje para poder empezar a planear la boda. Debe de ser la gala del año en la costa oeste".

"¿Sólo el Oeste, Suzanne? Eso no suena a ti, limitarte a una sola costa".

"Muy bien, querido. Haré que mis amigos neoyorquinos e internacionales se pongan locamente celosos".

"Madre, ¿Vanesa va a poder opinar sobre su propia boda?" "Puede elegir su vestido, si acude a mi diseñador", dijo Suzanne con esnobismo.

"¡Vamos al campo! El día se está consumiendo".

"Enseguida voy, hijo", contestó Alexander mientras arrojaba francos sobre la mesa. "Madre, no quiero que trates a Vanessa como la ayuda".

"¿Qué diablos quieres decir con eso, hijo?"

"Intenta ser decente y trátala como a la hija que nunca tuviste".

CAPÍTULO DIECISÉIS

En un vuelo sin escalas desde París, Tod decidió que no quería prolongar todo el proceso con un largo compromiso y decidió fijar pronto una fecha. Su madre, pagada de la sociedad, era la única salvedad. Echaba de menos a Vanessa, y sus fuertes sentimientos le hicieron enfrentarse al hecho de que realmente debía de estar enamorado cuando ella le saludó en el aeropuerto.

KPIX-TV continuó reinando como número uno en la carrera de las noticias después de que terminaran los barridos de mayo. Vanessa informó a su futuro marido de que no renunciaría a su trabajo. No veía ninguna razón para renunciar a su carrera de locutora, por la que tanto había luchado y por la que había trabajado toda una vida, sólo para seguirle de un campo de golf a otro. Tod no podía hacerla cambiar de opinión, aunque sabía que sus padres se opondrían a que su mujer siguiera presentando las noticias después de casados. Las mujeres Von Westerkamp simplemente no trabajaban y se mantenían firmes en sus funciones benéficas y actos sociales.

Suzanne Von Westerkamp insistió en que no podía organizar una boda de sociedad en menos de cuatro meses. Como había hecho toda su vida, Tod cedió y dejó que su madre fijara la fecha de la boda. Octubre ofrecía el mejor tiempo de San Francisco, y ella eligió el espectacular Mark Hopkins por sus vistas, así como por su ubicación en lo alto de Nob Hill. Sólo una Westerkamp podía conseguir que el "Top of the Mark" estuviera habilitado para un banquete de boda privado un sábado por la noche. Su férreo control hacía cumplir hasta el más mínimo detalle. A Vanessa le pareció ridículo que Suzanne insistiera en tener ocho damas de honor a las que no conocía. Pero no cedió en lo de Trisha como dama de honor.

Suzanne exigió que la boda se celebrara en Saint Mark's, la iglesia luterana más antigua de Occidente. Como feligresa de Saint Mary, la antigua catedral de California Street, Vanessa conocía a todos los padres paulistas y les ayudó a recaudar fondos.

Ella se empeñaba en que la casara un sacerdote, pero Von Westerkamps sencillamente no se casaba por la Iglesia católica. Cuando las dos mujeres llegaron a un punto muerto, Tod y su padre fueron designados para razonar con la novia.

* * *

Durante el almuerzo en el restaurante Waterfront del Embarcadero, los dos hombres la instaron a reconsiderarlo. Ella escuchó en silencio sus argumentos.

"Me crió una monja católica romana. Su espíritu está arriba, pero su cuerpo está aquí en la tierra. Se revolvería en su tumba si me casara en una iglesia luterana. Se tomaría mejor la noticia si me casara con un imitador de Elvis en una capilla ambulante de Las Vegas".

"Elvis empieza a sonar cada vez mejor", respondió Tod.

"He cedido en cada detalle. Tu madre eligió a las damas de honor, sus vestidos, mi vestido de novia y mi velo. Ella estipuló cada faceta, desde las invitaciones impresas hasta las servilletas grabadas. Nunca vas a la iglesia, pero esto es importante para mí. Si vamos a casarnos, ¿será en la Iglesia Católica o no? Caballeros, esto es definitivo".

"Que nuestro párroco de San Marcos nos ayude a celebrar la ceremonia". "Sr. Von Westerkamp, me encantaría. Es una idea maravillosa", aceptó Vanessa.

"Un ministro luterano sería perfecto, junto con un sacerdote católico".

"Debería apaciguar a mamá", intervino Tod.

"Al menos", murmuró Alexander mientras daba un sorbo a su whisky. "Tengo que volver a la comisaría".

"¿Quieres que te lleve? Se supone que va a llover".

CAPÍTULO DIECISÉIS

"No seas tonto. Puedo volver andando antes de que el aparcacoches traiga tu coche". "De acuerdo, hasta luego". Tod le dio un beso en la mejilla y se marchó rápidamente.

* * *

"Hijo, no creo que esta sea una cazafortunas. Es espiritual, y sus dos estipulaciones fueron su amiga y la religión. Ella prevalece sobre tu madre, así que tengo que aplaudirla por eso".

"Religión y amistad, dos cosas que nunca fueron prioritarias en nuestra lista, sobre todo en la de mamá. Dime la verdad sobre vosotros dos", preguntó Tod.

"¿Qué quieres saber exactamente?"

"La verdad porque estoy a punto de entrar en el bendito estado del matrimonio". "Tu madre era deslumbrantemente bella, encantadora y muy astuta. Era muy seductora y me hacía sentir como si yo fuera el único hombre del planeta. Insistió en que tuviéramos un hijo inmediatamente, y después de tu llegada, las cosas nunca volvieron a ser iguales."

"¿Cómo es eso?"

"No puedo creer que te esté hablando de este pasado enterrado. Es completamente inapropiado".

"¡Adelante! Estoy totalmente fascinado. Siempre he querido preguntarte sobre lo obvio".

"¿Estás seguro de que puedes manejarlo?" "Soy un chico grande."

"Después de que nacieras, su fusión con nuestra fortuna fue completa. Con acceso a dinero y posición, rápidamente me convertí en un mero inconveniente. Tomamos caminos separados excepto para apariciones públicas. Han pasado cuarenta y dos años y soy un anciano".

"¿Por qué no os separasteis?" "¡Mejor el diablo, ya sabes!"

"Entonces, ¿vivir felices para siempre es una farsa? No existe realmente, ¿verdad?" "Las mujeres son prescindibles, y personalmente, preferiría estar en el campo de golf. Hijo, siempre hay mujeres de sobra. Es impresionante que la hayas investigado. Ojalá lo hubiera hecho yo".

"¡Con razón soy hijo único!" dijo Tod mientras se levantaba y salía del restaurante.

* * *

Trisha había agotado todas sus vacaciones, pero se las arregló para estafar a su jefe con dos días más y llegó el miércoles por la noche.

"No puedo creer que te vayas a casar. Estoy deprimida. Nadie me lo va a pedir nunca. Tengo treinta y cinco años y voy a la desesperada".

"No seas ridícula. Simplemente no has conocido al Sr. Correcto".

"Ni siquiera he conocido al Sr. Right Now. Me dirijo a Old Maid-dom. Todo mi cuerpo está empezando a caer un par de pies ".

"Basta ya. Estás estupenda y lo sabes".

"Entonces, ¿cuándo voy a conocer a la suegra del infierno?" "No la conocerás hasta la cena de ensayo".

"Está en un yate, lo que significa que no podemos abandonar el barco. No es una buena señal".

"No tengo nada que decir ni ningún control sobre el desarrollo de los acontecimientos. Pienso sentarme y disfrutar".

"Suena como un buen plan. ¿Hay algún hombre ahí para mí?"

"¿Quién sabe? Ni siquiera he tenido el privilegio de ver mi propia lista de convocados. Ha invitado a quinientas personas. Por lo que sé, podrían venir sólo viejos".

"¡Déjame recordarte que era yo la que debía casarse con un hombre rico, no tú! Tú quieres trabajar. Esa desagradable palabra de cuatro letras. Estoy condenada a vender repeticiones el resto de mi vida."

"Tengo que decirle la verdad".

"¿Dos días antes de la boda? No lo creo. No es un buen plan".

Me siento como el bebé de alquitrán que está atrapado en el alquitrán.

"La verdad es que la hermana Rosalie nunca te habría mentido. Ella no sabía quiénes eran tus padres. Lo único que no ha revelado es el orfanato de los negros. Estás en el aire en un mercado con una población de más de cinco millones, y nadie piensa que eres negro. Hola. Usted está en vallas publicitarias y promos estación durante el horario estelar, y nadie piensa que usted es Negro, incluyendo la gestión de Westinghouse de vuelta en Nueva York. Has superado la prueba más dura de todas, la de los sangre azul de Charleston con piel tan blanca que sus venas parecen azules. Por lo que sabes, la realidad es que eres blanco. La gente asume naturalmente que eres blanco. ¿Le corresponde a usted ir por ahí proclamando su supuesta raza? Usted nunca ha tergiversado su identidad.

La verdad es que puede que nunca sepas la verdad. Disfruta del día de tu boda sin la culpa católica con la que crecimos. Deja que la felicidad gobierne tu vida".

"Siempre haces que todo suene tan simple." "¡Así soy yo, un verdadero simplón!"

"¿Estás seguro?"

"Déjeme meterle esto en esa cabezota suya. No hay nada de hecho que decirle. Créeme, cuarenta y ocho horas antes de la boda, caerá como un globo de plomo".

"Deberías haber estudiado Derecho. Me encanta la forma en que fraseas, "¿Lo mencioné?"

"Los actores de Hollywood se cambian el nombre. Estás en el aire. Tenías derecho".

"¡Ese pobre bebé Blanco!"

"Ese pobre bebé Blanco es increíblemente afortunado. Ha distinguido su nombre".

"Oh, qué telaraña tejemos".

"Cuando practicamos para engañar", terminó diciendo. "En nombre del mismísimo viejo Tecumseh, deja de torturarte...".

"¿Alguna noticia sobre Barry?"

"¡No vas a llegar al altar porque te voy a estrangular!"

¿"Tu mamá tiene una nueva primicia"? No me interesa. Simplemente tengo curiosidad". "¡Curiosa, una mierda! Estás enamorada de él y lo estarás hasta el día de tu muerte. ¡Enferma! ¡Estás extremadamente enferma!"

"Entonces, ¿cuál es la última?" Ignoró el desdén de su amiga.

"Tiene una gran promoción. El artículo del Charleston News and Courier es mi bolso".

Abrió la nevera mientras Vanessa leía y releía el artículo. Estudiando cada centímetro de su rostro, pensó que tenía un aspecto maravilloso y que había envejecido maravillosamente. Hacía tiempo que no veía una foto suya actual y la estudió en busca de pistas sobre su felicidad.

"¿No puedes guardar cerveza para tu amigo alcohólico? Voy a salir a buscar un poco. No me sentaré aquí mientras babeas. Es un artículo bastante grande para la página de negocios, ¿no crees? Incluso para el Newsless Courier de Charleston, es un buen artículo. Lástima que no haya una foto de su esposa. Estoy seguro de que a ambos nos gustaría ver cómo ha envejecido. Un embarazo significa no tener cintura". Vanessa seguía sin levantar la vista. "Además, está trabajando como patóloga a tiempo completo. Eso no puede ser nada fácil, tener un trabajo super estresante a tiempo completo y un niño".

* * *

Trisha volvió más tarde para ver a Vanessa todavía mirando el artículo mientras tomaba un trago de cerveza y ponía el resto en la nevera. "Odio sacar este tema, pero, por casualidad, ¿recuerdas que dentro de menos de setenta y dos horas estarás caminando por el pasillo de una iglesia católica con un vestido de novia muy blanco? ¿No es de mal gusto babear sobre la foto de un hombre casado?".

"No estoy baboseando ni babeando. Simplemente me interesa un amigo de mi pasado y cómo le va".

"¡Oh, hermano!" Se bebió de un trago la última cerveza de la lata.

"Es mal Juju. Especialmente justo antes de la boda".

CAPÍTULO DIECISÉIS

"Siempre has sido más creyente en Juju que yo", declaró. "Bueno, si es así, ¿dónde está la piedra que te dio el señor Maniqault?".

Tiró la lata vacía al cubo de la basura y falló. "No lo sé", murmuró en voz baja.

"Soy yo, ¿recuerdas? ¡La reina del estiércol de toro! Sabes exactamente dónde está esa piedra porque llevas quince años llevándola". Levantó la lata. "Cuando camines por ese pasillo el sábado, tienes que dejar atrás definitivamente a Barry Hale. Él ciertamente ha hecho eso contigo, no lo olvides".

"Sé que tienes razón, pero es duro y sumamente difícil olvidarle". "Eres una romántica sin remedio. Ya no hacen gente como tú". Trisha abrió otra cerveza.

"Debes hacerlo. Devuélvelo a tu pasado para siempre. Si el matrimonio es la unión sagrada que todos corren diciendo que es, Barry Hale no puede ser parte de la ecuación. ¿Me estás escuchando por una vez?"

"Siempre lo he hecho", respondió ella mientras se centraba en su foto.

"Hablo muy en serio. Usted aterrizó la captura del siglo. Barry es el marido de otra y no el premio que Tod Von Westerkamp es. ¿Entendido?"

"Siempre se reduce a dinero contigo, ¿no?"

"No me he pasado toda mi vida laboral a comisión directa para nada. Sabes que soy materialista. ¿Y qué?"

"Intelectualmente, sé que tienes razón, pero me resulta difícil. He intentado e intentado olvidarle, pero nunca lo he conseguido".

"Antes del sábado a las cuatro, más te vale que te dé amnesia el doctor Barry Hale", advirtió Trisha. "¡Ponlo en el espejo retrovisor, por el amor de Dios!"

CAPÍTULO DIECISIETE

La cena de ensayo se celebró en el yate The Spirit of San Francisco, amarrado en el muelle 39, junto al Embarcadero. La novia pidió que la asistencia se limitara a la comitiva nupcial y a los familiares directos. Cuando ella y Trisha subieron a la pasarela, fueron recibidas por más de trescientas personas. Suzanne lo describió como una cena íntima en la bahía, así que respiró hondo para tranquilizarse al entrar en el majestuoso interior de la exquisita embarcación. El agua brillaba a través de los inmensos ventanales y unas mesas elegantemente decoradas rodeaban la pista de baile. El salón de baile contenía las fenomenales opciones de Suzanne mientras un número excesivo de camareros vestidos con esmoquin blanco servían champán y otros ofrecían fuentes de lujo con exóticos entremeses. Un músico tocaba melodías en el piano de cola, junto a instrumentos preparados para que actuara una banda.

"Necesito una cerveza. Esto supera todas mis expectativas", susurró Trisha.

"Esta no es una fiesta de barriles de Carolina, amiga. La única forma en que Suzanne permitiría cerveza es si es importada, especialmente para la ocasión. Olvídate de Bud o lo que sea que bebas".

"Dios, las funciones de estreno de las cadenas de televisión no son tan palaciegas", murmuró.

La futura novia se vio rápidamente rodeada, así que Trisha decidió trabajar la sala como lo haría cualquier buen vendedor de televisión. El Sr. Correcto Ahora no estaba en este barco; ¡la demografía era demasiado vieja! En el bar, se sentó junto a un caballero mayor y distinguido. Guapo, con una espesa melena gris plateada, su majestuosa presencia dignificaba su edad.

"¿Qué relación tienes con este evento sagrado? ¡Soy Trisha!"

"Ian Von Westerkamp, hermano de Alexander", respondió pomposamente. "Tú debes de ser el nuevo tío político", bromeó ella.

"Nunca se me había ocurrido, pero supongo que es acertado", dijo Ian con su acentuada y sofisticada forma de hablar.

Va a ser una larga noche cuando un tipo de sesenta años no quiera hablar conmigo, pensó. Al menos su whisky lo mantiene anclado a la barra.

"¿Dónde fuiste a la escuela?" Inmediatamente se dio cuenta de que era una pregunta increíblemente estúpida.

"West Point".

"¿Es usted general?" Le halagó para obligarle a entablar conversación. "No, no lo soy".

"West Point tiene una esquina en el mercado general." No contestó, ni se fue.

Pensó en qué fría familia se casaba Vanessa mientras engullía su cerveza.

"Así que has conocido a mi tío Ian". Tod se acercó y pidió dos copas. "Estamos hablando de la promoción de 1846 de West Point", mintió Trisha.

"Puedo asegurarle que el tío Ian no es tan viejo".

"¿Qué podrías saber sobre la clase de 1846?" Transmitió desdén.

"¡Todo!", se rió.

"Déjame advertirte, tío Ian, que si se parece en algo a mi futura esposa, estarás en clara desventaja en lo que se refiere a la historia americana". Tod recogió las bebidas y se marchó.

"Estoy esperando con la respiración contenida", indicó Ian mientras sus labios tocaban su vaso. "¿Qué te gustaría saber?" se burló Trisha.

"Todo", declaró Ian, imitando su declaración anterior.

"Una peculiar distinción es que pasaron cinco años intentando matarse unos a otros. Mil ochocientos cuarenta y seis produjo los generales que se encontraron en bandos opuestos de la Guerra Civil. Cadetes amigos que más tarde se convirtieron en enemigos mortales. Adversarios que empezaron a evaluar las cualidades del otro en el Point"

"¿Como quién?"

"George B. McClellan, Stonewall Jackson, A. P. Hill y George Pickett para empezar".

"Hum". Ian se acabó el whisky y pidió otro.

"McClellan se graduó en segundo lugar. Como comandante del Ejército de la Unión, sus tácticas demasiado cautelosas llevaron a Abraham Lincoln a relevarle de su cargo".

"¿Quién más?", preguntó impaciente mientras el camarero dejaba su bebida. "Thomas Jonathan Jackson, conocido como 'Stonewall', se graduó el decimoséptimo". "Entonces, ¿por qué se llamaba Stonewall? Camarero, póngale otra cerveza a la señora". "El general de Carolina del Sur Barnard E. Bee reunió a sus hombres durante la Batalla de Bull Run y gritó: 'Jackson está de pie como un muro de piedra. Decidámonos a morir aquí, y venceremos'. Stonewall Jackson se convirtió en un héroe conocido internacionalmente tras aquella victoria rebelde. Por desgracia, fue asesinado accidentalmente por sus propias tropas en Chancellorsville".

"¿Cómo demonios lo sabes?", exclamó con gran asombro.

Sintiéndose un poco achispada, decidió deslumbrarle. "¿Quién se graduó el último de cincuenta y nueve miembros?".

"Ni idea".

"Nada menos que George Edward Pickett, conocido por liderar la desastrosa Carga de Pickett en Gettysburg en la que se perdieron tres cuartas partes de sus tropas".

"Debes de ser historiador especializado en batallas de la Guerra Civil. Impresionante".

"¡No, señor, yo no! No me interesa en absoluto la historia". ¿Qué significa A. P.?"

"Ambrose Powell." Empezó a perder la noción de los hechos por culpa de la cerveza.

"¿Y qué hizo?"

"La carga de Hill comenzó la Batalla de Gettysburg".

"¿Y en qué puesto quedó en su clase?", preguntó con evidente curiosidad.

"No es importante. El mejor cadete nunca llegó al rango de general durante la Guerra Civil".

"Entonces, edúcame, ¿de qué conoces a la señorita Vanessa?"

"Los dos trabajamos en el negocio de la televisión, en lados opuestos. Yo estoy en las ventas y ella en antena".

Esa fue la única vez que Ian le preguntó algo sobre Vanessa en toda la velada. Mientras consumía una buena cantidad de whisky, no se separó de ella en ningún momento e incluso la invitó a sentarse con él. Ella estaba encantada de haberse ganado su interés y su atención. Ian incluso hizo que Suzanne trasladara su placa a su mesa. La mayoría de los invitados se acercaban a Ian y él los presentaba a todos, lo que hacía que Trisha se sintiera parte de la multitud. Él nunca ofrecía información a menos que ella le preguntara directamente, así que ella no tenía ni idea de que estaba conociendo a los pesos pesados de la Asamblea de la Costa Oeste. Ian se negó a bailar cuando la banda empezó a tocar, pero accedió a salir. Cuando el barco pasó por debajo del Golden Gate, se adentraron en el aire fresco de la noche y en el cielo del atardecer. Demasiado helados para quedarse en la cubierta exterior, volvieron al calor del interior y a los sonidos de la banda.

Obligada a saludar a todos los huéspedes y a entablar charlas de cortesía, Vanessa no había comido. Cuando el barco atracó en el muelle, se dio cuenta de que nunca había mirado por las ventanillas para disfrutar del crucero. Suzanne lo había convertido en un épico acontecimiento de sociedad, y la mayoría de los invitados estaban allí para echar un vistazo a la novia y no ofender a los Von Westerkamp no asistiendo. Ella desairó a los que no le gustaban no invitándolos. Cuando las puertas del lujoso transatlántico se abrieron y dejaron al descubierto la pasarela, muy poca gente se marchó. Vanessa sólo quería irse a casa, comerse un bocadillo de su propia nevera e irse a dormir. Pasada la medianoche, los invitados empezaron a marcharse. Trisha y Vanessa partieron en limusina y comieron bocadillos de mantequilla de cacahuete y mermelada en la cama de Vanessa. Trisha se durmió rápidamente, ebria, mientras la novia permanecía despierta, preguntándose si el día de su boda sería un asunto aún peor.

La boda era a las cuatro de la tarde y Suzanne aún no había llegado. La catedral de Santa María celebraba su misa habitual los sábados a las cinco y media. El padre Gorley se paseaba impaciente delante. "Dudo que pueda decir misa como estaba previsto".

"Insisto en que se diga misa, aunque sea sin fotos". "Me daré prisa", aceptó nervioso el sacerdote.

A las cuatro y veinte, sin señales de Suzanne, Trisha consoló a la novia. "Mira, con misa o sin ella, estarás casada cuando acabe. Será acogedor cuando toda la gente aparezca para la misa de las cinco y media, y tengan que sentarse en el regazo de la gente. Los luteranos tendrán que unirse a nosotros, los que comemos pescado".

"No me hace gracia".

"¡Estoy! Esto es probablemente lo más cerca que voy a estar del altar con un hombre".

Suzanne llegó a las cuatro y media, así que Vanessa dio instrucciones a la orquesta para que empezara inmediatamente el preludio de la marcha nupcial. Eso obligó a su suegra a ir directamente a su asiento con un padrino. Aumentando el ritmo, las damas de honor dejaron de pasearse por el pasillo y se movieron con rapidez. Trisha besó a su amiga y empezó a recorrer el pasillo principal con un vestido formal de terciopelo burdeos que fluía hasta el suelo sin esfuerzo. Sonrió al fotógrafo al llegar al altar. La marcha nupcial comenzó con un estruendo en el aire, ya que Suzanne había contratado a miembros de la Sinfónica de San Francisco en lugar de utilizar el coro de la iglesia, como quería Vanessa.

La novia entró y avanzó cautelosamente por el pasillo central con un original de la diseñadora Diane Von Furstenberg, amiga de Suzanne. Era un vestido de gala de talle alto con hombros abullonados y encaje cosido a mano. Las perlas adornaban todo el corpiño y daban paso a una cola ancha y excepcionalmente larga que se deslizaba por detrás de su diminuta cintura. El velo de encaje antiguo con tiara de perlas a juego importado de Alemania hacía brillar su brillante cabello castaño, mientras que su menudo cuerpo complementaba el exquisito vestido. Vanessa se sintió ansiosa cuando llegó al altar. Tod tomó sus manos nerviosas entre las suyas, y ella se sintió muy aliviada de estar a su lado.

El padre Gotley ofició la ceremonia, junto con el pastor luterano de Suzanne. El sacerdote se apresuró en la liturgia para apaciguar a la novia y sólo se detuvo una vez para mirar a la congregación. "Debo deciros esto, hermanos míos. Los luteranos son los mejores católicos". La única broma del sacerdote hizo vibrar de risa a toda la congregación.

Vanessa se giró, echó un vistazo a los bancos de roble oscuro llenos y se asomó al coro. La cantante profesional Suzanne había volado desde Los Ángeles y había interpretado el solo del Ave María. Había que reconocer que era la música más sensacional que jamás había adornado una ceremonia nupcial. La luz del sol entraba por las vidrieras y la iglesia resultaba cálida y acogedora. Le encantaba este lugar sagrado y se sentía en paz mientras centraba su atención en su apuesto novio.

La pareja se enfrentó y recitó los votos tradicionales, y el sacerdote anunció solemnemente: "En lo bueno y en lo malo, en la riqueza y en la pobreza, en la salud y en la enfermedad, hasta que la muerte nos separe". Sus manos temblaban cuando Tod colocó la alianza de oro junto a su anillo de compromiso de diamantes de cinco quilates. "¡Ya podéis besar a la novia!"

El corazón de Vanessa latió con fuerza cuando Tod la besó suavemente en los labios. El novio la cogió de la mano y la acompañó al altar. Cuando los recién casados se cruzaron con los invitados, la novia buscó a sus amigos de la estación. Sonrió al pasar junto a un banco tras otro lleno de caras conocidas. Fuera, en California Street, volvieron a entrar para el fotógrafo.

"No te preocupes, Vanessa; a nadie le importará que mamá llegue tarde a la recepción en el Mark Hopkins", le susurró Tod al oído. "Ahora que este calvario ha terminado, podemos disfrutar".

CAPÍTULO DIECISIETE

Mientras la pareja se acercaba al altar, el padre Gotley les instó a que se dieran prisa, ya que iba a empezar puntualmente la misa de las cinco y media para sus feligreses. El fotógrafo les gritó que el sacerdote le había dado un plazo estricto de exactamente diez minutos para bajar del altar. Suzanne no intentó apresurarse en la toma de fotografías. El padre Gotley se paseaba de un lado a otro mientras empezaban a llegar los miembros de la parroquia. "Tienen exactamente ocho minutos más", advirtió el sacerdote.

El fotógrafo empezó a discutir, pero la novia le cortó. "Estás perdiendo un tiempo precioso". No tenía intención de molestar a su pastor más de lo que ya lo habían hecho. A las cinco y veinticinco, anunció a sus asistentes que se dirigieran inmediatamente al Mark Hopkins. Suzanne se opuso enérgicamente, pero los novios la ignoraron.

Siguieron a la novia por la puerta lateral de la iglesia, donde les esperaba una flota de limusinas. Vanessa se volvió hacia Tod. "Esto es absurdo. Son sólo dos manzanas. Quiero ir andando".

"Cariño, ¿de verdad quieres subir una de las colinas más empinadas de esta ciudad con un vestido de novia de veinte mil dólares y arrastrar la cola detrás de ti?".

"¿Qué quieres decir?" Vanessa sonrió con satisfacción.

"Sube a la limusina y haz feliz a mi madre", imploró. "No, vamos andando", respondió Vanessa desafiante.

"Mamá no estará contenta", advirtió el novio.

"A mí tampoco me hizo gracia cuando se presentó treinta y cinco minutos tarde". "Por favor, no hagas esto. No conseguirás nada cruzándote con mi madre".

"No la estoy cruzando. Voy a cruzar la calle". Se levantó el vestido de novia y cruzó la línea del teleférico mientras Tod salía tras ella. Los recién casados subieron la cuesta escarpada, increíblemente difícil, hasta que oyeron el traqueteo de la línea de la calle California. "Tienes razón, Tod. Demasiado vertical para maniobrar con estos tacones. Tomemos el teleférico". La novia subió al mismo teleférico que cogía para ir al trabajo. "Hola, Dennis", le dijo al guardafrenos, al que conocía desde hacía años. "¿Qué tal un beso para la novia?"

"Oh, mon, no esperaba verte hoy en mi ruta". Le besó la mejilla. "Deben ser tiempos difíciles para los Von Westerkamps."

"Dennis, ¿puedes esperar un segundo a mi novio?"

"Usted es lo que llamamos un cliente preferente en la línea de la calle California. Si quiere que le espere, le esperaré". Contestó con su marcado acento jamaicano, con el pelo en rastas agitándose con la ligera brisa de la bahía. De mala gana, Tod se subió, con su larga cola negra ondeando al viento.

El guardafrenos tocaba la campana del teleférico de una forma muy rítmica y conmovedora. Dennis había ganado tres años seguidos el concurso de campanas del teleférico de San Francisco y era bastante conocido, pues había aparecido en varios periódicos.

"Oh, mon, Vanessa, siento no poder ir a las fiestas. Tengo que trabajar hasta medianoche".

"¡Oh, mon, Dennis!" Imitó su acento jamaicano. "Pásate después de bajar, mon."

"¡Oh, mon! ¡Bien pensado! Próxima parada, Número Uno Nob Hill, ¡la Marca!"

"¡Esto sí que es viajar!" Ella se rió mientras él tocaba furiosamente el timbre del teleférico. El teleférico llegó a la entrada del Mark Hopkins, que ocupaba el emplazamiento de una de las casas más ornamentadas y extravagantes construidas por los magnates del ferrocarril en la década de 1870, la mansión Mark Hopkins de dos aguas y torreones. Sobrevivió al terremoto de 1906, pero ardió hasta los cimientos en el incendio que consumió la ciudad tres días después. En un siglo de funcionamiento, el Mark fue el cuartel general de visitantes distinguidos y famosos, desde el Príncipe Felipe hasta Frank Sinatra.

"Si ese negro aparece con sus rastas, a mi madre le dará un paro cardíaco".

"Bien; quiero decir que podemos hacer pruebas para asegurarnos de que nunca tenga problemas de corazón".

CAPÍTULO DIECISIETE

* * *

El portero de esmoquin abrió la enorme puerta principal con sus brillantes tiradores de latón, y los recién casados atravesaron el arco de la entrada mientras una voz señorial anunciaba: "Bienvenidos al Mark Hopkins, señor y señora Tod Von Westerkamp". Esta proclamación le sonó muy extraña. Sin embargo, el sonido era maravilloso, y ella estaba emocionada por dejar atrás el falso nombre de Vaughn.

"Piensa que tú y mi madre os llamáis igual". Su burla interrumpió sus pensamientos. "No estoy seguro de que el mundo esté preparado para dos, Sra. Von Westerkamps."

* * *

El ascensor se abrió, revelando una impresionante vista de la bahía y las centelleantes luces de la ciudad. El salón acristalado del Top of the Mark ofrecía una vista panorámica de lo más elegante. La mayoría de los invitados ya habían llegado y varios camareros servían champán y aperitivos. En cuanto pudieron echar un vistazo, se vieron acosados por los simpatizantes. Se saludaron cortés y afectuosamente. Tod había asistido a eventos formales desde que era niño, así que para él era algo natural.

Cuando terminaron, empezó la cena y ella se sentó en la silla de la mesa principal antes de quitarse los zapatos. La novia movió los dedos de los pies mientras observaba la sala. En efecto, Suzanne había hecho una elección extraordinaria y había cuidado hasta el más mínimo detalle. Cada cubierto tenía una placa de latón grabada como detalle de boda para cada invitado, un regalo deslumbrante a un precio fenomenal. Suzanne había convertido la boda de su hijo en uno de los acontecimientos sociales imprescindibles de San Francisco, y la alta sociedad respondía, a su vez, al poderoso apellido Von Westerkamp. Llegó un aperitivo de ancas de rana salteadas con puré de berros frescos en mantequilla de vino blanco.

Tod apenas había dicho una palabra. "¿Pasa algo, cariño?", preguntó con voz preocupada mientras a una crema de alcachofas con avellanas le seguía un plato de gambas a la bahía con crema agria.

"Odio cuando mi madre me hace sentar durante interminables platos con pequeñas porciones. Al final, sigo teniendo hambre. ¿Tuviste algo que decir en esto?" Tod preguntó mientras apartaba el plato.

"Difícilmente. Todo este menú es nuevo para mí".

"Lástima que tus padres no estén vivos. Si hubieran pagado, mamá no habría tenido nada que decir".

"Cariño, es muy extraño decirle eso a una novia el día de su boda". Ella le cogió la mano para tocar su nuevo anillo de bodas de oro. "Sabes que no tengo ni idea de quiénes son".

Lo siento, cariño", se disculpó mientras la besaba para desviar su atención de su descuidada declaración que hacía referencia a la comprobación de sus antecedentes.

Desconcertada, su novia se apartó. "¿Por qué crees que mis padres están muertos?"

'Estoy estresado. Mi madre ha convertido esto en una coronación real digna del Príncipe Carlos. Fue una desconsideración y lo siento. No me hagas arrastrarme", suplicó Tod. "No es fácil casarse a mi edad".

"Me sonó tan extraño, ya que siempre he pensado que mis padres estaban vivos. Sonabas tan positiva cuando hablabas de que estaban muertos". Expresó su preocupación.

"Demasiado champán hablando, cariño. Eso es todo". Le besó la mano mientras el camarero colocaba delante de él pollo deshuesado y relleno con ternera en salsa de pimienta verde. "Dejémonos de discusiones y disfrutemos de lo que queda de nuestra boda". Miró realmente la ración más pequeña que había visto nunca. Según la tradición de Suzanne, no era más que otro aperitivo: timbal de coliflor en salsa de curry con brécol y zanahorias. En silencio, se sentó durante los interminables platos y contempló lo que Tod quería decir con su extraña afirmación. Alexander se sentó junto a la novia segundos antes de que llegara el plato principal. Entabló una charla cortés mientras le servían el delicioso costillar de cordero, marinado en aceite de oliva y hierbas y horneado en hojaldre. Devoró rápidamente su ración.

CAPÍTULO DIECISIETE

"Te lo dije. Mi padre odia sentarse durante los insufribles e interminables cursos de mi madre. Ha estado en el bar todo el tiempo".

"Error, hijo, yo no estaba en este bar. Estaba a una manzana del Big Four. He pasado muchas noches allí y he consumido grandes cantidades de escocés". Alexander hizo señas al camarero para que se acercara.

"¿Champán, señor?"

"¡Claro que no! Quiero un trago de verdad", ladró, arrastrando las palabras. "Escocés". "Sí, señor". El camarero desapareció rápidamente.

"Increíble, ¿verdad, Vanessa?" "¿Qué es eso?"

"El servicio que obtienes cuando saben que eres tú quien paga la cuenta", comentó con sarcasmo.

Su actual desenfoque alcohólico molestó a Vanessa, así que respiró hondo para tranquilizarse. Su beligerante suegro comentó: "¿Es esta boda lo bastante regia para ti, querida?".

"¿Un acontecimiento como éste? Mi elección habría sido invitar sólo a familiares y amigos".

"Pero no tienes familia, ¿recuerdas? ¿A quién le habrías preguntado?" Era desagradable.

Había aprendido a no enfrentarse a él cuando bebía, así que se levantó apresuradamente y escuchó las risas de Trisha. Suzanne había separado deliberadamente a la novia de su dama de honor. Mientras ella estaba pegada a los padres de él, los novios se reían en otra mesa.

"Olvídate de conseguirme ese trabajo en televisión", susurró Trisha.

"Si las cosas van bien, me dirijo a Boston Square". La banda tocó unos acordes.

"Esa es tu señal. Es el primer baile. ¿A quién has elegido?"

"No lo hice. Suzanne tiene a Alexander bailando conmigo en lugar de mi padre". "Encantador." Trisha agarró a su padrino de Boston para darle un abrazo.

"Guárdame un baile", murmuró a la novia con su marcado acento bostoniano. Cuando ella empezó a bailar con Alexander, Tod se unió a su madre.

Más tarde, pasó a bailar con su novia. Todas las selecciones musicales de la novia fueron vetadas, así que sonó un vals tradicional alemán. La increíble voz de la cantante principal entonó la única petición de Vanessa, "I Left My Heart in San Francisco". Trisha entró en la pista de baile con el padrino y el resto de la comitiva nupcial.

"Donde los pequeños teleféricos suben a medio camino de las estrellas", le cantó a Vanessa.

La novia se tomó un muy necesario descanso y se sentó con Trisha. "Tengo que reconocer el mérito de tu nueva suegra. Lo único malo ha sido sufrir los interminables platos de comida rara. La banda es estupenda, y las vistas también".

"Tres conjeturas sobre quién lo eligió."

"Ninguna suegra es perfecta; eso está claro. Este tipo es un muñeco viviente. ¿Cómo demonios se me escapó el Sr. Correcto ahora anoche?"

"Compórtate, no te acuestes con nadie", ordenó la novia. "Eso es todo lo que necesito."

"Caramba, estás haciendo algunas normas difíciles para esta noche". Se rió. "Definitivamente podría tener suerte con este tipo".

"¡Abajo chica! ¡Abajo!"

"Es fácil para las señoras felizmente casadas lanzar dispersiones contra nosotras, lastimosas solteras perpetuas".

"Por una vez en tu vida, ¿te harías el difícil?" "Nunca lo he intentado. Nunca ha sido mi estilo".

"Es una orden. ¿Entendido? ¿O debería poner a tu padre del Cuerpo de Marines al teléfono?"

"¡No eres divertida! Nunca voy a vestir de blanco en mi boda". Trisha guiñó un ojo.

Su amiga se acercó al padrino. Esperaba no acabar en la cama con él en su casa. ¡Eso sería demasiado raro! Nunca tuvo ningún control sobre ella. Eran completamente opuestos, y por eso la química entre ellos era tan fuerte. La banda volvió y ella bailó con un desconocido tras otro. Alrededor de las

CAPÍTULO DIECISIETE

once, cortaron la enorme tarta nupcial con sus diez pisos, cada uno con un sabor diferente.

Lanzó su ramo en el último segundo, directo a Trisha, que apenas lo atrapó. "¡Arreglado!" gritaron todas las solteras.

Irónicamente, el novio bostoniano de Trisha hizo la captura cuando Tod lanzó la liga. La novia y la dama de honor se rieron histéricamente mientras el fotógrafo intentaba sacar una foto de los cuatro con la liga y el ramo. Tod y su padrino no entendieron la gracia y parecían bastante desconcertados. Era lo único que había disfrutado en todo el día de su boda. La banda tocó hasta la una y media de la madrugada, cuando se anunció la última llamada. Vanessa le preguntó a Tod si podían ir a su suite nupcial, pero él sintió que debía quedarse. El cansancio de los dos últimos días se apoderó de ella y se sintió mareada.

"Vamos", ordenó Trisha. "Te vas a tu habitación. Pareces débil. ¿Quieres que te lleve hasta el umbral? Eso es tradicional, ya sabes".

"Estás tan loco como para hacerlo. ¿Verdad?" Vanessa mantuvo un fuerte apretón en el brazo de su amiga.

"Tengo que divertirme de alguna manera desde que me enclaustraste por la noche", bromeó.

* * *

Un botones les acompañó a la última planta y les condujo a la suite de luna de miel más grandiosa de Mark Hopkins. Después de que el botones abriera la puerta, Trisha se maravilló ante el impecable mobiliario y las espectaculares vistas. Le trajo a Vanessa agua helada con limón en una bandeja de plata y la ayudó a quitarse el caluroso vestido de novia. Después de ayudar a la novia a acostarse, abrió todas las ventanas para que entrara aire fresco y observó cómo su amiga se quedaba profundamente dormida. Luego se fijó en los cargueros que pasaban por la lejana bahía. Las luces que brillaban sobre el agua eran increíbles mientras la ciudad resplandecía en primer plano. ¡Qué suerte tiene Vanessa de vivir aquí y de estar casada con Tod! pensó Trisha mientras San

Francisco brillaba a través de la ventana. Se acercó a la barra húmeda, abrió una cerveza y bebió un trago mientras su mente visualizaba la predicción yuyu del señor Manigault de veinte años de mala fortuna. Si esto es malo, pensó Trisha mientras echaba un vistazo a la lujosa suite, me encantaría ver los buenos tiempos.

CAPÍTULO DIECIOCHO

Vanessa nunca había salido del país, así que Tod la llevó a su lugar favorito de toda Europa, Zermatt, un pueblo enclavado en los Alpes Peninos del sur de Suiza. A medida que se acercaban en tren, un deslumbrante manto blanco de nieve cubría los picos que rodeaban la encantadora aldea. En esta romántica estación no se permitían coches, por lo que daba una sensación de limpieza resplandeciente y a la vez de aislamiento. Mientras se maravillaba ante las espectaculares montañas, la nariz de Vanessa permanecía pegada al cristal de la ventanilla. El imponente y cautivador Matterhorn la hipnotizó por completo, y cuando el tren se detuvo, bajó la escalerilla y mantuvo los ojos embelesados clavados en las majestuosas vistas. Un coche de caballos les esperaba para llevarles al hotel mientras Tod la cogía de la mano. El cochero la ayudó a subir los escalones y los envolvió en una cálida manta. Tomó las riendas en sus manos y la yunta de caballos se sacudió hacia delante.

Sin prisas, los recién casados recorrieron el encantador pueblo suizo mientras ella movía la cabeza de izquierda a derecha porque no sabía adónde mirar. Cada edificio le parecía tan extraño como exquisitamente bello, y le encantaba cada detalle de la impresionante arquitectura suiza y de los ciudadanos que vivían en ella.

El conductor detuvo los caballos delante de un pequeño hotel que Tod había elegido. Era un lugar pintoresco, regentado por una pareja de ancianos suizos que les dieron la bienvenida. Los propietarios se quedaron mirando a Vanessa, ya que Tod había traído un flujo constante de mujeres glamurosas para enamorarlas en su establecimiento. Les habló con fluidez en francés durante unos minutos y luego se dirigió a su novia para que se lo tradujera.

"Estos lugareños dicen que tenéis una suerte increíble ya que hoy el tiempo está despejado para vuestra llegada. Durante el invierno pasan meses sin ver la cima del Matterhorn. Esperan que esta calma engañosa perdure durante toda su visita para que sus recuerdos duren toda la vida. Hoy, el Matterhorn es sensacional desde cualquier cima de Suiza".

Sonrió dulcemente cuando la mujer fornida de pelo plateado la cogió de la mano y la acompañó al interior de su pequeño establecimiento. Qué manera tan extraña de decirlo, pensó Vanessa mientras caminaba junto a la mujer regordeta.

Mientras Tod esquiaba, exploraba el encantador pueblo y le encantaba todo de Suiza: su gente, su comida y su maravillosa belleza natural. Sentía una enorme emoción en sus paseos por Zermatt, y su asombro infantil despertaba un asombro interminable. Todas las tardes, los recién casados dormían la siesta y luego hacían el amor. Tod llevaba una maleta llena de cremas, lociones y demás parafernalia para hacer el amor. Todos los días volvía de esquiar con regalos de lencería nueva y sexy envuelta en papel blanco sedoso con grandes lazos negros que rodeaban las cajas. El contenido consistía en unos cuantos cordeles para colocar estratégicamente alrededor del vello púbico y los pechos, y esperaba que su novia modelara su cuerpo expuesto mientras él esperaba pacientemente. Deseosa de complacer a su nuevo marido, siguió sus instrucciones con precisión mientras él la instruía en el arte de hacer el amor. Extremadamente inexperta a sus treinta y cinco años, apreciaba sus directrices para la intimidad. Sin teléfonos, familia ni trabajo, los recién casados se concentraban en el sexo, y si su novia no le satisfacía, Tod la criticaba duramente y le asignaba una nueva tarea sexual.

Después de la cena, un tranquilo paseo por el aire fresco de la montaña iba seguido de otra sesión de sexo para perfeccionar los movimientos anteriores. Una vez dominadas las técnicas, Tod volvió a cambiar las reglas, y cuando ella alcanzaba su punto más alto de excitación sexual, a veces Tod se detenía justo antes de su clímax. Le provocaba sensaciones de placer increíblemente fuertes repetidamente hasta que ella le suplicaba que parara porque su intensidad emocional era abrumadora. Después de un sexo incesante, ella se sentía estimulada cada vez que él aparecía.

Durante una cena a la luz de las velas en un restaurante de cinco estrellas, Tod le informó de que ya no quería que llevara ropa interior, y le prohibió llevar nada más que vestidos. Quería tener acceso total y absoluto a su vagina. Durante su estancia se entregaron a un placer sexual desenfrenado que Vanessa nunca había experimentado. Con el paso de los días, se dio cuenta de que Tod había pasado gran parte de su vida, una cantidad desmesurada de tiempo, haciendo el amor con mujeres. Deseaba que ella se convirtiera en su encuentro sexual más deseado, una aspiración que Vanessa sabía que nunca podría cumplir.

* * *

En su último día en Zermatt, los recién casados tomaron un tren y se trasladaron al teleférico para llegar a la cima del Matterhorn. Después de comer, ella paseó por los alrededores con un vestido y un abrigo especiales que Tod había comprado para la ocasión. Sin que ella lo supiera, Tod no estaba hechizado por la espectacular vista de la seductora montaña y simplemente buscaba un lugar para practicar sexo. Pasaron junto a una valla de piedras apiladas estratégicamente unas sobre otras. Tod la ayudó a bajar por el precario sendero y se detuvo junto a una pared rocosa.

Era el día más frío, pero aun así ordenó a su nueva novia que se desabrochara el abrigo y, cuando ella protestó, le tapó la boca con los dedos. Le ordenó que se levantara el vestido para poder verle la vagina mientras le separaba las piernas, queriendo separarlas aún más. Su vestido estaba ahora por encima de sus pechos, y el aire helado golpeaba sus pezones y su clítoris expuesto. Su extraño juego la asustó, y su cuerpo se puso rosado por el frío. Tod la empujó contra las rocas, se desabrochó los pantalones y le introdujo brutalmente el pene en la vagina. La ferocidad con que la penetró le hizo llorar y sentir un dolor aplastante entre las piernas. El frenesí de sus acciones conmocionó a Vanessa. Por suerte, su orgasmo no tardó en llegar y gritó al eyacular. Absolutamente ajeno a sus sentimientos, Tod chupó sus pezones y luego sacó su pene. Llorando desconsoladamente, Vanessa sintió el semen caliente recorriendo el interior de sus muslos tras el extraño asalto. Sin hablar, le bajó lentamente el vestido y empezó a acariciarle los pechos a través de la seda. Le dio un último apretón en el pecho.

"¡Chúpalos, nena!", le dijo, metiéndole los dedos en la boca para limpiárselos.

* * *

Caminaron de vuelta al teleférico y se cogieron de la mano en silencio. Al entrar en el tranvía, Tod se apoyó en la ventanilla y rodeó la cintura de Vanessa con las manos. Atrapándola con los brazos, tiró de su trasero con fuerza hacia él, mientras ella miraba sin comprender y la gente apartaba la vista cuando ella establecía contacto visual con ellos. Él mantuvo un firme agarre sobre su cuerpo durante el descenso, mientras el movimiento se balanceaba de un lado a otro. Las lágrimas corrían por sus mejillas. En su estado de angustia, el líquido corría por sus piernas, y ella no era consciente del dinámico paisaje que pasaba zumbando mientras el tranvía descendía en picado. Su apretado agarre parecía el de un extraño mientras su mente estaba en lo alto con su cuerpo atrapado abajo.

Cuando llegaron al andén, Tod la soltó y caminaron hasta la estación de tren. Una vez a bordo, se serenó mientras los pasajeros la miraban con preocupación. El tren suizo partió rápidamente hacia el corazón de Zermatt mientras la mano derecha de él se deslizaba dentro de su abrigo y se posaba sobre su vello púbico. Pasando los dedos de un lado a otro, Tod le palpó la vagina y le tocó el clítoris durante un segundo, y luego le acarició los pechos. Vanessa se apartó y se deslizó junto a la ventana. "Vale, nena, te daré un descanso". Tod se apoyó en ella y se quedó profundamente dormido.

Vanessa sacó la mano de su abrigo y se secó las lágrimas de las mejillas. Al mirar por la ventana, vio que había nevado y las ramas de los árboles lucían un manto lechoso que brillaba al sol. Los Alpes brillaban con majestuosidad

CAPÍTULO DIECIOCHO

mientras ella respiraba profunda y largamente para calmarse. Contemplar el paisaje la hizo sentirse más serena y, cuando sonó el silbato, un atontado Tod se paseó a su lado. En el Hotel Matterhorn, Tod quiso tener su cálido cuerpo a su lado mientras dormía la siesta. Ella se negó y se dirigió al vestíbulo para disfrutar de un té caliente. Lentamente, sorbió su té mientras miraba por la ventana. Cuando se hubo calmado, volvió a su habitación y Tod no se movió mientras ella se desplomaba frente al crepitante fuego. Cogió un tronco y lo arrojó a la chimenea mientras Tod dormía plácidamente. Reflexionó sobre su horror anterior, pero decidió no arruinar la última noche. En lugar de eso, recordó lo que Trisha siempre decía: "Los hombres quieren casarse con vírgenes y que se comporten como putas en la cama". Deseó poder llamar a Trisha.

Cuando Tod se despertó, afuera estaba oscuro, así que fueron a su restaurante favorito: el maitre los sentó frente a la chimenea. Tod estuvo encantador durante toda la velada, así que Vanessa decidió perdonarle su anterior indiscreción.

El camarero trajo coñac y preguntó: "¿Cuándo te vas a casa?". Tod respondió: "Por la mañana".

Cuando se fue, Vanessa comentó inocentemente: "Odio dejar un lugar tan maravilloso".

"Cariño, si no quieres irte, podemos prolongar fácilmente nuestra estancia". "No, no podemos", respondió Vanessa sin rodeos. "Prometí a la emisora que volvería para los barridos. Fue muy amable por su parte dejar que me casara en medio de una campaña de audiencia."

"¡Escúchate! Ellos te necesitan. Tú no los necesitas". "¿Qué estás diciendo?" "Ya no necesitas trabajar". Sorbió con displicencia su coñac. "¡Eso es todo!" "Ya hemos pasado por esto antes". Ella estaba agitada. "Pienso seguir en antena hasta que tengamos un bebé. Tú estuviste de acuerdo cuando el abogado de tu familia redactó ese tonto acuerdo legal sobre mi inminente maternidad. Firmé ese ridículo documento que establecía que me comprometía a no volver a ningún tipo de empleo después del nacimiento de nuestro bebé. Exigiste que fuera una condición para mi futuro embarazo".

"En realidad, te obligué a firmarlo en lugar de un acuerdo prenupcial, ya que el dinero no significa nada para ti. He sufrido tus interminables horas de trabajo, pero nunca en mi vida he ido a Europa dos semanas. Me siento como una pareja de Des Moines, Iowa, que sólo tiene dos semanas para ver diez países, y luego vuelve a la carnicería otro año. No les perteneces".

"¿Y tú crees que sí?" Su ira aumentó.

"No seas tonto. Lo único que digo es que puedes dejarlo ahora mismo y podemos viajar por Europa para que pueda enseñarte más cosas del continente. Eso desde luego debería ser más atractivo que estar sentado detrás de una cámara esperando a que se apague un semáforo en rojo".

"Esta es mi carrera y la profesión que he elegido, así que no la menosprecies. No lo considero trabajo".

"Los Von Westerkamps no trabajan de nueve a cinco. Mi vida no será confinada por tu adicción al trabajo. Si tengo que engendrar un heredero para sacarte de ahí, que así sea". Bebió su coñac.

* * *

Tras un agotador vuelo desde Ginebra, el chófer de Von Westerkamp los recogió. Los recién casados se relajaron en el interior del Rolls Royce, donde un surtido de tentempiés y bebidas estaban elaboradamente dispuestos junto a un periódico publicado el día de su boda. Ella lo apartó cuando sonó el teléfono del coche. "¡Adivina quién es!"

Tod explicó que aún no había visto la primera página e hizo un gesto hacia el periódico. La portada estaba dedicada a una foto en color de ellos con Dennis, el guardafrenos. Tod estaba muy elegante, y su vestido había sido fotografiado maravillosamente. Dennis sonreía de oreja a oreja, con sus rastas cayéndole hasta los hombros. Le encantó la foto como fantástico recuerdo de boda. Tod hizo un gesto para que le dieran el periódico mientras le decía a su

CAPÍTULO DIECIOCHO

madre que hablaría con su mujer sobre el asunto. Tod respiró hondo y pulsó el botón para desconectar la llamada.

"¿Qué ha dicho tu madre?", preguntó interrogante. "No le va a gustar y va a empezar una pelea".

"Ahora tengo mucha curiosidad".

"Dejaste que ese negro te mutilara y humillaste a toda la familia Von Westerkamp".

"¿Qué?" Vanessa enrojeció.

"Te dije que no te gustaría lo que dijo".

"No entiendo lo de 'maul'. ¿Qué tiene que ver su raza? Es un amigo".

"Mamá alquiló una flota, y tuviste que pasear por California Street con tu vestido de novia. Te dije que subieras a la limusina". Tod miró el periódico.

"Explícame lo de 'maul', por favor".

"Su mano estaba estratégicamente colocada. A sus amigos les cayó como un globo de plomo. No puedo decir que esté en desacuerdo con ellos".

"¡Oh, por favor! Dime que no lo dices en serio".

"No estoy llevando la contraria. Simplemente estoy de acuerdo con mi madre, y perdono tu indiscreción", dijo Tod bostezando.

"¿Mi indiscreción?"

"Encuentro a ese guardafrenos de teleférico un paso por encima de una persona de la calle. Ciertamente no quiero sus manos en mi esposa. ¿Entendido? Soy el único hombre que te toca. Sé muy claro en esto".

Tod cerró los ojos y se quedó dormido. Vanessa había visto dos caras de su nuevo marido con las que nunca habría aceptado casarse. Lloró mientras el chófer la miraba con lástima por el retrovisor. Como chófer suyo durante treinta años, supo instintivamente que la nueva novia había conocido al verdadero Tod Von Westerkamp.

* * *

Al día siguiente, Vanessa dejó a Tod dormido en su mansión y se dirigió al trabajo. El personal de la redacción había decorado su despacho para darle la bienvenida, y se sintió aliviada de encontrarse entre sus compañeros, tan amables de verdad. Sabía que su matrimonio había sido un gran error, pero decidió olvidarlo.

A lo largo de los barridos, Tod se quejó sin cesar de su apretado horario de trabajo. No le gustaba tener relaciones sexuales después del noticiario nocturno, pero esto nunca fue un problema antes de la boda.

Tod se fue a Pebble Beach y luego al lago Tahoe a jugar al golf hasta el final de las barridas. Aliviada, procedió a trabajar catorce horas diarias sin sentimiento de culpa y totalmente concentrada en su trabajo. Pero Tod la llamaba a diario e insistía en hablarle sucio por teléfono. Le daba instrucciones sobre lo que quería que hiciera con su cuerpo, así que ella le seguía el juego pero le ignoraba por completo. Se convirtió en una ridícula molestia con sus nauseabundas llamadas. Después de una llamada vil, se sintió físicamente enferma y abandonó rápidamente la comisaría.

Caminando bajo una intensa lluvia y sin paraguas, subió lentamente la empinada cuesta de California Street mientras la gente se apresuraba a pasar para escapar del torrencial aguacero. Subió los escalones de Saint Mary's y la enorme puerta de madera crujió al entrar en el santuario vacío. Empapada, se acercó arrastrando los pies para encender una vela y rezar ante la imponente estatua de la Virgen María. Arrodillada, miró distraídamente a la serpiente bajo sus pies descalzos, mientras su pie izquierdo aplastaba el cuello de la serpiente y su asquerosa y larga lengua roja agonizaba. El sencillo velo y la blanca túnica de María se inclinaban desde sus brazos extendidos, y sus palmas miraban hacia fuera.

Una mano le tocó el hombro. "Vanessa, ¿pasa algo? He oído llorar a alguien".

"Padre, debe oír mi confesión", respondió ella con las mejillas manchadas de lágrimas. El padre Gotley asintió, y ella lo siguió hasta el pequeño cubículo de madera y se arrodilló mientras el anciano sacerdote abría la pequeña ventana y la cortina roja escarlata que los separaba.

CAPÍTULO DIECIOCHO

"¡Odio a mi marido, padre!", gritó.

"¡No toleraré tal blasfemia en la santa casa del Señor!" "¡Con todo mi corazón y con toda mi alma, lo odio!" Ella sollozó.

"Has hecho un voto sagrado 'hasta que la muerte nos separe'. El matrimonio requiere un periodo de adaptación bastante normal para un recién casado como tú. Algunos hombres tienen impulsos sexuales totalmente diferentes a los de sus esposas. Le aconsejo que sea paciente y comprensiva con su nuevo marido. Una vez que conozca sus necesidades sexuales, siéntase cómoda con ellas. Tu gratificante recompensa serán unos hijos bendecidos por el Santo Padre. Una esposa obediente debe complacer a su marido y honrar sus sagrados votos matrimoniales".

"¡Padre, no puedo seguir casada!" Lloraba. "¡Odio a ese hombre!"

"Querida, hay una delgada línea entre el amor y el odio. Debes honrar tu fe y tus votos sagrados. El divorcio no es una opción para un católico devoto". Levantó la mano para la bendición. "Como penitencia, reza el rosario diariamente para pedir perdón. Ve ahora a amar y servir al Señor".

Fuera de la iglesia, se adentró en la intensa tormenta que arreciaba en el exterior. La lluvia se precipitaba por las empinadas colinas de la ciudad, y el diluvio arreciaba mientras sus ropas saturadas y sus zapatos empapados chapoteaban bajo sus pies. Ajena a la cascada de lluvia helada que asaltaba todo su cuerpo, no se dio cuenta de nada, y sus ojos apagados no reaccionaron a los elementos físicos que la rodeaban. Horas más tarde, llegó a pie a la mansión de Tod y fue recibida por su atónito mayordomo, que rápidamente llamó al personal. Les hizo un gesto para que se marcharan y se retiró a la intimidad de la suite principal para quitarse lentamente la ropa impregnada frente a la chimenea. Agarró el edredón, se tumbó en el suelo y se envolvió el cuerpo con él. Mientras miraba las llamas, cogió el teléfono para decirle al director de informativos que no podía salir en antena esta noche. Desde que era presentadora, era la primera vez que se sentía incapaz de actuar.

La interpretación de Trisha de lo ocurrido en Zermatt fue que la extrema inexperiencia de Vanessa hacía que los actos sexuales parecieran extraños y, de hecho, se consideraban bastante normales. Los hombres se excitaban mucho practicando sexo al aire libre, y verse atrapados en actos ilícitos añadía un elemento de peligro. Si ella tenía un orgasmo ese día, podía percibirlo como algo normal en lugar de extraño y poco ortodoxo. Los hombres podían ser muy raros con el sexo, así que ella debía dedicarse a lo poco convencional e intentar disfrutar un poco de sus juegos sexuales. Sin duda, la mundana Trisha y el santo sacerdote no podían estar equivocados.

* * *

El 17 de octubre de 1989, San Francisco sufrió un terremoto de 7,1 grados en la escala de magnitud de Richter que derribó una sección de 15 metros del puente de la bahía, además de colapsar un tramo de 1,5 millas del tablero superior de la autopista Nimitz, en la carretera interestatal 880 de Oakland. En el distrito de Marina, los edificios más antiguos se derrumbaron cuando una fuga de gas alimentó un incendio que duró toda la noche. Fue un sombrío recordatorio del terremoto de 1906, cuando el fuego arrasó la ciudad. El impresionante temblor se produjo a las 5:01 p.m. mientras Vanessa se preparaba para el noticiario de primera hora, mientras Tod esperaba en Candlestick Park a que comenzaran las Series Mundiales.

Bautizada como la Serie del Puente de la Bahía, enfrentaba a los Atléticos de Oakland y los Gigantes de San Francisco. Cuando se produjo el terremoto, la familia Von Westerkamp estaba sentada en su palco de hijo marinero mientras el estadio empezaba a tambalearse de arriba abajo y luego de lado. La madre de Tod agarró a su hijo cuando una espeluznante serie de terroríficas réplicas sacudió "el Stick", apodo con el que San Francisco conoce a su estadio.

La cadena ABC perdió momentáneamente su emisión, pero el mundo fue testigo del terremoto en tiempo real. Jugadores más grandes que la vida: Will Clark y Kevin Mitchell, por un lado, y José Canseco y Mark McGwire, por el otro, eran ciudadanos aturdidos y confusos como todos los demás. Cuando el lanzador local abandonó el clubhouse, las luces se apagaron. Don

CAPÍTULO DIECIOCHO

Robinson entró corriendo en el despacho del manager y se dejó caer sobre el Boor. Robinson, que pesaba 235 kilos, se culpó más tarde de la réplica. Al caer la noche, los árbitros suspendieron el partido.

El gigante de San Francisco Will Clark dijo: "Sonaba como un F-15 sobrevolando, un rugido enorme. Miré hacia arriba y el estadio se balanceaba de un lado a otro".

Mark McGwire, de los A's, estaba haciendo un estiramiento de isquiotibiales y dijo: "Me sentí como si estuviera montado en una tabla de surf. Soy del sur, donde te enfrentas a los huracanes. Si viene hacia ti, te largas. Cuando el suelo empieza a temblar, no tienes adónde ir. Es una sensación de impotencia. Mi cuñado, Jason, es un tipo de 1,85 m y 270 kg de Mississippi, y me gritó en el campo: "Tengo que volver a Mississippi. La arcilla roja de allí no se mueve"".

Mike Krukow, de los Giants, dijo: "Nuestra familia estaba en la ciudad y consiguió una suite en el SFO Airport Marriott. La habitación parecía saqueada, el televisor en el Boor, ventanas rotas y cristales destrozados".

Una extraordinaria escena de jugadores de béisbol acariciando a sus hijos y esposas en el campo contó al mundo lo que había ocurrido. La oscuridad total cubrió la ciudad y, sin electricidad ni servicio telefónico, las víctimas empezaron a aumentar a medida que la zona de la bahía entraba en estado de emergencia.

Temporalmente fuera del aire, los ingenieros de KPIX utilizaron un generador portátil para restaurar la señal de la estación. El equipo de noticias se puso en marcha e informó en directo continuamente. La emisora transmitió la devastación a la cadena CBS y a sus filiales en todo el país. Vanessa trabajaba sin descanso y sólo iba a casa para ducharse y coger más ropa. Tod se sentía cada vez más agitado por su devoción al trabajo.

En el trauma posterior al seísmo, se centró en ser una servidora pública para su comunidad y filmó una serie de anuncios de la Cruz Roja para instruir sobre cómo obtener servicios necesarios como alimentos y refugio. Atendió bancos de teléfonos creados con este fin.

Vanessa produjo uno de los reportajes emocionalmente más devastadores jamás filmados. Cuando no entró ningún paciente en Urgencias del Hospital Infantil de Oakland, el doctor James Betts cogió una bolsa médica y se dirigió a la autopista Cypress Freeway, que se había hundido. Julio Berumen, de seis años, estaba atrapado bajo el cadáver de su madre en el coche familiar en el tramo de dos pisos derrumbado de la interestatal 880. Trepando dos pisos por una escalera de bombero, el doctor Betts se metió dentro del coche aplastado y se estiró panza abajo sobre una tabla de respaldo para evitar que su propio peso aplastara al niño. El pequeño Julio respiraba por sí mismo, pero estaba en coma. Betts tuvo que tumbarse boca abajo en el caluroso y estrecho espacio y atravesar a una de las dos mujeres muertas del asiento delantero con una motosierra. Tras ponerle una vía intravenosa, el doctor Betts le hizo un torniquete en la pierna y utilizó la motosierra de los bomberos de la primera empresa para amputarle la pierna derecha y liberarlo. Las luces halógenas quemaron los oídos del cirujano pediátrico mientras sujetaba la arteria que suministra la sangre a la parte inferior de la pierna. Milagrosamente, Julio sobrevivió y fue trasladado a la Unidad de Cuidados Intensivos del Hospital Infantil de Oakland. Más tarde llegó su padre, y la doctora Betts se mostró encantada de que Julio tuviera un familiar vivo. Vanessa entrevistó al valiente cirujano que se arrastró hasta la autopista colapsada.

El doctor Betts explicó: "No soy un héroe. Esto es para lo que me entrenaron".

Reporteros curtidos vieron su segmento desde la cabina de edición y lloraron. Cuando terminó, había lágrimas en muchos ojos, incluido el del conserje.

Sobreviviendo con menos de tres horas de sueño por noche durante semanas, estaba agotada cuando sonó el teléfono. "Esto no se negocia", exigió Tod al otro lado. "Vuelve a casa esta noche o no te molestes en volver". Con malicia, colgó el teléfono.

CAPÍTULO DIECIOCHO

Vanessa sabía que tenía que irse a casa inmediatamente, aunque odiaba dejar a sus compañeros. El equipo de informativos estaba trabajando un número exorbitante de horas, así que le preguntó al Sr. Fellows si podía dormir un poco. Amablemente, le dijo que el presentador del fin de semana la cubriría. Poco sabía él que dormir era lo último que ella conseguiría en casa. No habían tenido sexo en semanas, lo que estaba volviendo loca a Tod.

Tod la recibió sólo con el suspensorio puesto. Tenía poca paciencia con su superficialidad mientras la gente estaba atrapada en sus coches en la colapsada interestatal 880.

"¡Qué historia tan lacrimógena, Vanessa!"

"Me alegro de que te haya emocionado", dijo con desprecio.

"¿Te gusta mi disfraz de Halloween? Lo elegí sólo para ti". Deliberadamente expuso su pene.

"Como el resto de San Francisco, olvidé que era la noche de Halloween", respondió sarcástica. No le conmovió la situación de aquel pobre e indefenso chiquillo del Nimitz.

"¡Nosotros los niños grandes nunca olvidamos el truco o trato!"

"Esta puede ser una ciudad difícil para encontrar un regalo esta noche."

"¡Tú eres mi regalo! Ven aquí", ordenó.

"No me he bañado en dos días", advirtió. "No me importa. ¡Ven aquí ahora mismo!"

Había estado bebiendo, y no acceder a su petición sólo provocaría una pelea. Nadie creería en esta casa intacta que San Francisco había sufrido tal devastación. Tod le metió la lengua en la boca, con un fuerte olor a alcohol.

Con extrema agresividad, le bajó la cremallera del vestido y le arrancó el tirante del sujetador. Brutalmente, forzó su pene erecto dentro de ella, y ella se encogió mientras él presionaba con frenesí. Con las manos fijas en sus nalgas, controló sus movimientos arriba y abajo. Cuando ella se puso más tensa, él le apretó las nalgas con fuerza, lo que le dolió. Sus poderosos brazos la sujetaban mientras él le decía: "No muevas el culo. Es demasiado pronto para correrse. Puede que te quiera por detrás".

"¡Por favor!", suplicó cansada. "Sólo quiero ir a dormir".

Ignorando su petición, le apretó beligerantemente cada una de las nalgas y, si se movía un poco, le daba una palmada en el trasero. "No muevas el culo", le ordenó. Estoy cerca de la cima y aún no estoy lista". Ella cerró los ojos y se quedó sin vida como se le había ordenado. En su letargo, oyó voces furiosas. Súbitamente despertada por el dolor de sus pezones fuertemente retorcidos, sus pesados párpados se abrieron, y la cara provocada de él estaba a un palmo de distancia. "¡Despierta! Puedes dormir en tu trabajo, pero no en mi tiempo". Su voz despiadada la despertó de un susto.

"Tod, por favor", suplicó grogui.

"¡No Tod, yo! No he tenido sexo en dos semanas, y no estoy emocionada". Le retorció amargamente los pezones. "Ya no estoy dura. Deslízate y chúpamela hasta que se me ponga dura".

"Tod, por favor", suplicó en vano.

"Si no estás interesada en chupármela, hay muchas mujeres en esta ciudad que sí lo están", le dijo acaloradamente sin soltarle los pezones. "Tenía la impresión de que cuando te casabas, lo hacías cuando querías".

Con el intenso resentimiento en su voz, ella sabía que retrasarlo empeoraría las cosas. Nunca le había visto ponerse violento. Con todas sus fuerzas, se levantó y él le soltó los pechos. Una punzada en el pecho izquierdo le hizo mirar con angustia un moratón de color azulado. Ambos pechos le dolían por el maltrato.

"Ponte a cuatro patas para que pueda ver esas tetas colgando", le ordenó. Cuando él le metió el pene en la boca, ella se puso furiosa, pero siguió con los movimientos. De repente, volvió a pellizcarle los pezones.

"Oye nena, cuidado con los dientes. No lastimes a papi. Estamos intentando hacer un bebé". Con una mirada de asco absoluto, ella mantuvo los labios sobre los dientes. Pasó una eternidad antes de que él entrara en su vagina por detrás, agarrándola por las nalgas. Ella miraba los barcos a cuatro patas mientras pasaban por debajo del puente. Cerca del pináculo, él se detuvo y la hizo pasar de nuevo por toda la experiencia. Tras un rato absolutamente traumático contra el cristal de la ventana, gritó cuando alcanzó el clímax y se inclinó para coger su whisky. Tras un par de sorbos, cogió hielo

CAPÍTULO DIECIOCHO

de una cubitera de cristal y se sirvió otro trago. Con la mano fría que había sumergido en el hielo, le acarició el clítoris con sus dedos helados. Ella se sacudió hacia delante y trató de zafarse, pero él la contuvo, amenazándola con usar un cubito de hielo para que se estremeciera si seguía sacudiéndose. Ella permaneció inmóvil mientras Tod prolongaba su juego retorciéndole el vello púbico y jugando con sus genitales hasta que él se distrajo con su escocés.

Extenuada física y emocionalmente, vio pasar un barco de la marina con hombres vestidos de uniforme blanco apostados en sus puestos en la cubierta. Deseó poder llamar a su lado a los marineros estadounidenses para que la protegieran.

CAPÍTULO DIECINUEVE

"¡Feliz Navidad, Trisha!"

"No puedo creer que me llamaras aquí. En el momento perfecto, sin embargo. Mis padres fueron a comer pastel de frutas con nuestros vecinos".

"Me estoy volviendo valiente en mi vejez. Además, ¡tengo grandes noticias!" "Te vas a divorciar de esa escoria", adivinó Trisha.

"No soy tan valiente." "¡Tienes una aventura!"

"Lo último que necesito es otro hombre en mi vida. Ni siquiera quiero al que tengo".

"Entonces, ¿qué pasa? Hace diecisiete años que no me llamas a esta casa, así que es una noticia estremecedora. Mis padres salieron así que soy toda tuya. ¿Qué hizo la bola de baba ahora?"

"Estoy embarazada", soltó. "Esto tiene que ser la primera vez, Trisha, sin palabras."

"¿Cuándo te enteraste?"

"Esta mañana. Compré una prueba de embarazo casera. He estado tan angustiada que me despisté cuando no me vino la regla. Anoche, mientras soportaba un maratón de cena de Nochebuena Von Westerkamp, caí en la cuenta".

"Pero yo creía que tenías un DIU".

"¡Yo sí! Mi ginecólogo me dijo por teléfono que esto ocurre más de lo que las mujeres quieren creer. Se desliza hacia abajo, y es inútil. No me lo puedo creer. He tenido relaciones sexuales sin protección exactamente dos veces en toda mi vida, y me he quedado embarazada las dos veces. Es tan injusto".

Rompió a llorar. "No puedo abortar a este bebé. Estoy casada, ¡por el amor de Dios! Además, nunca podría soportar otro aborto".

"Las cosas han cambiado desde 1972. Un ginecólogo licenciado puede hacerlo. Lo dice el Tribunal Supremo, al menos por ahora".

"No es una opción. Un aborto en la vida es suficiente".

"Ya que voy a pasar otra Navidad sin marido, ¿puedo al menos ser la madrina?".

"Claro", gimoteó Vanessa mientras se sonaba la nariz.

"Todas las mujeres que conozco que se dirigen a los cuatro grandes quieren un bebé, y muchas se plantean recurrir a un banco de esperma. Yo prefiero el método tradicional. Al menos sabes quién es el padre", razona. "Tienes el lujo de disfrutar de tu bebé. No tienes que trabajar como el resto de las mujeres de este país que tienen hijos".

"Pero no soporto verle". Lloriqueó ruidosamente en el auricular. "¡Mi querida Vanessa! El noventa y nueve por ciento de los hombres con los que me he acostado, no podía soportar verlos a la mañana siguiente después de que se me pasara el efecto del alcohol. Tú, al menos, tuviste un par de buenos meses de noviazgo. Además, tu marido no tiene otra cosa que hacer que jugar al golf, beber y tener sexo. Un bebé le dará una cuarta cosa que hacer en el día. Cuando se lo digas, se pondrá como todos los hombres, orgulloso como un pavo real. Creerá que es el primer hombre del universo que deja embarazada a alguien. ¿Se lo has dicho ya?"

"No, eres el primero en saberlo".

"Como debe ser ya que la honorable madrina tiene esa recompensa."

"¿Qué debo hacer con mi matrimonio?"

"¿Qué puedes hacer? Puede que sea un poco difícil entrar y decir: "Tod, quiero el divorcio, y oh, estoy de dos meses en la vía familiar. Me quedo con el bebé pero no contigo".

"Tienes una forma encantadora de relativizar lo obvio", lloró suavemente.

"Mira, Vanessa, el tipo es celoso. De ahí la razón de ese ridículo contrato de embarazo que te hizo firmar. Tú amas tu trabajo, y él nunca ha tenido uno en su vida. En cuanto renuncies, volverá a sentirse el amo. Con toda

CAPÍTULO DIECINUEVE

probabilidad, dejará de intentar controlarte a través del sexo. Pasó toda su vida teniendo sexo con toneladas de mujeres. Llegaste tú, y él sabía lo inexperta que eras, pero se casó contigo de todos modos. Sus escapadas sexuales están fuera de tu alcance. Es su forma de dominar a una mujer de carrera independiente. Tú tienes otra vida aparte de él, y él no tiene ninguna. ¡Tú la tienes! Con suerte, cuando ya no trabajes, las cosas cambiarán. Además, asegúrate de que esté en la sala de partos cuando la cabeza salga chillando. Seguro que no vuelve a mirarte de la misma manera".

"Es un pensamiento muy reconfortante".

"No tiene nada que perder. Si sigue siendo un canalla, puedes conseguir un trabajo con un chasquido de dedos. Puedes convertirte en una madre trabajadora como el resto de la población de madres. En el peor de los casos, mantienes a tu hijo haciendo un trabajo que te encanta. ¿He olvidado mencionar que tienes un talento inmenso? Un talento a tener en cuenta".

"Trisha, no importa lo disgustada que esté, siempre me haces reír". Se rió entre dientes.

"¿Ha hecho alguna cosa sexual rara últimamente que me pueda excitar? Ha pasado bastante tiempo desde mi última cita". Trisha preguntó, medio en broma, medio por curiosidad. "¿Algún evento sexual caliente últimamente?"

"Eres tan mala como él", se lamentó. "¡Deberías estar casada con él, no conmigo!"

"¿Algún evento sexual caliente últimamente?"

"Bueno, en realidad no. Tod se fue durante los barridos de noviembre para jugar al golf. Desde su regreso, ha sido bastante agradable. Creo que se ha dado cuenta de que se pasó de la raya. Simplemente me ha sido difícil perdonar y olvidar lo que viví en Halloween".

"Recuerda que te dio un bebé y olvida el resto", le advirtió su amiga. "No es sano pensar en eso mientras una nueva vida está dentro de ti. No es bueno para la madre, y seguramente no puede ser sano para el bebé. Olvídalo. Concéntrate en la maravilla que llevas dentro".

"Estoy tan contenta de que estuvieras en casa hoy, Trisha."

"¿Dónde más podría estar una solterona el día de Navidad?"

"Odio cuando hablas así de ti mismo. Nunca has querido casarte, así que no digas esas cosas. Nunca podrías soportar la idea de estar con el mismo hombre, día tras día, por el resto de tu vida. Lo despreciarías. Sería peor que la muerte para ti".

"Escúchate, dos años escasos de matrimonio y ya te has convertido en mí", bromeó.

"¿Cuándo vas a darle la bendita noticia a Suzanne?", preguntó. "Esta noche en la cena. Probablemente me consiga una cama especial para que me quede...

nueve meses".

"Me muero, positivamente me muero, por oír cuál es su reacción ante el divino acontecimiento", se quebró. "Oye, dile a Tod que el médico dijo nada de sexo durante nueve meses".

"¡Realmente eres peor que él!

"Tengo que irme. Mis padres acaban de llegar. ¡Te echo de menos!

"¡Llámame!

Vanessa miró por la ventana y vio a Tod golpeando pelotas de golf contra una red que había hecho colocar al personal la mañana de Navidad en lugar de dejarles ir a casa. Se quedó mirando las olas blancas y la bahía estaba más vacía que nunca. Se armó de valor para bajar las escaleras y atravesó el jardín lleno de deslumbrantes flores de invierno. Su arquitecto paisajista acababa de ganar un premio por el diseño de los jardines de su finca. Había creado un efecto dramático y espectacular con grandes extensiones de césped que conducían al acantilado que caía en cascada hasta la bahía. Pensó que sería un lugar maravilloso para que jugara un niño mientras se sentaba en una silla acolchada que adornaba su terraza de baldosas españolas.

"Maldita sea, Vanessa, ¿dejaste que todo el personal se fuera a casa? gritó Tod, sin darse cuenta de que estaba a dos metros de distancia. "¿Quién demonios va a recoger todas estas bolas?"

CAPÍTULO DIECINUEVE

"Tal vez tu bebé pueda gatear y cogerlos", respondió en voz baja. Tod se dio la vuelta, sobresaltado. "¿Qué? Creo que no lo he pillado".

"Hay muchas posibilidades de que tengas a Tod o Todette en tus manos el próximo agosto. Con un poco de suerte, tendrás un bebé Leo si mis cálculos son correctos".

Tod dejó caer su palo de golf y corrió a besarla. Se lanzó a hacer preguntas y quería conocer todos los detalles. Ella no esperaba que se emocionara y se sintió bastante sorprendida por su reacción. Cogió el teléfono y llamó a sus padres para darles la noticia. Trisha tenía razón. Tod creía que era el primer hombre que dejaba embarazada a alguien. Aquella tarde, en la finca de sus padres, encontraron a Suzanne llamando para informar a todos sus conocidos de los siete continentes. Habría sido más barato comprar treinta segundos de emisión en la cadena CBS para informar al mundo Von Westerkamp. Alexander no se molestó en felicitar a su único hijo y pareció desinteresarse por la noticia.

Los Von Westerkamp habían apoyado generosamente al Hospital Pacific como benefactores influyentes, por lo que la familia tenía su propia ala con su nombre, y Alexander formaba parte de la junta directiva. Suzanne dio instrucciones a su nuera para que el parto lo llevara a cabo el mismo obstetra que había asistido a Tod unos cuarenta años antes. Su primera pregunta fue si aún podía levantarse y coger al bebé al salir.

Ante la insistencia de Suzanne, Vanessa accedió y concertó una cita con él. Como jefe de obstetricia y ginecología, ya no atendía partos, para gran alivio de Vanessa, que investigó por su cuenta y descubrió que la doctora Joan Wang tenía la tasa más baja de cesáreas del departamento. Tras hablar del tema, Joan le hizo un examen pélvico y le dio a Vanessa una fecha de parto para el 1 de agosto. Joan recomendó encarecidamente la amniocentesis porque Vanessa tenía más de treinta y cinco años. Contenta con su elección, se sintió aliviada de contar con una joven obstetra en lugar de un antiguo varón.

Vanessa fue al despacho del Sr. Fellows para darle la noticia. Con sentimientos muy encontrados, la felicitó por el inminente nacimiento. Apreció su sinceridad, que facilitó la planificación de la sustitución. Ella quería trabajar hasta la fecha del parto, lo que llevaría a la cadena hasta los índices de audiencia de julio.

"Será extremadamente difícil sustituirte, Vanessa. Nadie dedicará las horas que tú has dedicado".

* * *

Aquella noche, Tod preguntó: "¿Podemos acostarnos o tengo que ser célibe por primera vez en mi vida? No te enfades", mintió. Sólo te lo pregunto porque no quiero hacerle daño al bebé".

Molesta, respondió: "El doctor Wang dijo que estaba permitido hasta las últimas semanas".

"Podrías hacerme nueve meses de sexo oral y practicar la abstinencia. Eso me gustaría mucho. Estoy deseando que dejes ese trabajo para que podamos procrear después de jugar al golf a mediodía. Siempre estoy cachonda cuando llego a casa después de una ronda, y tú nunca estás para tontear. También tengo muchas ganas de fornicar después de cenar. Era una de mis favoritas cuando estaba soltera, y tú nunca apareces hasta la una de la madrugada. Me encantaba llevar a mis damas a cenar y luego directamente a la cama. Mira tus pechos, nena. Ya están creciendo. No quiero que engordes. No follo con mujeres gordas. Nunca lo he hecho y nunca lo haré".

"Tod, ¿has estado bebiendo?" preguntó Vanessa con preocupación. "¿Y qué si lo he hecho?"

"Es bastante pronto para beber alcohol, ¿no?". Vanessa se preocupó.

Tod se arrodilló y colocó una mano en cada muslo antes de indicarle que separara las piernas. Su lengua lamió lentamente su clítoris, moviéndolo suavemente de un lado a otro. Hacía más de un año que no intentaba complacerla, así que trató de concentrarse. Sentía su boca caliente y húmeda mientras intentaba concentrarse. Obviamente, era un regalo especial, su recompensa por su embarazo. Vanessa no estaba acostumbrada a tener orgasmos,

CAPÍTULO DIECINUEVE

así que tardó mucho. Gimió de puro éxtasis y Tod chupó con fuerza mientras ella llegaba al clímax, lo que alargó y potenció aún más su orgasmo.

"Mira lo que te pierdes por trabajar en ese maldito empleo. Mi abogado ha enviado hoy la carta por correo certificado a tu jefe. Felicidades, ahora eres toda mía, nena.

* * *

Vanessa se sintió extremadamente cansada durante el primer trimestre, pero se las arregló de algún modo para reanudar un horario de trabajo matador para los barridos. Westinghouse Broadcasting decidió que no sustituiría a su popular presentadora hasta el otoño, temiendo una caída de los índices de audiencia y demográficos. La corporación le escribió una carta alentadora, afirmando que era bienvenida a quedarse si las "cigüeñas" le permitían superar el libro de índices de audiencia de julio. Nueva York dejó claro que si se aburría en casa, era bienvenida en cualquier momento. Sin preguntas.

* * *

Trisha seguía varada en Birmingham, esperando pacientemente a que Taft Broadcasting la promocionara. Taft, una de las grandes empresas de radiodifusión del país, se vendió como chatarra al vender los hermanos Bass todos los activos. Necesitaba salir del apuro, así que cuando Vanessa le habló por teléfono de una vacante en San Francisco, no lo dudó y llamó ese mismo día. El director general de ventas de KGO-TV, la filial de ABC, aceptó una entrevista, así que Vanessa voló por su cuenta al día siguiente. Ya tenía billete de avión porque iba a asistir a la fiesta sorpresa del bebé de Vanessa que se celebró en el plató de noticias de KPIX. Todos, desde los técnicos y cámaras hasta los presentadores, le dieron consejos no solicitados en vídeo. Y, lo que es más gracioso, utilizaron sus propias fotos de bebés para hablar ante la cámara. Producido con música y créditos al final, se emitió en todos los monitores de televisión del estudio. Además, el departamento compró un sacaleches eléctrico por si quería volver a las noticias pero necesitaba mantener su producción de leche. Este aparato de última generación, dotado de dos ventosas, podía bombear ambos pechos a la vez para aumentar la producción de leche. El departamento artístico de la emisora creó cartones de leche con la foto de Vanessa en la parte delantera y "Vaughn's Dairy" escrito en letras grandes. Fue la fiesta y el regalo más creativos que ella y Trisha habían presenciado nunca. Conmovida por su esfuerzo y generosidad, tuvo sentimientos encontrados. Odiaba irse pero quería quedarse en casa con su nuevo bebé. Y la entrada de Trisha en el plató de las noticias fue la mayor sorpresa y el mejor regalo para Vanessa.

Mientras conducían después de la ducha, Trisha preguntó: "¿Cómo lo lleva el viejo?".

"Una vez que engordé seis kilos, dejó de tocarme físicamente". "¿Quieres decir que nada de sexo?", preguntó con curiosidad.

"Él encuentra repugnantes a las mujeres gordas, y ahora estoy oficialmente en esa categoría." "Eso es raro. Estás embarazada, por el amor de Dios. Todas las mujeres engordan". "Ni siquiera me toca la barriga para sentir cómo se mueve el bebé. Así de apagado está".

"¡Estás de broma! ¡Qué culero!"

"Ha hecho tres viajes a Europa para jugar al golf. A su regreso, me entregó folletos de todas las granjas de engorde de California. En cuanto nazca el bebé, espera que vaya a una. Ah, y olvidé decírtelo. Mi castigo añadido es que no dormirá en la suite principal conmigo. Ocupo toda la cama y él no puede dormir porque voy demasiado al baño".

"¡Qué príncipe!"

"¿Cómo fue tu entrevista?"

"Creo que el director de ventas estaba tan encantado conmigo como Tod lo está contigo. Cuando llevas tanto tiempo en ventas como yo, sabes cuándo congenias. Lo bueno es que el director general vino deambulando y enseguida congeniamos. Conocemos a mucha de la misma gente en Washington, DC. Si él estuviera al mando, yo empezaría mañana mismo".

CAPÍTULO DIECINUEVE

"Podría hacer que nuestro director general llamara en tu nombre", se ofreció Vanessa. "¡Ni hablar! O me quiere o no me quiere. Soy una chica grande, y KGO no es la única emisora que queda en el país. ¿Consideras que Chicago es Estados Unidos?".

Vanessa se saltó un semáforo en amarillo y exclamó: "Demasiado frío y demasiado lejos de mí".

"WGN-TV tiene una vacante, pero soy una chica sureña tan apocada que no sé si podría soportar esos inviernos. Imagínate cuántos coches podría destrozar con esa nieve".

"Me encantaría que vivieras aquí".

"¡Yo también! Este lugar es como el paraíso. Hey, ¡quizás hasta encuentre un hombre aquí!" "Puedes quedarte con el mío". Se detuvo en la entrada cerrada que se abría electrónicamente.

Mientras conducían hasta la exclusiva finca, los ojos de Trisha se abrieron de par en par con incredulidad "Mira este antro. ¿Qué tan malo puede ser aguantar a este tipo? No te imaginas a algunos de los perdedores que he tolerado a lo largo de los años sin dinero que vivían en sótanos!".

* * *

Trisha no consiguió ese trabajo, pero la dirección de KGO la sacó un mes después a su costa. Su personal de ventas había sido asaltado por otra emisora y, en su desesperación por sacar vendedores a la calle, esta vez trataron a Trisha de forma completamente distinta. El jefe de ventas la saludó y le anunció alegremente que la habían alojado en el lujoso hotel Fairmont. Tras una visita guiada personal por la estación, la llevaron al restaurante Waterfront. Hipnotizada por la Isla del Tesoro y el Puente de la Bahía, pensó: "Quiero este trabajo. ¡Yo les pagaría!

El pequeño y acogedor bar del restaurante estaba situado a la derecha del comedor principal, y tenía un ambiente acogedor y hogareño. Después de un par de cócteles, los gerentes empezaron a relajarse y Trisha se recordó a sí misma que no debía abusar del alcohol. Pidió su plato favorito, pasteles de cangrejo, y durante toda la cena, los dos hombres no pararon de hacer comentarios sobre una pareja que se estaba besando en el bar. Ella no se molestó en darse la vuelta cuando se quejaron. "¿Por qué no se van a un hotel? Están a punto de hacerlo". Con este trabajo en juego, no podía entusiasmarse con una pareja que estaba dando un espectáculo en público.

* * *

Cuando el director general le pidió la cuenta, ella salió corriendo hacia el baño para dejarles unos minutos a solas para hablar de su empleo. Al acercarse a la barra, vio que Tod era la otra parte de la pareja de la que los dos hombres habían estado hablando toda la noche.

A su lado estaba sentada una rubia impresionantemente bella, vestida a la perfección. Una minifalda y unos tacones altos dejaban al descubierto unas piernas torneadas, y su escote pronunciado revelaba un gran pecho. Obviamente, era una modelo de alta costura. Trisha nunca había visto a una mujer tan sexy y seductora, excepto en las revistas. Tod tenía una mano entre los muslos mientras mantenía las piernas cruzadas. Un zapato de tacón alto rebotaba en la punta de sus dedos mientras ella movía un pie mientras los dedos de él se paseaban por su cuello hasta tocarle los pechos. Ella gorgoteó de placer mientras él recorría la parte superior de su torso. Trisha se quedó helada. Mortificada, pasó junto a ellos hacia el baño mientras su corazón latía con fuerza. Deseando ir a por la garganta de Tod, no podía montar una escena cuando estaba convenciendo a esos hombres para que la contrataran.

Hirviendo de rabia, se acercó al espejo del baño y respiró hondo para calmar su horrible temperamento. Muy alterada, salió del baño y se acercó a Tod. Sólo unos centímetros separaban su cuerpo del de él cuando le espetó: "¿No crees que deberías estar en casa con tu mujer embarazada por si rompe aguas?".

Completamente imperturbable por su presencia, Tod no hizo ningún intento de quitar sus manos de la mujer. "Un placer volver a verte, Trisha. Llámame la próxima vez que estés en la ciudad".

CAPÍTULO DIECINUEVE

"Escucha, escoria de estanque. Vuelve a casa con tu esposa, que está embarazada de ti". Su voz se alzó con rabia. "Sólo le falta una semana para dar a luz".

Volcó su bebida a propósito y cayó sobre el vestido de Trisha, empapándole hasta el sujetador. "Refréscate, zorra, y vuelve bajo esa roca de la que saliste".

Ella le dio una bofetada en la cara. "Eres la peor puta masculina. Te pudrirás en el infierno".

* * *

Todos en el Waterfront se quedaron mirando la escena que acababa de provocar. Sabía que no conseguiría el trabajo que tanto deseaba. Sentada a la mesa, utilizó rápidamente la servilleta de lino para secarse el vestido. "Entonces, caballeros, ¿tengo el trabajo o no?"

Sorprendido por su franqueza y por el evidente revuelo en el que acababa de verse envuelto, el jefe de ventas respondió: "No estamos dispuestos a hacer una oferta, en este momento".

"¿Cuándo estarás preparado? He volado hasta aquí dos veces".

"¿De qué conoce a Tod Von Westerkamp?", interrumpió el director general.

"Fui la dama de honor en su boda."

"¿Cómo demonios conoces a esa familia?", preguntó.

"Vanessa Vaughn resulta ser mi más antigua y querida amiga. Me gustaría coger este cuchillo y arrancarle el corazón". Había cogido uno de la mesa para hacer efecto.

"Deberíamos haberla llamado cuando su último contrato estaba a punto de expirar. Hemos intentado tenerla en nuestro equipo de noticias durante años. Vanessa Vaughn es un talento fenomenal".

"Y yo también. Deberías contratarme", se jactó audazmente.

"No podría estar más de acuerdo. Deja de postergar esta decisión, Bill. Ya has entrevistado a la mitad de los vendedores de la costa oeste. Vamos a darle una oportunidad a esta joven", ordenó. "¿Qué está pasando ahí?",

235

preguntó mientras la cara de su subordinado se ponía roja de ira. "Has vuelto un poco mojada".

"Sólo le he sugerido que quizá quiera irse a casa y practicar como marido, ya que está a una semana de ser padre. ¿Les importaría, caballeros, si tomo otro vodka con tónica?"

"Esta no es una buena ciudad para cruzarse con un Von Westerkamp", observó mientras ignoraba a su enfurruñado subordinado al otro lado de la mesa.

"No me importa. No hay nada que pueda hacerme".

"Me trasladé aquí desde ABC Spot Sales, en Nueva York, y me ha sorprendido el poder que ejerce la familia en esta ciudad. Además, su hijo nunca ha tenido un trabajo. Su principal ocupación son las mujeres, y muchas. Su estilo de vida es la envidia de los hombres. ¿De verdad pensaba tu amigo que cambiaría?".

"Vanessa es muy ingenua con los hombres. Se centró en su carrera y evitó por completo el juego de las citas". El camarero le dejó la bebida.

"¿Es cierto que planea quedarse en casa con su hijo?"

"Sí, quiere ser madre a tiempo completo y no perderse esos preciosos años infantiles".

"Si alguna vez quiere volver al negocio, somos una gran empresa para trabajar".

"Lo sé. Por eso he volado hasta aquí dos veces. Quiero estar en un ABC O y O".

"Nos encantaría tenerte en nuestro equipo. ¿Verdad, Bill?" Le dio una palmada en la espalda. "Es estupendo que estés actualmente en una filial de la ABC. Ya estás al tanto de la programación de la ABC. Este es un mercado importante; no nos dejamos llevar por estas reinas de los medios. Vamos por la tarifa y el share, consiguiéndolo en nuestros términos. Escucha, realmente necesito correr. Mi mujer se pone nerviosa cuando salgo cinco noches seguidas. Bill, dejaré que negocies los arreglos financieros. Ha sido un verdadero placer, Trisha. Hazle saber a la Srta. Vaughn que estamos interesados en ella

CAPÍTULO DIECINUEVE

en cualquier momento. Dile que soy un gran admirador y que me encantaría verla en mi equipo de noticias". Se levantó y se fue.

Se dio la vuelta y observó que Tod y la rubia se habían ido. Después de que su jefe se marchara, el jefe de ventas fue menos que cordial. "Le reitero que sus requisitos salariales son demasiado elevados".

"¡Tienes lo que pagas, y yo lo valgo!".

Cuando el jefe de ventas le dio las buenas noches y se perdió de vista, se dirigió al teléfono público. Dejó un mensaje en el mostrador de noticias para decirle a Vanessa que estaba de camino y que no se marchara hasta que ella llegara. Salió al exterior, respiró hondo e inhaló el aire fresco de la noche. A paso muy rápido, pasó por los muelles del paseo marítimo de la ciudad hasta que se dio cuenta de que se había saltado Broadway por completo y tuvo que volver sobre sus pasos. La caminata le resultó difícil con sus tacones hasta que llegó al vestíbulo de la estación.

Se sentó en el sofá para descansar los pies mientras el guardia de seguridad llamaba al piso de arriba. Mirando hacia el monitor de televisión, Vanessa y su presentador masculino estaban haciendo su habitual cháchara final. Empezó a sonar música mientras pasaban los créditos.

Minutos después, Vanessa la saludó. "¿Qué demonios estás haciendo aquí, Trisha?"

"Tengo una idea", dijo entusiasmada. "Ven a pasar la noche conmigo en el Fairmont. Me han subido a una suite porque estaban agotadas. ¿Qué te parece?"

"Extraña idea. ¿Cómo fue la entrevista?"

"El director general obligó a su jefe de ventas a contratarme, lo que debería crear una situación laboral muy desagradable. ¿Pero a quién le importa? Me largo de Birmingham. He pasado por todos los hombres disponibles en esa ciudad. Es hora de seguir adelante y dejar que los hombres de la costa oeste tengan una oportunidad". Siguió a su amiga hasta su despacho.

Vanessa se dejó caer en la silla de detrás de su escritorio y pulsó el botón para poner la llamada en el altavoz. La voz de Tod resonó por toda la habitación. Estoy en San José y no volveré esta noche. No quería que me esperaras despierta".

"Vale, cariño, gracias por llamar". Vanessa lo apagó y levantó la vista. "Es una idea loca, pero tengo la maleta preparada para el hospital en el maletero del coche. ¿Por qué no? Podemos quedarnos toda la noche cotilleando como en los viejos tiempos. Vámonos".

"¿Dónde está el Sr. Tod?"

"En San José, jugando un torneo de golf". "¿No debería quedarse más cerca de casa para el gran evento?"

"Tengo sentimientos encontrados sobre su presencia en la sala de partos, ya que se perdió todas las clases de Lamaze. Me pasé el tiempo practicando la respiración con la profesora. Él se lo pierde, no yo".

Trisha sabía que el destino la había puesto en la ciudad para proteger a Vanessa. En el Fairmont, se desnudaron y pidieron servicio de habitaciones. Su amiga se sirvió una comida entera, mientras que ella sólo bebió cócteles. Estuvieron despiertas toda la noche hablando y riendo, sin revelar que Tod estaba con otra mujer. Se rieron hasta el amanecer y finalmente se durmieron.

En medio de una terrible pesadilla, cuando sonó su despertador, estaba dentro de la sala de partos cuando un bebé muy negro con un enorme afro salió de entre las piernas de Vanessa. Durante la bizarra fantasía, todas las enfermeras y médicos se reunieron a su alrededor para contemplar embobados al bebé con una gran cabellera ensortijada. Sin hacer ruido, se duchó y se vistió para acudir a su cita con la KGO-TV. Vanessa dormía plácidamente mientras se tomaba un buen trago del vodka con tónica que tenía sobre la mesilla de noche.

CAPÍTULO DIECINUEVE

En el ascensor, la imagen forzosamente difícil era tan real, tan gráfica y tan aterradora. Cogió un taxi hasta la KGO-TV y a duras penas consiguió llegar a las negociaciones salariales. Su mente atormentada no podía desprenderse de esta poderosa ilusión. Después, corrió al hotel.

* * *

Cuando entraron en la suite, Vanessa anunció. "¡Qué oportuno! He pedido dos desayunos completos con mucho bacon. Llegarán en cualquier momento. Lo siento, ¡no hay sémola! Este es el servicio de habitaciones de San Francisco. ¿Cómo demonios te has levantado? No podía moverme. Fue mi mejor noche de sueño en nueve meses".

"Suena genial", mintió. Necesitas un par de cafeteras para llegar al aeropuerto". Disfrutaron de su mutua empresa hasta que Trisha cogió su vuelo de regreso al Este.

* * *

La noche siguiente, Vanessa rompió aguas. Sus contracciones empezaron siendo leves, pero pronto se volvieron muy dolorosas e intensas a intervalos de cinco minutos. Durante toda la noche se mantuvo de pie, agarrada al respaldo de una silla de cocina y concentrada en su respiración.

A las cinco de la mañana, despertó a Tod y él la ayudó a subir a su flamante Bentley. Ella agarró con fuerza el pomo de la puerta mientras él se dirigía a toda velocidad a la entrada de urgencias.

* * *

Un amable hombre con bata blanca la ayudó a sentarse en una silla de ruedas y la empujó hasta la planta de partos. Su suite privada tenía suelo de madera, muebles de decoración y una bañera de hidromasaje con vistas a la bahía. La enfermera le hizo un examen pélvico y le dijo que tenía seis centímetros de dilatación. El técnico la conectó a un monitor cardiaco infantil que mostraba la intensidad de las contracciones y su efecto en la frecuencia cardiaca del feto.

Se puso de pie durante las contracciones y se agarró con fuerza a la máquina. Hipnotizado por la frecuencia cardiaca del bebé, Tod estaba muy atento a su mujer, que sufría dolores insoportables. Tras cinco horas de insoportables contracciones, la enfermera le dijo que empujara. Después de empujar durante tres horas seguidas, llamaron al doctor Wang y, veinte minutos más tarde, sacó al bebé.

La doctora Wang felicita a Tod mientras le entrega un pequeño bebé cubierto de sangre y otras sustancias. Las enfermeras se lo llevaron para hacerle una serie de pruebas antes de colocarlo bajo una lámpara de calor. Vanessa estaba hecha un charco de sudor mientras Tod murmuraba: "Buen trabajo, señoras". Las enfermeras le miraron con absoluto desdén mientras él cogía el teléfono para llamar a sus colegas de golf. Cada vez que colgaba el auricular, ella le recordaba que llamara a Trisha, pero él ignoraba por completo a su esposa. Envuelto en una preciosa manta que Suzanne había ordenado al personal, el bebé llevaba un gorrito de algodón en la cabeza y estaba profundamente dormido cuando Vanessa lo cogió en brazos. Estudió su minúscula cara e intentó decidir a quién se parecía, pero era tan diminuto que no reconoció a nadie. Después de mirarle la cara durante un buen rato, le descubrió suavemente los dedos de los pies y le movió el dedo gordo. Hizo una mueca que la asustó, así que rápidamente volvió a ponerle el envoltorio. Su piel de color crema tenía ligeras manchas rojas, mientras que su espeso pelo negro era extraño para un recién nacido.

La puerta se abrió y la enfermera le dijo que intentara darle el pecho. La enfermera le puso la boca en el pecho y él se prendió lentamente y empezó a mamar.

"Recuerde", le sermoneó la enfermera, "los bebés no obtienen la leche simplemente llevándose el pezón a la boca y succionando. La leche se forma en el tejido glandular y luego pasa por pequeños conductos hacia el centro del pecho, donde se acumula en los senos. Estos espacios de almacenamiento están en círculo justo detrás de la areola, la zona oscura que rodea el pezón. Un corto conducto sale de cada seno a través del pezón hacia el exterior. Cuando tu pequeño está mamando correctamente, todas las areolas deben

CAPÍTULO DIECINUEVE

estar en su boca. Sus encías tienen que apretar los senos, lo que hace que la leche pase a través del pezón y entre en su boca. Si tu bebé sólo se lleva el pezón a la boca, casi no obtendrá leche. Si empieza a morder el pezón, coge tu dedo y rompe la succión. Si no lo haces, le saldrá una ampolla".

"Gracias", respondió mansamente cuando su suegra irrumpió en la habitación.

"¿Qué demonios le estás haciendo a mi nieto?". soltó Suzanne mientras agarraba al recién nacido, que tenía un agarre impresionante del pezón de su madre. Vanessa gritó de agonía mientras tiraba de él mientras su boca mantenía un firme cerrojo sobre su tierno pecho.

"¡Suéltame!" Rompió la succión poniéndole el dedo en la comisura de los labios mientras la puerta se abría y Tod entraba con su padre. Suzanne cogió al niño en brazos.

Alexander estudió el rostro de su nieto. "Brett es puro Von Westerkamp", anunció.

"Deberías peinarte. Vendrá gente", ordenó Tod. "Perdona, ¿de dónde has sacado ese nombre?". Estaba incrédula de que no la hubiera consultado.

"Escuchando el partido de los Giants de camino aquí, decidí ponerle el nombre de mi favorito".

Vanessa se incorporó. "¿Ponerle a nuestro hijo el nombre de un jugador de béisbol? No lo creo, Tod".

"Ahora, escúchame. Querías que se llamara como Rhett Butler de Charleston. Es una gran oportunidad para el compromiso. Brett está cerca de Rhett. Tú obtienes lo que quieres; yo obtengo lo que quiero".

"Me parece que consigues lo que quieres, Tod". Estaba muy molesta. "¡Me encanta, Tod!" Suzanne se puso del lado de su hijo, como siempre.

"Yo también, hijo", dijo Alexander, asintiendo con la cabeza. "Bueno, supongo que es tres a uno. ¡Sorpresa, sorpresa!"

"Está decidido. ¡Brett, lo está! Mis compañeros de golf dijeron que la lactancia materna le hará maricón".

"Exijo dos t, al menos". Ella ignoró su última afirmación. "De acuerdo, con dos t". Tod asintió.

"¿Qué es esta tontería de la lactancia materna? Mis amigas me dicen que es puro veneno".

"Suzanne, ya hemos hablado de esto antes", argumentó. "Los bebés reciben inmunidad frente a diversas infecciones a través del calostro, el líquido que llega antes de la leche de verdad".

"Eres el único que conozco que se cree estas tonterías".

"La leche es pura", interrumpió la enfermera. "Su nieto no puede coger una infección intestinal de ella. Alégrate de que haya elegido amamantar; le da a Rhett una gran ventaja".

"¿Y tu figura?" Suzanne ignoró a la enfermera.

"Ahora deberíamos dejar descansar a la nueva madre". La enfermera les ordenó educadamente que se marcharan. Los Von Westerkamp obedecieron, pero se llevaron a la pequeña Brett, que se recostó y se quedó dormida.

Tras el alta hospitalaria de Vanessa, volvió a casa para ser recibida por un nuevo chef, un entrenador personal y un gimnasio. Tod los contrató, hizo un espejo en el sótano e instaló máquinas de pesas y bicicletas estáticas de última generación. Ignoró a su marido y al entrenador. En lugar de eso, puso a Brett en su cochecito y lo empujó todo lo que pudo. Como estaba amamantando, lo único que necesitaba era una provisión de pañales. Finalmente, fue capaz de empujar a Brett durante cinco kilómetros.

Cuando creció, le dio el pecho en contra de los deseos de Suzanne. Tod se interesaba poco por su hijo pequeño. Sólo hablaba del día en que Brett pudiera sostener un palo de golf en las manos.

Para su sorpresa, no echaba nada de menos el negocio de la televisión. En raras ocasiones, cuando veía su antiguo telediario, lo encontraba terriblemente deprimente. Al negarse a contratar a una niñera, Tod pasaba mucho tiempo fuera de la mansión. Para Navidad, había recuperado su peso prenatal y aceptaba asistir a actos de sociedad.

Mientras tanto, Trisha se instaló en su puesto de trabajo en KGO-TV, y el jefe de ventas que la contrató a regañadientes pensó que era una vendedora estupenda. Como era la única mujer del equipo de ventas, le contaba a Vanessa todos los cotilleos sobre las intrigas del momento en la industria de la televisión.

* * *

En el primer cumpleaños de Brett, Suzanne insistió en organizar una gran fiesta. Invitó a más de doscientas personas a la fiesta en su finca. Como el tiempo en agosto era impredecible, hizo colocar grandes toldos sobre mesas al aire libre para un almuerzo de ocho platos. Se trajeron ponis vivos para que montaran los niños, lo que asustó al pequeño Brett, al igual que los cuatro payasos que actuaron y un hombre disfrazado de Superman. Brett se quedó dormido y se perdió la mayor parte del espectáculo.

Mientras él dormía, Suzanne hizo venir a todas sus amigas para que vieran a su nuevo nieto, así como la lujosa guardería que había instalado en su propia mansión. Perseverando en otra ridícula y auspiciosa función social, las dos mujeres sólo coincidieron en su adoración eterna por el bebé.

Tod se negaba a viajar con un bebé, por lo que a menudo viajaba solo a Europa. Su total desapego hacia su hijo desconcertaba a Vanessa, pues parecía carecer de instintos paternales. Todos esos años de internado parecían haberle pasado factura. Irónicamente, ambos habían tenido una infancia similar, con una excepción. A él nadie le había querido, mientras que Vanessa contaba con el amor incondicional de la hermana Rosalie. Aunque ahora estaba delgada, Tod no le prestaba atención. Estaba tan absorta en el primer año de vida de su hijo que no le prestó demasiada atención.

CAPÍTULO VEINTE

A los dieciocho meses, Brett se despertó notablemente falto de aliento y con fuertes dolores. Su chófer les llevó rápidamente al hospital, donde el pediatra de Brett les recibió en la consulta. El médico, preocupado, ordenó una serie de pruebas e indicó a Vanessa que se dirigiera al laboratorio. Los Von Westerkamp recibían un trato de realeza en este hospital, ya que eran sus mayores benefactores económicos. Dos celadores la recibieron con una silla de ruedas mientras ella sostenía a su hijo en el regazo. En el laboratorio, el técnico extrajo sangre del niño que gritaba mientras luchaba por respirar y su joven rostro se volvía azul pálido. Jadeante, lo llevaron rápidamente a pediatría. Entraron dos pediatras y hablaron con una terminología médica que ella no entendía. Su dolor desmesurado la afligía mientras rezaba en silencio por su recuperación.

Apareció el doctor North, administrador jefe del hospital. Era dos veces amigo de Alexander, y su suegro había hecho generosas donaciones para financiar sus planes de ampliación con edificios adicionales. Asistía a todas sus cenas y jugaba al golf regularmente con Alexander. "No te preocupes. El pequeño Brett recibirá aquí la mejor atención médica del mundo".

"Gracias, Doctor North. ¿Tiene alguna idea de lo que está mal?"

"Cuando lleguen los resultados del laboratorio, he ordenado que los pongan en mi escritorio. Me involucraré personalmente en este caso. Además, me he tomado la libertad de llamar a Alex, que estaba a punto de jugar en el Olympic Club. Yo también estaba jugando hasta que la Junta convocó una Asamblea de última hora. ¿Dónde está Tod?"

"¿Tendrás pronto los resultados?"

"Sí. En cuanto sepa los resultados, usted también", respondió el Dr. North. "¿Dónde está Tod?"

"En el Silverado Country Club de Napa Valley jugando un torneo".

"Lo llamaré. Ahora relájate. Todo va a salir bien". Se marchó bruscamente. Por una vez, se sintió agradecida por las conexiones de su apellido. Irónicamente, Alexander era el que estaba en camino durante esta crisis médica. Mantuvo a Brett a distancia. Parecía tan desinteresado en tocar o abrazar a su nieto. Tod mencionó que él había sido tratado de la misma manera. Se sintió aliviada de que no hubieran llamado a Suzanne porque se habría puesto histérica.

Permaneció junto a la cama de su hijo mientras éste luchaba contra la feroz agresión que al personal le resultaba tan misteriosa. Su pelo negro y rizado estaba mojado por el sudor y la transpiración, y sus ojos de carbón oscuro tenían una mirada intensa mientras jadeaba en busca de aire. Una enfermera de aspecto severo le tomó la temperatura y la tensión e informó a Vanessa de que tenía fiebre muy alta. Luego trajo un respirador para el asma infantil, que le ayudó a recuperar el aliento. Recordó que Suzanne había dicho que el asma era un mal de familia, así que tal vez se trataba de un ataque de asma.

Alexander Von Westerkamp aparcó su Rolls Royce junto a una enorme señal de "prohibido aparcar". Al entrar, hizo caso omiso de un empleado que le dijo que moviera el coche y tomó el ascensor hasta la última planta, que daba a un enorme conjunto de oficinas decoradas con peluches. "Hola, señor Von Westerkamp. El doctor North está en el laboratorio y quería que le avisara en cuanto usted llegara. ¿Puedo traerle una taza de café?" La secretaria se paró frente a él, pero él la ignoró por completo. "Permítame que le acompañe al despacho del doctor North, donde estará más cómodo". Manteniéndose alegre, no reaccionó ante su dura actitud y abrió las enormes puertas dobles donde una placa de latón grabada rezaba: "Doctor Richard P. North, Administrador Jefe". Su enorme despacho tenía un bar con taburetes altos en una esquina y una mesa de conferencias de roble macizo con diez sillas que daban a la ciudad. Detrás de su gran escritorio había estanterías y un aparador con un gran sofá al lado. "¿Está seguro de que no hay nada que

CAPÍTULO VEINTE

pueda hacer por usted, señor Von Westerkamp?". Trataba a todos los empleados con desdén por toda una vida creyendo que personas como esta secretaria estaban por debajo de él.

"Por favor, no dude en decírmelo", dijo ella después de que él no respondiera repetidamente. Antes de que cerrara las puertas, Alexander se dirigió al bar, cogió una jarra de cristal llena de whisky escocés centenario y se sirvió una copa. Desde la ventana, miró el tráfico provocado por su Rolls Royce aparcado en doble fila. Terminó su copa rápidamente y se sirvió otra cuando se abrieron las enormes puertas y apareció el doctor North. "Será mejor que te prepares uno doble. Tengo noticias muy inquietantes que no se pueden endulzar".

"¿Qué pasa, Doc? No me tomo a la ligera que interrumpan mi partido de golf". "Su nieto tiene una crisis de células falciformes".

"Qué demonios, creía que la drepanocitosis era una enfermedad de negros".

"La drepanocitosis, también llamada anemia falciforme, es una enfermedad hereditaria de la sangre que se da principalmente entre la raza negra. Los ataques incluyen dolor intenso, fiebre alta y daños en los tejidos corporales. Su nieto está sufriendo una crisis clásica de anemia falciforme". Su actitud clínica dejó a Alexander en silencio mientras empezaba a beber su tercer vaso de whisky. "La anemia falciforme se produce cuando los glóbulos rojos de ambos progenitores contienen demasiadas moléculas de hemoglobina de un tipo anormal. La hemoglobina da color a los glóbulos rojos y transporta el oxígeno a los tejidos. Un exceso de hemoglobina anormal, denominada hemoglobina S, hace que los glóbulos se vuelvan falciformes. La forma falciforme obstruye los vasos sanguíneos, interfiere en el flujo sanguíneo y priva al cuerpo de oxígeno, lo que provoca un doloroso ataque llamado crisis. Eso le está pasando a Brett en este momento".

"¡Ve al grano, Rick! Déjate de gilipolleces. ¿Estás diciendo que mi nieto es un negro?"

"La mayoría de los antropólogos rechazan hoy la idea de que los seres humanos puedan dividirse en razas biológicamente definidas".

"¿Te estás promocionando como antropólogo?". De forma beligerante, dejó el whisky.

"¡Mira, Alex! Los niños heredan la mitad de sus genes del padre y la otra mitad de la madre. Los científicos han descubierto que los portadores del gen falciforme tienen una mayor resistencia a la malaria, una peligrosa enfermedad transmitida por ciertos mosquitos. La anemia falciforme es un trastorno poco frecuente, pero se da con más frecuencia entre las poblaciones de África occidental y el Caribe, la mayoría de las cuales viven en zonas amenazadas por la malaria. Así pues, el gen falciforme, a pesar de sus efectos negativos, representa una importante ventaja para los habitantes de estas zonas."

"Rick, sólo usas tanto doble lenguaje en una Asamblea cuando has gastado demasiado del dinero del hospital. Ahora habla en inglés que yo pueda entender".

"Tengo la firme sospecha de que Vanessa es afroamericana. Todas las pruebas científicas apuntan a esa conclusión", dijo afirmativamente el doctor North.

"¿Qué pruebas?", preguntó escéptico.

"Se calcula que sesenta mil negros estadounidenses padecen la enfermedad, y otros 2,5 millones son portadores del gen HbS. Ella es negra. Apostaría mi licencia médica en ello".

"¡Eso es imposible! Tod la investigó a través de un detective privado. Incluso vio los certificados de defunción de sus padres", mintió mientras el alcohol le nublaba la memoria.

"Sus dos padres eran negros para que llevara este gen. El investigador privado metió la pata. La cagó".

"¿Estás diciendo que el pequeño bebé va a crecer para ser un gran 'Black buck?'"

"¡Quién sabe qué aspecto tendrá a los veinte, pero te garantizo que es medio negro!".

"Rick, siempre pensé que eras un charlatán."

"Hay una cuestión más. Tod debe ser portador del gen o tiene el rasgo".

"¿Qué?"

CAPÍTULO VEINTE

"Si uno de los padres tiene anemia falciforme y el otro tiene el rasgo falciforme, hay un 50 por ciento de riesgo de que sus hijos tengan anemia falciforme".

"No puedo creer que estés soltando esta tontería. No hay genes negros en mi familia".

"Es una enfermedad de la sangre y si analizara la sangre de Tod, tendría el rasgo drepanocítico".

"¡Imposible!"

"Escúchame, Alex. Para tener la enfermedad hay que heredar de ambos padres dos genes de la hemoglobina falciforme. Se ha demostrado que es un gen recesivo, así que el gen de Tod debe ser muy, muy recesivo. Grandes cantidades de melanina en la piel ayudan a protegerla de las quemaduras solares y, por tanto, reducen el riesgo de cáncer de piel. El pigmento oscuro en los ojos mejora la visión a plena luz del sol. Fíjese en la coloración de su nieto, ojos oscuros y pelo oscuro. La señorita Vanessa tiene unos genes poderosos que han pasado a su nieto. Nunca bebo durante el día, pero creo que haré una excepción. Sírveme un doble con hielo".

"¿Simplemente encubres esto como haces cuando ingresan a Suzanne en la unidad psiquiátrica?"

"No lo sé, Alex. Eso sí que sería duro". Tomó su trago fuerte y se lo tragó.

"¿Imagina si la prensa se entera de esto? Estaré arruinado en esta ciudad. Escucha, Rick, viejo amigo, déjame recordarte la vez que operaste después de demasiados highballs. Tiré de cada cuerda política que tenía para mantener ese MD detrás de tu nombre. Por no hablar de cómo te mantuve en este lujoso puesto cuando la junta levantó sus feas cabecitas".

"Alex, no servirá de nada encubrir esto. La próxima vez que ese chico tenga una crisis, cualquier técnico de laboratorio de pacotilla se dará cuenta. La máquina lo marcará como anormal, y el técnico mirará el frotis de sangre bajo el microscopio. Las células son falciformes, y está en el historial".

"No me convertiré en el hazmerreír cuando un gran negro adolescente se pasee por la ciudad con hileras de maíz en su pelo ensortijado. Haga que esto desaparezca, como cuando Suzanne está encerrada en su unidad psiquiátrica.

Doc, mi hijo nunca tuvo el gen falciforme. ¿Lo ha entendido? Fue un error médico suyo".

"Alex, no estás pensando con claridad. ¡Escúchate!"

"No lo entiendes, ¿verdad? No estoy negociando aquí. Sólo encárgate de los discos. Yo me encargaré de esa perra negra y del pequeño bastardo negro que produjo. ¿Está claro? ¿Entendido?"

"¡Alex, no lo entiendes! Muchas víctimas de esta enfermedad mueren en la infancia, y pocos viven más allá de los cuarenta años. Las probabilidades no están a favor de Brett".

"¡Y han empeorado mucho!"

"¿Qué estás diciendo?"

"Rick, deja que yo me preocupe de eso. Sólo cúbrete el culo, y asegúrate de que parezca que esta mierda de la hoz nunca ocurrió. Cambia el diagnóstico, y estarás bien".

Alex, no seré parte de esto. Cambiar un registro médico y purgar los resultados es lo más lejos que llego. La prisión gris no me conviene. Págale para que se vaya como todos los demás en la vida de Tod".

"¿Quién sabe esto?" La mente de Alexander se centró de repente.

"En este momento, sólo el técnico de laboratorio que leyó el frotis de sangre".

"Tiene que desaparecer", ordenó.

"Por el amor de Dios, es una veterana de treinta años en este hospital".

"Deshazte de ella. Ofrécele la jubilación anticipada".

"Cálmate. Preocupémonos primero del disco". El doctor North se conectó a su ordenador mientras Alexander permanecía detrás de él. Como administrador de sistemas, le permitió archivar los privilegios de acceso de mantenimiento a la base de datos de resultados. Utilizando el editor HEX para darle la vuelta a los bites, cambió los resultados a negativos y ordenó una impresión en la estación de enfermería de Pediatría, indicando sepsis neumocócica. Especificaba la presencia de organismos patógenos o sus toxinas en la sangre, y ya no mostraba las células falciformes. Todas las indicaciones

CAPÍTULO VEINTE

apuntaban ahora a la administración intravenosa de un antibiótico Claforan, más un poco de Tylenol líquido con codeína para el dolor.

"Entonces, ¿qué hiciste?" Él arrastró las palabras, ahora en su quinto whisky.

"He cambiado las indicaciones para que puedan tratarle, para que no sufra. No hay razón para que este niño sufra. Esta medida le aliviará".

"Una corrección está en orden. No eres tan charlatán como pensaba".

"Utilicé mis privilegios de administrador para cambiar el disco duro del ordenador. Los discos antiguos se cargan en una cinta magnética para su almacenamiento, por lo que estos pasarán a ser los permanentes."

"¿No te olvidas de nada?" preguntó Alex con impaciencia.

"No, estaba en la máquina de la sala cuando se imprimió el historial de Brett. Lo arranqué yo mismo."

"¿Alguien te vio?"

"No, las enfermeras intentaban parecer ocupadas y eficientes. Como director de este hospital, ni siquiera se atreverían a mirar en mi dirección o cuestionar remotamente mi interés por su impresora."

"Por eso eres el jefe", bromeó sarcásticamente.

"Alex, piensa en esto racionalmente cuando no estés bebiendo y haciendo declaraciones descabelladas. Me estás dando un susto de muerte. Cálmate. Procede con la máxima precaución. Es su hijo".

"Tod podría preocuparse menos por el pequeño bastardo. Pasa menos tiempo con ese mocoso que yo con él.

"¿Y la Srta. Vanessa?"

"La luna de miel ha terminado. Se está tirando a todas las tías que tiene a mano. ,,

"Dios, le envidio". El doctor North se lamió los labios.

"Una vez que Tod se entere de que ella lo vendió río abajo, esa perra negra se dirigirá río abajo ella misma Mi hijo nunca debe saber acerca de su diagnóstico de sangre charlatán, Doctor. ¡Nunca!"

* * *

Su secretaria llamó a la puerta y Tod irrumpió. "¿Interrumpir mi juego? Acabo de hacer un hoyo en uno. ¿No puede este hospital con un niño enfermo? ¿O esto es una estratagema para conseguir otra ala de nosotros? "

"Hay un pequeño problema con tu pequeña novia. Es tan negra como el as de picas".

"¿Qué dice exactamente tu barriga llena de whisky?". Tod parecía perplejo. "Te casaste con una negra, hijo", dijo Alexander con enfado. "¡Y además criaste uno!"

"¿Doctor North?" Arrogantemente, ignoró a su padre.

"Tod, Brett padece una crisis drepanocítica, una enfermedad hereditaria que afecta a uno de cada cuatrocientos afroamericanos. Vanessa pertenece a la raza negroide", explicó el doctor North.

"¡Eso es imposible!" Soltó combativamente. "¡Imposible, su pelo es más sedoso que el mío!"

"Empieza a creértelo. Tendrás un gran hijo negro corriendo por ahí con Von Westerkamp detrás de su nombre de pila. Asúmelo, hijo: la has cagado otra vez. Será difícil sacarte del apuro".

"¿Quién sabe?" Tod golpeó el escritorio con la mano con hostilidad.

"Gracias al milagro de la medicina moderna, nadie". Alexander se rió entre dientes. "¿Doctor North?"

"No te preocupes, hijo. Me he ocupado de todo", respondió rápidamente. "¿Cómo demonios lo has hecho? ¿No tiene este hospital ningún procedimiento operativo?".

"Tod, llamémoslo privilegio de alto cargo". Dio un sorbo a su whisky.

"Bueno, francamente, me gustaría tener una segunda opinión", bromeó Tod.

"¡Y una mierda! No seré el hazmerreír de esta ciudad. ¿Te ha quedado claro, hijo?"

"¿Cuál es el plan, papá, un billete de ida de vuelta a Mozambique?"

De repente, Alexander estalló en una carcajada incontrolable mientras el doctor North y Tod se quedaban mirando, atónitos por su comportamiento.

CAPÍTULO VEINTE

"Hijo, todas las tipas cazafortunas con las que has estado y has elegido a la mulata que se pavonea de ser blanca. La historia de la huérfana fue muy conveniente, debo decir. No puedo esperar a ver las fotografías que los medios de comunicación producen con todos nuestros primos de Carolina del Sur. Buck y Buck, Junior. Pobre huerfanita Vanessa. ¡Sin familia, mi trasero! Sus parientes saldrán de la nada, esperando darnos la buena noticia por dinero".

"¡Papá, contrólate! ¿Qué habéis hecho con ellos?" Tod no mostró ninguna emoción.

"Nada. Ahora mismo están en pediatría. Las células falciformes tienden a obstruir los vasos sanguíneos capilares, impiden el flujo sanguíneo y producen dolor en huesos, músculos y abdomen. El tratamiento consiste en analgésicos y antibióticos, que es lo que le están dando a tu hijo para sacarlo adelante."

"Precisamente, ¿cómo lo has conseguido?"

"Utilicé mi autorización de seguridad de administrador para cambiar el registro. Ahora, el diagnóstico le dirá al pediatra qué recetar. Brett superará esta crisis en unos días y debería estar bien". El doctor North procedió a responder a todas las preguntas de Tod en relación con la crisis de células falciformes, y ya no tenía ninguna duda sobre la verdadera raza de Vanessa. "Hijo", opinó el doctor North, "nunca me convencerás de que ella desconocía su herencia racial. Ella lo sabía".

"Entiendo el panorama, Doctor North."

"Sí, bueno, es una lástima que no te dieras cuenta antes de meternos en este lío", intervino Alex. "¿Me pregunto si esa zorra negra se estaba tirando a algún gran 'Blackbuck', Tod? ¡A lo mejor el cabroncete ni siquiera es tuyo! ¡Huérfano, una mierda!"

"Tienes que bajar a pediatría para verlos", aconsejó el doctor North.

"No quiero ver su culo negro". Tod reaccionó con beligerancia al tormento verbal.

"Rick tiene razón, hijo. Baja y actúa como el padre preocupado que no eres".

"No puedo soportar mirar a la puta". Tod parpadeó con asco.

"Me aseguraré de que no la mires mucho más. Ahora mismo, tienes que representar al padre angustiado y preocupado. ¿Entendido? No queremos levantar sospechas".

"¡Sí, seré el padre devoto!" Tod desapareció por las inmensas puertas dobles.

"No hagas nada ilegal. Hay cosas peores que un matrimonio interracial".

"Para ti es fácil decirlo; no estás en mi posición".

"Alex, sólo págale".

"Rick, la gente desaparece todo el tiempo."

"Mi participación termina aquí y ahora". El doctor North sabía perfectamente lo despiadado que era Alex, que acribillaba a sus rivales comerciales con regocijo, destrozaba sus vidas y se jactaba de ello después en el campo de golf.

"Ya estás metido hasta el cuello en esto, Rick. Además, nadie te está pidiendo que mates a nadie. Lo haces demasiado bien en la mesa de operaciones, legítimamente".

"Nadie va a morir, Alex. Págale para que se vaya, como aquella polinesia con la que Tod estuvo liado hace años y que tú hiciste desaparecer".

"Sólo asegúrese de que no hay fugas dentro de este hospital. ¿Entendido?"

"No las habrá. No he estado practicando la medicina durante cuarenta años por nada".

"Será mejor que me vaya, ya que tengo que llamar a algunas personas". Alexander se bajó del taburete del bar.

"Pasa por pediatría. Parece extraño si te vas antes de ver a tu nieto gravemente enfermo".

"Sí, el abuelo obediente llegará y dará todo un espectáculo. Cuenta con ello".

* * *

Cuando Tod llegó a la planta de pediatría, guiñó un ojo a la rubia pechugona que vestía un uniforme de enfermera demasiado ajustado. Abrió de golpe la

CAPÍTULO VEINTE

puerta de la lujosa habitación privada de su hijo. Vanessa acariciaba la mano de su hijo, que ahora tenía una vía intravenosa. Tod se acercó a la cuna y estudió la cara de su hijo. El bebé tenía los ojos cerrados, pero Tod sabía que Richard North tenía razón cuando se refería a los rasgos faciales raciales. La loca de su madre afirmaba que Brett era todo Von Westerkamp, pero ninguno de los rasgos de su hijo se parecía a los suyos. La piel del pequeño era de un color aceitunado oscuro, y su pelo tenía un sinfín de apretados rizos negros. No había ni un solo rizo en el pelo de nadie de su familia. Tod se quedó de pie, desprovisto de toda compasión, mientras examinaba el rostro del niño.

Su pediatra entró con Alexander. Tod no le había visto nunca, ya que no se había molestado en acudir a las revisiones de su hijo. "Me alegro de que estéis los dos aquí", anunció el pediatra.

"Tengo los resultados del laboratorio y el pequeño Brett se pondrá bien". Mientras le explicaba el diagnóstico y el tratamiento necesario, Vanessa le hacía un sinfín de preguntas que él respondía pacientemente.

Alex intervino. "¡Eh, doctor! Quiero la mejor atención médica para mi primogénito".

"¿No te preocupes? Nuestra especialidad es complacer a los abuelos", respondió el pediatra.

En cuanto terminó su actuación, Tod y su padre se fueron juntos. A Vanessa le pareció extraordinario que no le dirigieran la palabra. Pero al menos pasaron por allí e interrumpieron sus partidos de golf, lo que para ellos fue un verdadero sacrificio. A su manera distorsionada, debía importarles.

Trisha vino después del trabajo y se quedó hasta que terminó el horario de visitas. Vanessa se sintió muy aliviada y esperaba con impaciencia sus visitas. A medida que Brett mejoraba, bromeaban y reían como en los viejos tiempos. Su matrimonio había llegado a un punto en el que Tod no le dirigía la palabra y su amiga era su única compañera en la que podía confiar. Deseosa de volver a casa, se alegró de abandonar un entorno tan estéril. Tod la llamó y le dijo que fuera a la casa de Alexander en la playa de Big Sur. Era una petición muy extraña, ya que era bien sabido que su padre tenía allí sus escarceos extramatrimoniales. Además, no le gustaba la idea de que Brett fuera a una casa que no conocía. Pensó que sería mejor para él estar en su propia habitación y rodeado de cosas familiares. Pero Tod insistió en que vendría cuando Brett recibiera el alta. En contra de su buen juicio, cedió y aceptó ir porque estaba emocionalmente agotada y no podía discutir con él.

Al doctor North le entraron sudores fríos al enterarse de la inminente baja de Brett. Sabiendo que aquello se encaminaba hacia los problemas, se sintió impotente para detener a Alexander, un hombre despiadado y de sangre fría, completamente inmoral e insensible. Alexander exigía un control tiránico sobre su imperio, que ahora Vanessa había invadido. Sabía que ella correría una suerte cruel y brutal, y se estremecía al pensar en el mal que les aguardaba a ella y a su hijo.

CAPÍTULO VEINTIUNO

Trisha llegó para llevarse a su ahijado a casa y un celador hizo rodar al pequeño hasta el aparcamiento. La silla de ruedas zigzagueó ligeramente y Brett gorgoteó de alegría. Trisha se ofreció a llevarlos a la casa de la playa de Big Sur, así que Tod hizo que le trajeran su flamante Range Rover al hospital. Le dijo a Vanessa que sería un vehículo más seguro en las curvas cerradas y los escarpados acantilados de la autopista de la costa del Pacífico. Jugando a cantar con Brett, entró en la autopista mientras el niño chillaba de alegría e intentaba tararear. Vanessa sonrió feliz mientras observaba la silueta de las colinas marrones contra el cielo oscurecido. Brett volvía a estar sano y su mejor amiga estaba aquí, lo que significaba que sería un viaje divertido.

"¡Oye, Vanessa! Compré esto. Paul McCartney está cantando 'Mary, Mary Had a Lamb'".

"Qué amable de tu parte", respondió Vanessa mientras encendía la luz interior para leer la etiqueta. "Oh, vaya, Little Richard cantando 'Itsy Bitsy Spider'. "

"Es genial, eh, y tenía una excusa para comprarlo". Se rió. "Por cierto, ¿Toddy espera que conduzca de vuelta a San Francisco esta noche?"

"¿A quién le importa? Debería habernos recogido del hospital. Tú te quedas".

"Sí, otra noche de sábado sin cita. Estoy teniendo una racha de ellos últimamente, la peor racha que he tenido en años", bromeó. "Nunca he estado en Big Sur, y me muero positivamente por verlo".

"La escarpada costa es impresionantemente pintoresca, pero los acantilados rocosos caen en cascada directamente al mar. Conduzca despacio. Esto no es un pantano llano de Carolina del Sur".

"No voy a conducir como la típica vendedora de horario televisivo cuando mi ahijado está en el coche". Trisha chasqueó los dedos al ritmo de la música. "Siéntate y relájate".

Los ojos somnolientos de Brett se cerraron lentamente y se quedó dormido en el asiento del coche junto a su madre. Vanessa miró la clara pero sombría tarde de febrero mientras las luces de un avión parpadeaban en el cielo.

Horas más tarde, pararon en un pequeño restaurante de carretera. Vanessa cogió una mesa mientras Trisha cruzaba la calle para echar gasolina. Una camioneta se detuvo junto a ella en el surtidor. "Oye", gritó el conductor desde su mugriento vehículo, "iba detrás de ti y estás perdiendo aceite a chorros". Se sintió incómoda porque el desconocido parecía venir del lado duro de la ciudad. "¿Quieres que mire? Soy mecánico". Ofreció sus credenciales.

Trisha dudó y luego murmuró: "De acuerdo".

Ella siguió echando gasolina mientras él se metía debajo del coche. Sus acciones le parecieron muy extrañas, así que decidió marcharse inmediatamente. Volvió a colocar la boquilla en el surtidor y entró rápidamente para pagar a la cajera. Cuando regresó, el mugriento hombre seguía debajo del Range Rover. "¿Le pasa algo?", preguntó mientras se agachaba a mirar.

"No, parece estar bien. No quería asustarte. ¿Vives por aquí?" Se empujó hacia fuera.

"No, sólo estaba de paso", dijo mientras cerraba la puerta y echaba el pestillo. Preocupada, sus ojos azules le observaron por el retrovisor. Con cautela, dio la vuelta a la manzana en lugar de ir directamente a la cafetería y aparcó en la parte de atrás.

* * *

"¿Qué te ha pasado?" Preguntó Vanessa cuando finalmente se deslizó en la cabina.

CAPÍTULO VEINTIUNO

"Otro encuentro masculino de los raros. ¡Desearía que, por una vez, cuando un tío intente ligar conmigo, al menos se haya bañado y tenga al menos un diente de delante! ¿Ordenaste?

"Sí, el tocino y los huevos sonaban muy bien".

"Es mejor ceñirse a lo básico en un sitio como éste". Señaló el tiburón disecado de la pared mientras Brett abría un paquete y el azúcar saltaba por los aires y cubría la mesa.

* * *

Después de cenar, Vanessa dijo: "Vaya, ya son más de las once. Será mejor que llame a Tod". Cuando regresó, subieron al coche para recorrer la última parte del trayecto hasta la exclusiva finca de Von Westerkamp en la playa. Después de Carmel, entraron en la empinada y sinuosa autopista de la costa del Pacífico. Los escarpados acantilados y los estrechos carriles daban miedo, pero Trisha maniobró con calma el coche a lo largo de este aterrador tramo de carretera. "No te preocupes, Brett no cogerá frío. Estoy poniendo la calefacción a tope para poder abrir el techo solar y que entre aire fresco que me ayude a mantenerme despierto. Ha sido una semana larga en la comisaría".

Vanessa reconoció un punto de referencia que indicaba que Big Sur estaba a diez millas. "Otras cinco millas. No te lo puedes perder. Cuando veas árboles enormes, detente. Ahí es donde está la entrada".

Miró por el retrovisor a su agotada amiga, que dormía profundamente, y la cabeza de Brett descansaba plácidamente contra su asiento del coche. La sinuosa carretera estaba casi desierta mientras ella expulsaba el disco compacto infantil y lo sustituía por el de los Beatles. Mientras tarareaba la música, intentó concentrarse en conducir por las peligrosísimas curvas. Recordó que su padre siempre le había advertido que no pisara el freno en terrenos escarpados, así que evitó conscientemente utilizar el pedal del freno. Cuando pisaba el freno, tenía la sensación de que resbalaba, pero decidió que debía de ser su desbocada imaginación.

* * *

En la siguiente curva, Trisha pisó a fondo el pedal y no pasó nada. En lugar de eso, el coche ganó impulso. Desesperada, miró el indicador, que mostraba el aumento de velocidad. El velocímetro seguía subiendo mientras Trisha pisaba el freno. Sintiendo una increíble descarga de adrenalina, cogió las llaves para apagar el coche. Más adelante, una señal indicaba un límite de velocidad de veinticinco kilómetros por hora.

Al pasar junto a él, el coche aceleró hasta los sesenta. El corazón le latía con fuerza contra el pecho cuando un conductor que circulaba en sentido contrario hizo sonar el claxon para indicarle que redujera la velocidad. En la siguiente curva había una señal de "curva peligrosa" que obligaba a conducir a quince millas por hora. Manteniendo la compostura, ocupó los dos estrechos carriles de la autopista mientras el Range Rover alcanzaba los setenta. No había coches a la vista mientras sus palmas sudorosas se aferraban con fuerza al volante y tomaba la siguiente serie de curvas en espiral. Al zigzaguear de un lado a otro en un tramo muy empinado, perdió el control y el vehículo salió volando por el precipicio. Navegó hacia delante y luego en línea recta hacia abajo. Sus manos, sudorosas, mantuvieron un rígido agarre mortal sobre el volante. Como un cohete, atravesó la oscuridad de la noche y se estrelló en el océano. Pensó que estaba muerta hasta que una ola se precipitó sobre la parte superior del coche y el agua helada se vertió dentro del techo solar, empapándola. El airbag del conductor se había abierto y ella estaba completamente ilesa. Su protección la envolvió mientras la impactante frialdad del agua salada impregnaba su cuerpo.

"Vanessa, ¿estás bien?" gritó Trisha mientras se desabrochaba el cinturón de seguridad en el momento en que el agua le bañaba la cara y le llegaba a la boca. Al escupirla, subió al asiento trasero y vio la cabeza sangrante de Vanessa mientras el agua con olor a pescado las rodeaba. Su amiga estaba evidentemente herida y un poco confusa mientras pulsaba el botón del cinturón de seguridad. Ayudó a su aturdida amiga a subir al techo mientras escupía el agua salada entre los labios, colocó las manos de Vanessa en el portaesquís y chilló: "¡Intenta agarrarte fuerte!".

"Salva a mi bebé", susurró Vanessa entre dientes apretados.

CAPÍTULO VEINTIUNO

Rápidamente, Trisha bajó por el techo solar y se sentó en el asiento trasero. Cuando soltó el cinturón de seguridad y tiró de él por encima de la cabeza de Brett, el agua helada se elevó con fuerza en el interior del asiento. Tiró del niño aturdido por el techo solar apoyando los pies en los dos asientos delanteros. Agarrándolo con fuerza, lo subió a la parte superior del coche. Cuando escaló el techo, Trisha vio un acantilado lejano. Respirando hondo, saltó desde el techo del coche al oscuro y turbio remolino de agua. Una rompiente se precipitó sobre ella justo cuando salía a la superficie y tragaba el desagradable agua salada. Mientras boqueaba en busca de aire, utilizó la brazada lateral y mantuvo la cabeza del pequeño en un candado bajo su brazo izquierdo. Trisha nadó tan rápido como pudo contra la corriente helada. La marea estaba floja. Sin embargo, las olas agitadas trabajaban en su contra mientras corría hacia la orilla.

El agua imbebible se metió en su boca en lugar de aire, y la tragó. Se acercó para respirar hondo justo cuando las gélidas olas blancas se abalanzaban sobre su cabeza. Al saborear el agua salada y asquerosa en la boca, levantó la cabeza para absorber la brisa fresca. Un frío glacial impregnaba su cuerpo, pero siguió pateando tan fuerte como podía mientras sujetaba con fuerza la cabeza de Brett con su mano helada. Su cuerpo chocó contra una roca sumergida en el océano y la hizo retroceder. Al chocar de nuevo contra la roca, el torrente de agua la obligó a caer sobre las piedras rotas de abajo. Al intentar levantarse, sus rodillas chocaron contra la grava. El oleaje la lanzó hacia aguas poco profundas y se estrelló contra las rocas. Le escocían tanto los ojos que apenas podía ver la playa rocosa en la que había aterrizado. Mientras se arrastraba por las resbaladizas rocas con el niño asfixiado en brazos, vomitó sobre ella. Con cuidado, lo depositó sobre un trozo de arena y le besó la mejilla. "Quédate aquí, cariño". Buscó en la oscuridad la parte superior del Range Rover.

Volvió a sumergirse y nadó más allá de la gran roca contra la que se había golpeado. Nadó a braza mientras la fuerza de las olas la empujaba mar adentro. El revestimiento cromado del techo del coche se balanceaba en el agua con la parte superior del cuerpo de Vanessa bloqueada alrededor del portaesquís.

Con los pies parcialmente debajo de él, sus manos se apretaron hacia delante en un cierre seguro cuando Trisha la vio. Gritó justo cuando el agua salada se le metió en la boca y se agarró por la abertura del techo. Las fuertes olas chocaron contra el coche sumergido mientras Vanessa se balanceaba hacia arriba. El coche la arrastró hacia abajo. Mientras el agua invernal abofeteaba a Trisha contra el vehículo, y con las últimas fuerzas que pudo reunir, se agarró a la cintura de Vanessa. "Aguanta la respiración, y respira cuando puedas". El agua fría se arremolinó a su alrededor mientras Trisha tumbaba a su amiga y la sujetaba en la posición de "llevar el pelo" que había aprendido en el instituto. Mientras Vanessa luchaba por liberarse, tiró con fuerza de su pelo y siguió nadando. Sus brazos se agitaron y atacaron a Trisha mientras tiraba de los cuerpos de ambas a través del agua helada. Sin dejar de agarrar el pelo de su amiga, sólo avanzaba un poco mientras las grandes olas las golpeaban.

Presa del pánico, Vanessa la golpeó, pero Trisha mantuvo la concentración y siguió nadando hasta que chocaron contra una enorme roca, que las lanzó a ambas completamente bajo el agua. Al soltar a su amiga por primera vez, sintió la grava afilada bajo sus pies. Cuando volvieron a chocar contra la roca, una ola se abalanzó sobre ellas y sus cuerpos chocaron contra la roca. Levantándose, arrastró a Vanessa hasta la playa rocosa. Cuando se alejaron lo suficiente de las olas, fue a buscar a Brett, que estaba exactamente donde lo había dejado.

Tras recoger al aturdido niño, volvió a buscar a su madre. Vanessa tosió violentamente cuando Trisha le dio una palmada en la espalda, y un vómito oscuro brotó de sus labios mientras seguía vomitando hasta que tuvo arcadas secas. Trisha la ayudó a levantarse mientras sujetaba a la niña temblorosa. Cuando se acercaron al acantilado, se desplomó sobre las rocas para recuperar el aliento mientras Vanessa se acurrucaba con su hijo, que berreaba. Mirando a su alrededor, se preguntaba cómo salir de la playa mientras observaba el acantilado que subía en línea recta para ver si había alguna forma de escalarlo. La única salida era escalar la empinada orilla vertical. Voy a buscar ayuda. No te muevas y trata de mantener caliente a Brett. Usa estas algas secas para acurrucarte debajo y mantener el viento alejado de él".

CAPÍTULO VEINTIUNO

Después de ponerse en pie con dificultad, deambuló hasta que vio una hendidura en el acantilado. "Ven aquí para que esta pequeña cueva en la ladera te proteja del viento frío". Asintió mientras Trisha levantaba al pequeño Brett para llevarlo a la pequeña alcoba. Luego, volvió a por Vanessa, que se aferró a su cuerpo mientras tiraba de ella hacia arriba. Avanzó lentamente hacia el primitivo refugio, la ayudó a subir a la roca y cogió algas secas para colocarlas encima. "Sujeta fuerte a Brett. Tu calor corporal lo mantendrá caliente y cómodo. Volveré tan pronto como pueda. ¡Aguanta!"

"Recuerda, un grupo de árboles", susurró Vanessa débilmente.

* * *

Trisha desapareció en la oscuridad y trepó por las rocas que se interponían en su camino hasta que vio una luz en lo alto del acantilado y decidió ascender por la empinada ladera hasta allí. La sangre rezumaba de sus pies destrozados mientras se agarraba a la siguiente roca para subir.

Subió lentamente la pendiente con las manos cortadas y las rodillas raspadas. Demasiado asustada para mirar hacia abajo, escaló el acantilado, un pie cada vez. Magullada y maltrecha, su cuerpo se golpeaba continuamente contra la superficie rocosa mientras sus brazos y piernas sangraban sin piedad al chocar contra el acantilado de piedra maciza. Sabía que el accidente había sido culpa suya mientras subía a duras penas la montaña. Tras una subida excepcionalmente larga y dolorosa, vio la cima de la ladera a su alcance. Consiguió levantar el cuerpo una vez más y lo golpeó contra el pico mientras se arrastraba sobre sus rodillas ensangrentadas hasta la cima. Mirando hacia arriba, vio un destello en la distancia mientras luchaba por mantenerse en pie. Se tambaleó hacia la débil luz a través de un grupo de árboles mientras el océano golpeaba las rocas bajo ella. Arrastrándose a través de la zona boscosa y hacia la iluminación, sintió que recuperaba la energía que le quedaba al ver una enorme puerta de entrada.

Era demasiado alta para trepar por ella, así que cojeó junto a la valla de hierro y tropezó cuando las agujas de pino y las piedras le pincharon los pies descalzos. Al oír voces cerca, Trisha empezó a trotar y, a cada paso que daba, se hacían más fuertes. Tras acercarse, pudo distinguir que eran voces masculinas, pero no estaba segura de dónde procedían. Al detenerse para orientarse, se dio cuenta de que las voces procedían de personas que estaban en un jacuzzi al aire libre, a menos de seis metros de distancia. Cuando empezó a gritar, oyó claramente sus voces masculinas.

"Hijo, no tendrás que preocuparte por esa zorra negra de tu mujer. En este momento, ella debe estar en el fondo del mar azul profundo con ese hijo bastardo negro de ella ".

"Espero que tengas razón, padre. Ese Range Rover tenía airbag, ¿sabes?".
"Ella no conducía, hijo", replicó su padre. "Mi hombre informó de que desconectó el racor de los frenos, y su amiga fue la que se marchó conduciendo. Además, si no se ahogan, el agua fría y los tiburones deberían acabar con ellos. Eso sí, sé convincente como el viudo afligido".

"¡Yo marcaré la pauta del luto!". Tod estalló en carcajadas mientras alzaba su copa para chocar con la de su padre y luego bebía un sorbo. "¡Un papel para el que nací!"

"Hijo, primero fue esa chica polinesia, y ahora esto. Eres un imán para la piel negra".

Trisha se hundió lentamente en el suelo polvoriento junto a la verja de hierro y siguió escuchando su conversación hasta que salieron del jacuzzi y entraron en su señorial casa de la playa. Aturdida, imaginó que podría estar muerta, ¡porque aquello tenía que ser un infierno! Vacilante mientras se ponía en pie, siguió la valla hasta llegar a la carretera principal. Con la cabeza palpitante, se sintió mareada mientras caminaba lentamente por la carretera asfaltada hasta que pasó un viejo camión. El estado ruinoso de la cabina hizo que casi temiera pararlo. Agitando frenéticamente los brazos y las manos, puso el cuerpo delante del destartalado vehículo justo cuando éste se detuvo lentamente. Dentro, un jardinero hispano de aspecto curtido hablaba animadamente. Trisha apenas podía entender el acelerado español que salía de sus labios agrietados, parcialmente ocultos bajo su amplio sombrero de paja.

CAPÍTULO VEINTIUNO

Con su oxidado español de bachillerato, consiguió preguntarle si podía subir a su camión. Él movió la cabeza negativamente, pero ella le ignoró y abrió la puerta para subir al interior. Le explicó que un coche que había conducido se había despeñado y que su amiga y su bebé seguían abajo. Cuando mencionó la posibilidad de llamar a la policía para pedir ayuda, el hombre se puso nervioso y le hizo señas para que saliera. Por su violenta reacción, ella supo que tenía que ser un extranjero ilegal. Desesperada, accedió a no avisar a las autoridades si él le ayudaba a sacar a sus amigos. Condujeron hasta encontrar la curva exacta en la que el coche cayó por el acantilado. Luego miraron por encima de la ladera, donde el Range Rover había desaparecido bajo las olas. Le dijo a Trisha que realizaba trabajos esporádicos a lo largo de este tramo del Big Sur y que conocía una forma mejor de llegar a esa parte de la playa. Después de conducir hasta un mirador, subieron a la playa desde allí. Con algunas bolsas de arpillera y cuerda que utilizaba para la jardinería, fue mucho más fácil bajar después de lo que ella acababa de experimentar. Esta entrada tenía una progresión de rocas que actuaban como una escalera natural.

* * *

Cuando llegaron a la costa rocosa, él los guió, mientras ella intentaba desesperadamente recordar cómo era la playa donde los había dejado. Gritó sus nombres mientras escalaban las rocas circundantes. Él gritaba en español y ella en inglés.

"Por aquí", respondió la débil voz de Vanessa desde el interior de la pequeña cueva natural.

"¡Gracias, Señor!" gritó Trisha al ver a su temblorosa amiga. Vanessa y Brett temblaban de frío cuando el hombre hispano corrió hacia ellos y cubrió sus temblorosos cuerpos con sus bolsas de arpillera seca. Levantó al niño y ayudó a Vanessa a ponerse en pie. Caminando junto a la marea baja, se mantuvieron cerca del agua hasta que llegaron al lugar donde comenzarían la escalada. El anciano arrugado subió a Brett por la ladera de la montaña sin vacilar mientras ella luchaba por aferrarse a su amiga mientras seguía subiendo. Tiró de Vanessa hacia arriba después de que ella se subiera a la siguiente roca. Tenía razón. Esta era una forma mucho más fácil de subir al acantilado, ya que una serie de enormes rocas creaban una forma más segura de escalar la empinada ladera. Trisha le suplicó que los pusiera a salvo cuando llegaran a su camioneta, pero él dijo que tenía que trabajar y les dio la bienvenida para que se quedaran dentro de la cabina de su camioneta. Sin otra alternativa, los tres se acurrucaron bajo las bolsas de arpillera para entrar en calor y pronto se quedaron dormidos.

* * *

Cuando regresó, les dijo que no podía llevarlos a la policía, pero que los llevaría a un lugar seguro. Demasiado agotada para discutir con él, miró a Vanessa mientras se aferraba a su hijo en un leve estado de shock.

El jardinero les condujo al distrito de la Misión de San Francisco. Se trata de una gran zona hispana de la ciudad que alberga grandes poblaciones ilegales de mexicanos, centroamericanos y sudamericanos. Pobre y plagado de delincuencia, el barrio albergaba algunos de los peores proyectos de viviendas de la ciudad. Muchos sanfranciscanos blancos, por miedo, nunca se aventuraron en la Misión.

La familia del jardinero vivía encima de una taquería de la calle Valencia, en un piso de una habitación en el que vivían varias familias. Los llevó dentro y habló brevemente con su tía en español. Luego, se marchó para volver al trabajo que había podido encontrar para ese día. Amablemente, la anciana y arrugada señora les ofreció ropa seca. El piso estaba lleno de niños de todas las edades, que los miraban asombrados con sus grandes ojos marrones. La anciana les explicó que su familia se apellidaba Sánchez y que eran originarios de México, pero que no tenían papeles para estar en este país y no podían llamar a la policía por ellos. La señora Sánchez preparó tortillas de maíz y les ofreció la única cama que tenían. Después de comer y beber un poco de agua, los tres se fueron a dormir a la habitación contigua. Trisha cerró los ojos y supo que, cuando despertara, tenía que contarle la verdad a Vanessa.

CAPÍTULO VEINTIDÓS

Se hizo una llamada frenética al departamento del sheriff del condado de Monterey sobre la llegada desde hacía tiempo de Vanessa y Brett Von Westerkamp. Poco después, dos agentes se reunieron con Alexander y Tod en su opulenta finca de la playa. Alexander exigió inmediatamente que se iniciara una búsqueda del Range Rover desaparecido y de sus ocupantes. Rápidamente, iniciaron un sondeo de las peligrosas curvas de la autopista de la costa del Pacífico. Se ordenó a las patrullas que buscaran huellas de neumáticos en el extenso tramo de acantilados de la carretera, donde los coches eran difíciles de maniobrar, incluso en las mejores condiciones. Días después, se encontraron marcas de derrape que conducían fuera de la cresta de la montaña.

Los buzos de Búsqueda y Rescate del Condado de Monterey se sumergieron en la costa para localizar el vehículo. Tras una búsqueda exhaustiva, se encontró el coche y buceadores bien entrenados realizaron una investigación en su interior. Se recuperaron dos bolsos de mujer, pertenecientes a Trisha Bibbs y Vanessa Von Westerkamp, de un Range Rover registrado a nombre de Tod Von Westerkamp. Dado que los buzos no encontraron ningún cadáver en el coche sumergido, los guardacostas continuaron la búsqueda de los restos de las tres personas que se creía que estaban dentro del vehículo. Al cabo de ocho días, los guardacostas suspendieron la búsqueda y la oficina del forense se pronunció sobre el caso. Los tres fueron dados por muertos. Todos los periódicos del estado de California publicaron la noticia en portada. Los Von Westerkamp mostraron un enorme dolor a los medios electrónicos que se agolparon en el funeral celebrado en la iglesia luterana de San Marcos.

El ataúd del pequeño Brett fue ampliamente fotografiado con un enorme ramo de flores cubierto sobre él. La muerte de uno de los herederos más jóvenes y ricos de Estados Unidos fascinó al público, y la imagen del niño se mostró continuamente en televisión.

La hermana de Trisha, Barb, voló desde Texas para hacerse cargo de sus efectos personales, así que condujo hasta Monterey para hablar con los agentes que se encontraban en el lugar del accidente. Insatisfecha con sus respuestas, Barb decidió ponerse en contacto con el teniente de la División de Homicidios. Después de esperar durante horas, éste le dijo a su secretaria que la reuniera con uno de sus detectives. Una enfadada Barb Bibbs fue escoltada hasta el despacho del detective Blair Radcliff. Cuando entró en su pequeño cubículo, la tabla de surf apoyada en la pared la enfureció por completo.

"Ya veo por qué se tarda tanto en entrar a ver oficiales por aquí. Debe de ser por el oleaje". Enfadada, fulminó con la mirada al detective de pelo rubio y señaló la tabla de surf. "¿Ese es tu compañero?" A su lado había un apuesto hombre negro que sobresalía por encima de ella. "No puedo entender por qué el caso de mi hermana se cerró sin una investigación. Trisha era una nadadora experta y el Range Rover tenía airbag", dijo Barb sin aliento.

"Espera. Cálmese. ¿De quién estás hablando?", preguntó el detective negro.

"¡El caso Von Westerkamp! ¿No le dijo su teniente por qué estoy aquí?"

"Empieza por el principio", pidió el detective rubio, apoyándose en su tabla de surf.

"Estás familiarizado con el caso Von Westerkamp, ¿verdad? Está en su jurisdicción, y por qué este departamento piensa que es un caso abierto y cerrado está más allá de mí. Mi hermana creció nadando en las traicioneras islas de la costa este. No hay duda de que podría haber llegado fácilmente a la orilla. Es un paseo por el parque para ella".

El rubio sonrió satisfecho. "Señora, el agua ahí fuera está a cincuenta grados, así que nadie puede durar mucho en esa agua helada. Créame. Hago surf

CAPÍTULO VEINTIDÓS

todos los días con un traje de neopreno de cuerpo entero. El océano aquí es amargamente frío, y la hipotermia puede ocurrir rápidamente".

"¿Por qué se cerró este caso cuando no se encontraron cuerpos? Tienes un coche vacío, ¿qué clase de trabajo policial es este? Mi hermana podría haberlos sacado a todos del coche y llevarlos a la playa. ¡Lo sé! ¡Tienes que creerme! Ella no está muerta a menos que ustedes dos presenten su cuerpo".

"Señora, en primer lugar, nunca se llamó a homicidios para este caso. Y, por una sencilla razón, no hay caso", dijo el rubio con sarcasmo. "Además, supongamos que salieron del coche y llegaron a la playa. ¿Por qué no iban a ir a la cabina telefónica más cercana y llamar a casa?".

"¡No sé por qué! Creía que para eso pagábamos impuestos por la policía". Argumentó Barb. "Exijo que inicien una investigación inmediatamente".

"¡No se puede, señora! Eso depende del teniente, no de nosotros". El rubio se levantó para acompañarla a la salida.

"Me envió a ustedes. He leído el informe del equipo de recuperación submarina. Todos los cinturones de seguridad, incluido el del asiento del coche, estaban desabrochados. ¿No te dice eso algo? Es imposible que un bebé de dieciocho meses se desabrochara el cinturón de seguridad y saliera por su cuenta".

"El teniente quiere veros a los dos ahora mismo", les interrumpió un agente uniformado.

"Lo siento, Srta. Bibbs, el jefe llama." El detective rubio le hizo un gesto para que saliera.

"Esperaré". Barb se negó a ceder.

"Como quieras". Siguió a su compañero escaleras arriba hasta el despacho de su superior.

"Cierra la puerta", ordenó su teniente. "Esa mujer ha estado haciendo un montón de olas para usted, Radcliff. Ha llamado a todo el estado. Los dos senadores de Texas llamaron a la oficina del gobernador. Resulta que el jefe fue a la escuela con un amigo íntimo de su marido. Para satisfacerla, prometió que investigaríamos este asunto más a fondo. Ahora, revisa el informe y asegúrate de que no se te haya pasado nada. Y por el amor de Dios, no cabrees a los Von Westerkamps en el proceso. Eso es todo lo que este departamento necesita: ellos respirando en nuestras gargantas. ¿Entendido, señoritas?"

"A mí me parece una gran pérdida de tiempo".

"Bueno, chicas, para eso os pagamos, para poder haceros perder el tiempo", ladró el teniente. "Fuera de mi vista e intentad trabajar para variar. ¡Aléjate de esa maldita tabla de surf!"

* * *

Los dos detectives regresaron a sus cubículos, donde Barb Bibbs seguía esperando. El detective negro se presentó: "Me llamo Cliff Sillman, y ella es la detective Blair Radcliff. Somos todos suyos. Empecemos por el principio". Sentado tras el escritorio, tomaba notas mientras su compañera se apoyaba junto a su tabla de surf. Al exponer sus argumentos sobre la desaparición de su hermana, explicó que Trisha competía en los campeonatos estatales de natación desde la escuela primaria y que aún ostentaba muchos récords imbatibles. Los detectives prometieron revisar el expediente y ver qué podía aparecer. Cuando se marchó, comprobaron que todos los cinturones de seguridad del vehículo estaban desabrochados.

* * *

En el lugar, recorrieron la playa con la marea baja. En una hendidura del acantilado, Cliff encontró una bolsa de arpillera utilizada en jardinería. Estaba doblada, lo que parecía inusual. Tras hablar con la gente que vivía cerca del lugar, todos mencionaron a un jardinero que realizaba trabajos ocasionales en ese tramo de la autopista de la costa del Pacífico. Después de comer, vieron un camión viejo y destartalado que encajaba con la descripción del vehículo del jardinero y lo pararon.

Cliff hablaba un español fluido y le hizo preguntas mientras Blair husmeaba en la parte trasera de su camión. El hispano estaba muy nervioso, pero

CAPÍTULO VEINTIDÓS

Cliff supuso que se debía a que el trabajador era ilegal. Blair se acercó a la parte delantera del camión con una bolsa de arpillera exactamente igual a la que había dejado en la playa. El jardinero se puso inquieto y asustado cuando el detective sostuvo la bolsa de arpillera en sus manos. Ansioso, les dijo que tenía que volver al trabajo y juró que no había visto nada.

Tras veinte minutos, decidieron dejarle marchar, pero Cliff decidió conducir hasta San Francisco para hablar con Tod Von Westerkamp.

* * *

Al día siguiente, Cliff llegó a la mansión Seacliff de Tod Von Westerkamp para su cita programada. El mayordomo acompañó al detective al interior para que esperara hasta que Tod llegara a casa después de su partido de golf. Mientras una joven criada sacaba brillo a la escalera, Cliff aprovechó su fluido dominio del español para flirtear con ella. La madre de Cliff era puertorriqueña y él se había criado en un hogar bilingüe. La sirvienta, halagada, sonrió mientras le proporcionaba información sobre qué habitaciones eran las de la señora Von Westerkamp. Cliff se excusó para ir al baño y desapareció por el pasillo hacia el estudio de Vanessa. En silencio, entró en la habitación exquisitamente decorada, que estaba amueblada con antigüedades del siglo XVIII. Rápidamente, Cliff rebuscó en los cajones de su escritorio y dio con un cuaderno de tamaño legal grabado con un broche. Curioso, abrió el cuaderno, pero sólo contenía un bloc de notas vacío.

Sintió algo bajo la funda de terciopelo cuando empezó a cerrarla. Descubrió un objeto duro debajo al pasar los dedos por esa sección. Cliff buscó la forma de llegar al artículo firme y se fijó en una pequeña cremallera oculta bajo una solapa. Al abrir el compartimento secreto, utilizó el dedo índice para explorar el interior, y una pequeña roca cayó y golpeó el escritorio. Recogiéndola, pasó la piedra lisa por sus dedos. Al colocarla dentro, chocó con algo que le impidió volver a deslizarla. Metió la mano en el interior, sacó una vieja fotografía en blanco y negro y miró a una increíblemente joven Vanessa Von Westerkamp. Vestida con un traje de graduación, estaba junto a un adolescente negro con esmoquin y una monja negra vestida con un hábito blanco. La monja estaba de pie en el centro, con el brazo del hombre alrededor de su hombro y el brazo de Vanessa alrededor de su cintura. Cliff guardó rápidamente la foto en el bolsillo interior de su abrigo. Con cuidado, volvió a colocar el cuaderno en su sitio y cerró el cajón. Un frasco de pastillas en la esquina del escritorio llamó su atención. Cuando cogió el medicamento, Tod Von Westerkamp entró furioso justo en el momento en que Cliff se metía el frasco en el bolsillo.

"¿Qué significa esto? ¿Quiénes sois?" preguntó Tod con impaciencia. "El detective Cliff Sillman, del MCSD. Teníamos una cita".

"¿Es éste el último procedimiento policial, entrometerse sin orden de registro? ¿Registrar posesiones privadas sin permiso? Fuera de aquí. Benjamin, escóltalo fuera."

"Le pido disculpas profusamente, pero me aburrí de esperarle todo el día. ¿Puedo hacerle unas preguntas?"

"Muy pocos, ahora ponte a ello", espetó Tod. "¿Su mujer sabe nadar?"

"No condujiste hasta aquí para hacer una pregunta tonta como esa. Ahora, ¡ve al grano!"

"¿Podría?"

"Nunca la vi entrar en la piscina durante todo nuestro matrimonio." "¿Por qué su hijo fue hospitalizado?" Cliff preguntó.

"Neumonía". Benjamin, acompaña al Sr. Sillman a la salida. Esto es una completa pérdida de mi tiempo."

* * *

Cliff subió a su coche e inmediatamente se dirigió al distrito de Marina. Barb Bibbs estaba en casa de su hermana, guardando sus efectos personales en cajas. Después de que ella le abriera la puerta, Cliff subió las escaleras de tres en tres y cruzó la puerta abierta.

"Detective Sillman, ¿a qué debo este honor?" Barb levantó la vista del suelo. "Tengo una hora hasta que salga para el aeropuerto. Puedo cancelar mi vuelo si me necesita".

CAPÍTULO VEINTIDÓS

"No, no es necesario". Cliff dejó caer su corpulento cuerpo junto a ella en la alfombra y sacó la fotografía del bolsillo. "¿Conoces a esta gente?"

Barb tomó en sus manos la vieja fotografía en blanco y negro y la estudió. "No, pero yo tenía un vestido exactamente igual en el instituto. Qué raro. Soy siete años mayor que ella, así que nunca he conocido a ninguna de sus compañeras de instituto. Detective, le juro que si mi hermana sobrevivió al accidente, llegaría a la orilla. Nadaba todas las noches de la semana en las piscinas de la ciudad".

"Las piscinas de la ciudad son un poco diferentes del agua helada y el peligroso oleaje de la zona de Big Sur. Por no hablar de los tiburones que atacan constantemente a los surfistas".

"Crecimos nadando en el océano Atlántico en una isla barrera y estábamos acostumbrados a la resaca. Sabíamos cómo lidiar con ella. Sé que pensáis que soy un chiflado, pero hasta que no vea un cadáver, sé que Trisha llegó a la playa. Incluso de pequeña, era un fenómeno nadando".

"¿En qué piscinas nadaba?"

"Sus compañeros de trabajo decían que iba a la piscina de Visitation Valley todos los días después del trabajo". Compruébelo usted mismo. Los socorristas te dirán qué clase de nadadora era".

Cliff se levantó. "Por cierto, ¿a qué instituto fuiste?".

"Mi padre era marine de carrera, así que fui al instituto en tres pantanos distintos. Ya sabes que los marines, si encuentran un pantano, construyen una base allí", respondió Barb. "Llámame si puedo ayudar. Mi padre se retiró en Parris Island, y así llegamos a Charleston".

Cliff desapareció por las escaleras y se dirigió a la piscina municipal.

* * *

Al llegar, la piscina estaba rodeada de los proyectos de viviendas más notoriamente peligrosos de toda la ciudad. Era un lugar extraño para que nadara una mujer blanca. Una mujer negra y corpulenta estaba sentada detrás de un cristal blindado. Cuando presentó su tarjeta de identificación, la cajera de la piscina le indicó que entrara. Deambuló por las malolientes duchas para hombres, que tenían un fuerte desinfectante salpicado en el suelo de cemento. Cuando entró en la zona de la piscina, dos socorristas negros estaban sentados encima de una plataforma diseñada para ver a los nadadores. Sacó su placa. El socorrista jefe bajó la mirada y le preguntó si había venido por lo de las bandas que disparaban por las ventanas. Cliff negó con la cabeza y presentó una foto de Trisha Bibbs. "¿La conoce?"

El socorrista jefe asintió. "Sí, ¿por qué?"

"¿Qué puedes decirme de ella?"

Miró hacia los nadadores de la piscina. "Nada, excepto que nadaba todas las noches".

"¿Qué clase de nadadora era?" "Experta".

"¿Qué significa eso?"

"Llegó cuando abrimos y se quedó hasta que cerramos. Nadaba unos quince kilómetros a la semana y mantenía un buen ritmo", contestó el socorrista, pero centró sus ojos en los nadadores.

"¿Es usted consciente de que ella se presume muerta por ahogamiento?" "Dudoso."

"¿Qué quieres decir?" preguntó Cliff con curiosidad. "¡Dudas! Eso es todo".

"¿Podría explicarse mejor, señor?"

"Mira, tío, no me lo creo", intervino el socorrista negro. "Es imposible que esa mujer se ahogara. Es imposible. Los nadadores de su calibre no se ahogan. El periódico dice que el airbag se abrió".

"Realmente no tenemos ninguna prueba de que fuera ella la que conducía".

"Es imposible que muriera ahogada". Apartó la vista de la piscina por primera vez y centró sus ojos en Cliff. "Escucha, tío, ella nadaba hasta Alcatraz con los Delfines, el club de natación fundado en 1877 para nadar en la bahía. Nadaba por la mañana en la bahía y por la tarde con nosotros. Ese es el tipo de nadadora que era. Eso es todo lo que sé". Su mirada volvió a la piscina.

CAPÍTULO VEINTIDÓS

Cliff entró en su coche patrulla justo cuando el operador de radio de la policía le indicó que regresara a la central. Conduciendo por la autopista, lo meditó todo en su mente. Sin duda, la actitud de Tod le molestó mientras colocaba la fotografía sobre el salpicadero para estudiarla. Cliff era negro. ¿Podría ser Vanessa negra? Nada en ella parecía ni remotamente afroamericano; razonó mientras escudriñaba su rostro impecable en la vieja fotografía.

* * *

Cuando Cliff llegó a la comisaría del condado de Monterey, fue directamente al despacho de su jefe. "Cierra la puerta, Sillman. La has cagado a lo grande. Todo lo que quería que hicieras era seguirle la corriente a esa tía, pero vas y cabreas a los Von Westerkamps. El alcalde estuvo encima de mí toda la mañana, y el jefe me acaba de dar por el culo. ¿Qué carajo? ¿Por qué rebuscaste en su casa? ¡No tenías una orden porque no hay delito!"

"Tengo información", interrumpió Cliff.

"Me importa un carajo si destapaste a Jimmy Hoffa. Está sobre mi cabeza ahora, y viene directamente de arriba. Tienes tres semanas de vacaciones. Tómatelas y desaparece de mi vista".

"Tengo algo", argumentó Cliff.

"Fuera de mi vista, y vete a la mierda. El jefe ha ordenado que se cierre el expediente de este caso. Más te vale que me calme antes de que vuelvas, o estarás dirigiendo el tráfico de Cannery".

"Por favor, deberías ver esto", suplicó Cliff.

"Fuera. Fuera de mi despacho, ¡ahora!" Todos se quedaron mirando mientras Cliff salía.

Se dirigió a su antiguo escritorio y se sentó a ordenar sus pensamientos. Entró la secretaria del teniente. "Cliff, el jefe está furioso contigo. Por favor, vete antes de que explote".

* * *

Cliff condujo hasta la casa de su compañero, un pequeño bungalow cerca de la costa. Como siempre, entró sin llamar. Recién llegado de surfear, su pelo rubio aún estaba mojado.

"Oye, amigo, dime que esto no está pasando. ¿Qué demonios has hecho? El jefe está lívido".

"Mira esto". Se sentó en el desgastado sofá del pequeño salón y sacó la vieja fotografía del bolsillo. Blair se dejó caer mientras su mujer, Gabrielle, bajaba lentamente su cuerpo embarazado a su lado. Su larga coleta rubia se deshizo mientras se inclinaba para examinar la raída fotografía en blanco y negro.

Gabrielle habló primero. "Esta foto es de los años 60: el vestido, el esmoquin... ¿Ves el musgo español que cuelga de ese roble? Tiene que ser el Sur Profundo. Entonces nadie salía con un negro. Mira, su anillo de clase está en el hombro de la monja".

"¿Le mostraste esto al teniente?" Blair preguntó.

"No me dejó. Me echó de su despacho".

"Esto seguro que hace este caso mucho más interesante". Blair levantó la vista mientras se revolvía el pelo mojado con una toalla. "Los medios de comunicación tendrían un día de campo con esta foto".

"No hay caso. El teniente está cerrando el expediente -intervino Cliff-.

"Buen momento para que te echen de un caso, Cliff. ¿Quién me llevará al hospital mientras Blair está surfeando?" Besó a Cliff en la mejilla. Los tres estudiaron la foto en silencio.

Cliff levantó la vista. "Blair, ve al laboratorio y haz volar esa porción de anillo".

"¿No crees que ya tenemos bastantes problemas? Tengo un hijo en camino. Si consigues que nos echen del cuerpo, vas a mantener a mi familia. Me voy". Blair se subió a su viejo y destartalado Volkswagen y entró en el laboratorio criminalístico por la puerta trasera.

El técnico le informó de que la ampliación estaría lista en una hora si esperaba.

Blair fue directamente a casa y enseñó "Bishop England High School, Class of 1968" a su mujer y a su compañera. Gabrielle dijo primero lo obvio. "Con la monja, al menos sabes que es un colegio católico. Ve a preguntar a los jesuitas, que lo saben todo. Si no, se lo inventarán".

CAPÍTULO VEINTIDÓS

"Buena idea, cariño. Los jesuitas serán más útiles para una mujer que está a punto de dar a luz".

* * *

Los tres se subieron a su Volkswagen con la tabla de surf encima y condujeron hasta el monasterio jesuita de Monterey. Gabrielle llamó al timbre y apareció un jesuita calvo. Inocentemente, le enseñó la vieja foto.

Después de estudiarlo, el sacerdote disertó: "Jovencita, John England se graduó en el St. Patrick's College de Carlow, Irlanda, y se convirtió en obispo en 1820. Se negó a jurar lealtad al trono británico, por lo que el Papa Pío XII pensó que corría un gran peligro. El Papa Pío lo envió al puerto de Charleston, donde se convirtió en el primer obispo de las Carolinas y Georgia, pero no tenía iglesia. Encontró una casa vacía en las calles Broad y Legare, que hoy es la catedral de Charleston. Horrorizado por la esclavitud, se opuso abiertamente a ella. Murió en 1842 y está enterrado en una bóveda bajo la catedral. Ese instituto debe de estar en Charleston". Gabrielle le dio las gracias y él cerró rápidamente la puerta.

Al llegar a la Biblioteca Pública de Monterey minutos antes de que cerrara a las nueve, encontraron el instituto Bishop England en las Páginas Amarillas de Charleston. El trío celebró su hallazgo yendo a su hamburguesería favorita de Monterey.

* * *

A la mañana siguiente, Cliff llamó al instituto, pero no había ninguna Vanessa Vaughn en sus expedientes académicos. Totalmente intrigado por las personas de la foto, decidió seguir el caso contra las órdenes. Utilizando sus millas de viajero frecuente, voló al Sur por primera vez en su vida. Estaba operando por puro instinto cuando se aventuró en la parte de su país que siempre había temido como hombre negro.

CAPÍTULO
VEINTITRÉS

Cliff llegó al aeropuerto de Charleston (Carolina del Sur) y, al abrirse las puertas eléctricas, sintió por primera vez la humedad de Carolina en la piel. Sorprendido de que a principios de marzo hiciera tanto calor, salió a la calle y se sintió incómodo al oír los acentos sureños. Nacido y criado en la montañosa California, el terreno no se parecía a nada que hubiera visto antes en su vida. Dentro del coche de alquiler, encendió la radio y sonrió mientras conducía hacia el centro de la ciudad, donde el coche de alquiler rebotaba en las calles adoquinadas. Las magníficas casas de antebellum conservaban su grandeza y se asomaban a una extensión panorámica de aguas del Atlántico Sur. Pero la ciudad era totalmente llana, sin una colina a la vista. Los cañones antiguos evocaban imágenes de guerra y los majestuosos robles sobresalían por encima de los tejados cobrizos. La arquitectura era fascinante, y le pareció que había entrado en otro siglo.

Localizó el instituto Bishop England en la calle Calhoun mientras unos adolescentes uniformados cambiaban de clase. Un estudiante le dirigió a la oficina principal cuando Cliff entró en los pasillos. Presentó su placa a la monja anciana que estaba detrás de la recepción. Ella pensó que venía del Departamento de Policía de Charleston por lo del pescado podrido puesto en las manos de la estatua de Santa María, una impresión que a Cliff le resultó imposible corregir. Aunque pasó media hora buscando un registro de Vanessa Vaughn, la monja senil no pudo encontrar nada. Lo dirigió a la biblioteca, donde otra monja anciana le mostró la sección del anuario escolar. Sacando la fotografía, preguntó si la frágil monja conocía a alguna de esas personas. Ella le explicó que el hombre de la foto era un joven doctor Hale, un distinguido graduado de la escuela, que ejercía la medicina en el centro de Charleston.

En el anuario de 1968 de Bishop England, encontró la foto del último año de Barry Hale. Era el mismo hombre. Buscando en todas las fotografías de la clase, localizó a una estudiante de segundo año llamada Vanessa Condon. ¡Ahí estaba! En realidad no se llamaba Vanessa Vaughn, sino Vanessa Condon. Después de agradecer a la monja, se dirigió al Registro Civil del Condado de Charleston.

* * *

Cliff entró en el majestuoso edificio y fue directamente a la sección de partidas de nacimiento. No encontró el certificado de nacimiento de Vanessa Condon, pero sí el de Vanessa Vaughn, que era blanca y había nacido el 10 de octubre de 1952. En los libros encuadernados que contenían los certificados de defunción, encontró un certificado de defunción de Vanessa Vaughn fechado el 6 de febrero de 1953. Bingo, pensó. Será mejor que vaya a visitar al doctor Hale a ver qué sabe.

* * *

En el mostrador de admisión del hospital Saint Francis pidió ver al doctor Hale. El empleado le preguntó a qué doctor Hale quería ver. Uno estaba en quirófano y el otro en su despacho. Decidió conocer al que estaba disponible y escuchó cómo el empleado le daba instrucciones verbales. Llamó al cristal del despacho de la tercera planta. Le abrió la puerta un anciano negro de pelo blanco. Su placa indicaba que era el doctor Hale, sénior.

"¿Puedo ayudarle, señor?", preguntó amablemente, con un acento sureño deliciosamente sofisticado.

"Soy el detective Cliff Sillman, del departamento del sheriff de Monterey, California, e investigo un posible homicidio", mintió.

"Hijo, no he estado en el estado de California desde que estuve en el ejército, hace muchos, muchos años, embarcando hacia Corea a través de

CAPÍTULO VEINTITRÉS

San Francisco. Dudo que pueda serte de mucha ayuda", respondió. "Por favor, siéntese".

"¿Ha conocido alguna vez a una Vanessa Vaughn?" "No, Detective. No la he conocido".

"¿Qué tal una Vanessa Condon?"

El doctor Hale parecía increíblemente sorprendido. "¿Está Vanessa en algún tipo de problema?"

Cliff sacó la fotografía del bolsillo y la colocó delante del viejo cirujano. "¿Conoce a las personas que aparecen en esta fotografía, doctor Hale?". Sacó unas gafas de lectura del bolsillo de su bata blanca y se las puso. Sujetó la foto entre las manos, la estudió y luego la dejó en el suelo. "Son mi único hijo, Barry, Vanessa Condon y la hermana Rosalie, que murió hace unos veinte años. Hacía tanto tiempo que no veía a Vanessa. ¿Tiene problemas?"

"¿Es Vanessa Black, Doctor Hale?" Cliff preguntó sin rodeos.

"Es una pregunta muy extraña, joven. ¿Crees que soy Negro?"

"Necesito hablar con su hijo."

"Le imploro que no lo involucre en su investigación, Detective. Es un capítulo de su vida que es mejor mantener cerrado. En cuanto a la raza de Vanessa, o de cualquiera, la raza es un concepto anticuado. Ha habido demasiado mestizaje como para que esa idea sobreviva en la comunidad médica actual. La mayoría de las distinciones que la gente hace entre sí y los demás tienen mucho más que ver con la cultura que con la biología".

"¿Se niega a especular sobre si era negra?"

"¿Qué tiene que ver su raza con un homicidio?" Se echó hacia atrás con aire perplejo.

"Tengo la corazonada de que su marido se enteró y no estaba muy emocionado. Es una corazonada".

"¿Pensó que era caucásica, quieres decir?"

"No estoy seguro. En este caso, nada parece ser lo que parece". Cliff miró las fotos de su escritorio. Su hijo, su mujer y su nieto creaban un lapso de veinte años entre las fotografías que Cliff había tomado. "Gracias por su tiempo, doctor Hale".

"Detective, mi mujer, que en paz descanse, también pensaba que Vanessa era caucásica".

"¡Yo también y todos los cinco millones de habitantes de la bahía de San Francisco!".

Cliff bajó al mostrador de admisión y se enteró de que Barry tenía una operación de nueve horas y no estaría libre hasta después de las siete. Pasó las dos horas siguientes paseando y explorando las fascinantes calles de la ciudad. Era como retroceder a un siglo pasado, una época que no quería vivir. Volvió al hospital sobre las siete y se sentó en la sala de espera. El técnico quirúrgico le había prometido que el doctor Hale le vería después de la operación. Eran más de las ocho cuando apareció un médico negro alto vestido de cirujano. Soy el doctor Hale. Mi personal dice que necesitaba hablar conmigo".

Cliff sacó su placa de sheriff y la enseñó. Barry levantó las manos y proclamó: "La mayoría de la gente espera a ver cómo le ha ido al paciente antes de llamar a los sheriffs".

"¿Qué puedes decirme sobre Vanessa Vaughn?" preguntó Cliff bruscamente. "Me refiero a Vanessa Condon". Sacó la fotografía del bolsillo y se la dio a Barry. El cirujano cambió de actitud y se quedó con la mirada perdida. "¿Es la misma persona?", preguntó el detective mientras sacaba una foto actual de Vanessa Von Westerkamp.

Barry tomó ambas instantáneas en sus manos. "Hacía más de veinte años que no la veía. Desapareció tras la muerte de la hermana Rosalie".

"¿Conoce a esta señora?" Cliff le entregó a Barry una fotografía de Trisha Bibbs. "Estaba con Vanessa cuando desapareció".

"¡Que me parta un rayo, esa zorra!" Le tiró la foto al detective.

"¿Algún lugar en esta ciudad donde dos hermanos puedan ir con seguridad a tomar una cerveza juntos? Yo invito".

"Esta ciudad es como cualquier otro lugar de este país. Hay gente educada y tolerante al lado de gente inculta e intolerante. El Sur no es diferente al resto de este país. ¿Entendido?"

CAPÍTULO VEINTITRÉS

"¡Entendido!", murmuró mientras seguía al cirujano, que daba los pasos de tres en tres como siempre hacía Cliff.

* * *

Un par de manzanas más allá, entraron en un pub pequeño y poco iluminado donde había un plato de gambas Charleston picantes sobre la barra. Barry pidió un par de cervezas de barril y cogió las jarras frías con una mano y un gran plato de gambas con la otra. Cliff lo siguió hasta un reservado de la esquina y se sentaron. Se quedó mirando a Barry con sus pantalones y su camiseta verde de cirujano mientras daba sorbos a su cerveza. El cirujano le explicó que Vanessa había desaparecido hacía más de veinte años sin dejar rastro, pero él sabía que habría seguido en contacto con su mejor amiga. Pero Trisha siempre negó saber lo que le había ocurrido a Vanessa. Después de devorar las gambas, pidieron otra ronda de cerveza. Barry insistió en que Cliff probara la sopa de cangrejo de Charleston, ya que nunca había estado en la región. Le encantó y se comió tres cuencos grandes mientras ponía a Barry al corriente de la vida de Vanessa durante las dos últimas décadas. "¿Por qué estás aquí? ¿Sospechas de algún crimen?"

"Su hermana, Barb, cree que es absolutamente imposible que Trisha se ahogara". "Vaya, había olvidado por completo que tenía una hermana", comentó. "Era mucho mayor que nosotros y estaba en la universidad. Nunca la conocí. Tiene razón. Trisha era un pez".

"¿Quieres decir que bebía como un pez o nadaba como un pez?", preguntó inocentemente. "¡Las dos cosas! Esas dos mujeres, ¡qué combinación mortal! Trisha nadaba en Folly Island. Tiene las corrientes submarinas más traicioneras del mundo. Todos los años, los turistas que no respetan el poderoso océano Atlántico se ahogan. Apostaría mi licencia médica a que se acerca a la orilla".

El detective sacó del bolsillo el frasco del medicamento y se lo entregó a Barry. "¿Por qué un bebé de dieciocho meses necesitaría este tipo de medicamento?".

Leyó la etiqueta. "Necesitaría ver el historial, pero obviamente tenía algún tipo de dolor. ¿Qué dijo el pediatra?"

"Neumonía".

"¿Neumonía? ¿Tienes los resultados del laboratorio?"

"No, pero mi corazonada es que todo está relacionado con el bebé y su estancia en el hospital. La familia Von Westerkamp ha dado millones de dólares a ese hospital, que construyó dos alas adicionales. Ahora que estoy aquí, no me gusta cómo huele esto".

"¿Podrías conseguirme una copia de su análisis de sangre? Eso nos diría mucho sobre el niño y lo que pasó en el hospital", intervino Barry.

"Déjame hacerte una pregunta. ¿Qué vas a hacer este fin de semana?"

"No vuelvo a estar de guardia hasta el martes por la noche, así que me voy a pescar este fin de semana".

"¿Qué tal si vamos a pescar a la bahía de San Francisco? Conozco un sitio fabuloso".

"Detective, nunca he hecho una cosa impulsiva en toda mi vida."

"Es la bahía más hermosa del mundo", dijo Cliff tentadoramente. "Si la respuesta está dentro de ese hospital, tú eres el único que puede averiguarla. Yo no sé nada de medicina". Barry se echó a reír. "No lo entiendo, doctor. ¿Qué tiene tanta gracia?".

"La idea de despegar hacia la Costa Oeste. Es salvaje, completamente absurda y totalmente fuera de mi carácter".

"Entonces, vamos. Incluso te pagaré el billete con mis millas de viajero frecuente". "¡Espera un momento! Sólo un pequeño asunto de un niño, una ex-mujer y una consulta ocupada".

"¿Eso es todo? ¡Nos vamos de aquí! Soy genial con las esposas. Pregúntale a mi pareja".

"¡Haré un trato contigo!".

"Puedes conseguirme un pase de fin de semana con la jefa; iré". Extendió la mano por encima de la mesa para estrechársela. "Llevamos cinco años divorciados pero co-padres".

"¡Trato hecho!" Cliff le estrechó la mano con firmeza.

CAPÍTULO VEINTITRÉS

Siguiendo a Barry en su coche de alquiler, se detuvo frente a una enorme casa cerca de la Ciudadela. El musgo español colgaba de los grandes robles y las enormes columnas blancas de la fachada sostenían un gran porche. Una vez dentro de las imponentes puertas dobles, Cliff echó un vistazo a la casa impecablemente amueblada, con su gran vestíbulo y su enorme escalera de caracol.

La ex mujer de Barry, Michelle, les recibió y fue una anfitriona muy amable. El detective le explicó el caso, mientras ella le hacía docenas de preguntas con su marcado acento bostoniano. Intentó aclarar en qué podía ayudar su ex marido al Departamento del Sheriff de California. Michelle era la patóloga jefe encargada del laboratorio del hospital, así que le informó de los resultados y procedimientos de los informes de laboratorio. Barry acostó a su hijo mientras lloraban para desentrañar el misterio que rodeaba este caso. Cliff le guiñó un ojo a Barry cuando se reunió con ellos, puesto que Michelle ya había accedido a que su ex marido acompañara a Cliff a la Costa Oeste. Efectivamente, el soltero había encandilado a otra esposa porque Barry tenía a su hijo este fin de semana.

Su vuelo de las cinco de la mañana aterrizó en el aeropuerto internacional de San Francisco a las diez. Condujeron directamente al Pacific Hospital y, a lo largo de la bahía, Cliff señaló Candlestick Park. "Déjame hacerte una pregunta, Barry. ¿Había que elegir entre Vanessa y Michelle?".

"Para mis padres, no había elección. Ellos dirigían el espectáculo. ¡Dios, era preciosa! La verdad es que nunca dejé de quererla. Hasta el día de hoy, nunca está lejos de mis pensamientos".

"Esperemos que siga viva", replicó Cliff mientras apagaba el contacto delante del hospital. "Tengo que decirte que me han echado de este caso. Si entro contigo, pierdo mi placa".

"Buen momento para decirme que no tengo respaldo". "¿Quieres decir que no vas a golpearme?"

"Odio tener que decírtelo, pero mi padre llamó a tu departamento justo después de que salieras de su despacho. Me envió una nota a cirugía, diciéndome específicamente que no hablara con un oficial renegado. Los sureños no sólo somos tontos, sino también muy desconfiados". A Barry le brillaron los ojos. "Además, sólo me estorbarías".

"Llévate este localizador por si te metes en algún lío. Si no sé nada de ti, sabré que algo ha ido mal. ¿Entendido?"

"¡Lo tengo!" Barry cogió su bata médica blanca del asiento trasero. Después de salir, se la puso y caminó a paso ligero hacia la entrada principal.

Cuando se abrió la puerta, se dio cuenta de que estaba en un hospital de San Francisco. Decidió ir a la sala de médicos para orientarse. Tras entrar en la sala, Barry se sentó en el sofá y trató de parecer despreocupado mientras cogía un ejemplar del New England Journal of Medicine para hojearlo. Sintió que alguien le miraba fijamente, así que levantó la vista y se encontró con los ojos de un joven, que se levantó de un salto.

"¡Barry! ¡Barry Hale! ¿Te acuerdas de mí? Estuve en la Facultad de Medicina de Harvard mientras tú hacías la residencia. Me asignaron a tu grupo en mi primer año", exclamó emocionado el pelirrojo. No se acordaba de él, pero intentó buscar en su cerebro alguna vaga pista o recuerdo. "Lance Paine. Soy Lance Paine". Le estrechó la mano. Me alegro de verte. Eras mi ídolo. ¿Qué haces aquí?"

Recuperó la compostura y decidió sincerarse con su compañero de Harvard. "Tengo una vieja amiga, Vanessa Condon. Quiero decir Vanessa Von Westerkamp. ¿La conoces?", preguntó.

"¿Quién no? El caso ha sido ampliamente cubierto por los medios de comunicación. ¿La conocías?"

"Éramos antiguos compañeros de clase", respondió con displicencia. "Personalmente estaba muy perplejo por la enfermedad de su hijo. ¿Cuál es su posición aquí, Lance?"

Soy el patólogo jefe", respondió con orgullo.

CAPÍTULO VEINTITRÉS

"Es muy inusual, pero ¿hay alguna manera de que pueda ver los resultados de laboratorio de su hijo?"

"A menos que tengas privilegios de admisión, sabes que no puedo hacer eso. Va contra las normas".

"Lo sé. Perdóname por siquiera sugerir tal impropiedad. Trato con la muerte a través de mi trabajo médico. Sólo pensé que tal vez por cortesía profesional, podría echar un vistazo".

"No lo sé; eso es muy irregular", insistió Lance.

Decidiendo cambiar de tema, Barry habló de los viejos tiempos en Harvard. Compartieron información sobre antiguos colegas y dónde ejercían la medicina. Cotillearon extensamente sobre el profesorado y quién seguía allí. Finalmente, Lance se inclinó. "Muy bien, como tú digas. Te dejaré echar un vistazo por cortesía profesional".

"Gracias, doctor Paine. Sé que es tonto e ilógico, pero sólo quiero mirar", mintió convincentemente. Se levantaron cuando se abrió la puerta. Entró el administrador jefe, el doctor North.

"Hola, Doctor North. Este es un viejo colega de Harvard, el Doctor Barry Hale."

"¿Qué le trae a San Francisco?" Los dos médicos se estrecharon la mano.

"Estoy aquí para pescar", mintió Barry. "Encantado de Asamblea. Esta es una instalación fabulosa".

"¿Siempre usa su bata de laboratorio para ir a pescar, Doctor Hale?" Preguntó el Doctor North.

"Tenía que asegurarme de que Lance se acordaba de mí". Sonrió.

Cuando se fueron, el doctor North pensó que era bastante extraño. Lance y Barry tomaron la escalera y entraron en Patología. Lance cerró la puerta de su despacho, se sentó e inició sesión en su ordenador. En unos instantes, sacó los resultados de laboratorio del paciente, Brett Von Westerkamp. Giró la pantalla para que Barry pudiera leerlos completamente en orden y con normalidad. No había nada anormal.

"Esto me dice muy poco. ¿Habrá alguna diferencia en el disquete?". Levantó la vista.

"No debería haberlo. Los registros antiguos se cargan en cintas magnéticas para su almacenamiento. Esto aún no se ha almacenado en un disquete", respondió el doctor Paine.

"¿Dónde guardas las hojas de trabajo del laboratorio?". Hizo una pregunta en la que Michelle había insistido.

"Las almacenamos en el sótano y las guardamos durante dos años en cajas por orden cronológico. Si crees que voy a bajar a ese sótano olvidado de la mano de Dios y mirar docenas de cajas contigo, te has vuelto loco. Eso, ¡no lo haré!"

"¿Le importa si busco la hoja de ejercicios? Ya le he robado bastante de su precioso tiempo. Podría hacerlo yo mismo, si no te importa". dijo Barry de forma convincente.

"Doctor Hale, si está tan loco como para ir a buscar entre cientos de hojas de trabajo, ¡sea mi invitado! Pero no espere ayuda". Lance asintió con la cabeza, incrédulo.

"¡Trato hecho!" Barry estrechó la mano de Lance. "Muéstrame el camino y me iré de tu vista".

La técnica de Lance, una mujer asiática mayor, acompañó al doctor Hale hasta el húmedo sótano. Las bombillas desnudas colgaban hacia abajo, creando una sensación espeluznante, mientras ella le contaba que rara vez había estado allí abajo en todos sus años en el hospital. No estaba segura de cuál era el procedimiento correcto para guardar las hojas de trabajo, pero mencionó que la ley les obligaba a conservarlas durante dos años. Ayudó a Barry a empezar y se marchó al cabo de unos minutos. La escasa iluminación dificultaba enormemente la lectura de las hojas de laboratorio y, en muchos casos, no estaban en el orden correcto. Era una tarea tediosa, pero Barry tenía paciencia.

Lance bajó y Barry prometió llamarle si encontraba algo raro. Lance le invitó a comer al día siguiente para que pudieran ponerse al día.

CAPÍTULO VEINTITRÉS

El doctor North estaba paranoico y no podía quitarse de la cabeza al médico negro. ¿Por qué llevar una bata de médico cuando había venido a pescar? Llamó al laboratorio antes de irse a casa. "¡Déjame hablar con el doctor Paine!", ladró.

"Se ha ido por hoy, doctor North", respondió el técnico. "¿Se fue con él el amigo del doctor Paine?", inquirió.

"No, señor, sigue en el sótano revisando viejas hojas de trabajo", respondió ella.

Colgó el teléfono de golpe. "¡Maldita sea! He olvidado la maldita hoja de trabajo", gritó en su despacho vacío. "¡La única maldita manera de que puedan rastrearlo!". Pasó corriendo por delante de la mesa vacía de su secretaria y corrió hacia el ascensor. Mientras su corazón latía con fuerza, se dio cuenta rápidamente de las verdaderas implicaciones de su metedura de pata. Los resultados originales del frotis de sangre del laboratorio demostrarían que se había producido un encubrimiento. Mientras observaba la luz de cada planta durante el descenso del ascensor, el sudor impregnó su ropa.

"¡Lo tengo!" dijo Barry en voz alta mientras leía el nombre de Brett Von Westerkamp en la parte superior de la hoja de trabajo. Rápidamente, leyó los resultados del laboratorio, que indicaban que las células estaban falciformes. "El niño estaba en crisis drepanocítica". ¡Dios mío, era negra! Todos esos años con Michelle y Vanessa eran negros, pensó. Se metió la hoja de trabajo en el bolsillo del abrigo y volvió a meter el resto en la caja. Se puso de rodillas y volvió a deslizar la caja en la estantería.

El doctor North le sorprendió por detrás. "¿Encontró lo que buscaba? Supongo que debes de ser un viejo pariente negro", dijo con malicia.

"En realidad, mis padres siempre pensaron que era blanca". Barry se levantó del suelo. "Estaban equivocados, ¿verdad, Doctor North?"

"Bastante equivocado, en realidad". El tono de su voz estaba lleno de veneno. "Me atrevería a decir que Vanessa era una negroide de pura cepa, como tú".

"¿Ah, sí?" Con calma, Barry metió la mano en el bolsillo y pulsó el botón del localizador para alertar a Cliff. Este hombre era una combinación de todos los racistas con los que se había topado.

"¡Dame la hoja de ejercicios!", gritó mientras extendía la mano.

"Lo siento, amigo, no se puede". Barry se movió justo cuando Richard North se abalanzó sobre su pecho, y el impacto le hizo volar hacia atrás, haciéndole aterrizar contra las estanterías provisionales, que se vinieron abajo encima de él. El doctor North le dio una patada en el estómago hasta que Barry pudo recuperar el equilibrio y levantarse. Se golpearon furiosamente mientras su batalla los hacía avanzar por el almacén de equipos médicos. Los dos hombres chocaron contra viejas camas de hospital y camillas con ruedas mientras luchaban. Barry se lanzó hacia delante y consiguió embestir al doctor North contra una silla de ruedas cercana. Soltó el freno, lo que hizo que se precipitara por el suelo. Cogió un viejo microscopio de la estantería y golpeó al doctor North en la cara. Su propia sangre le corrió por la cara y le entró en los ojos, cegándole. El doctor North agarró el instrumento que le había golpeado la frente y se dio la vuelta para placar a Barry y golpearle con el aparato dándole en la cabeza. Barry arrebató el cordón del faro y trató de estrangular al doctor North colocándoselo con fuerza alrededor del cuello. El doctor North le rodeó la garganta con la cuerda y pateó a Barry con los pies mientras éste luchaba por liberarse. Ambos hombres sangraban profusamente mientras se golpeaban sin piedad con el viejo instrumental hospitalario que consiguieron arrebatar de las estanterías.

Barry agarró una pesada bacinilla metálica y golpeó al doctor North en el pecho, tirándolo al suelo mientras North empujaba con los pies hacia delante cuando Barry se acercó. Los dos rodaron por el suelo de cemento mientras se agredían mutuamente y se acercaban a los viejos instrumentos quirúrgicos. El doctor North vio una vieja bandeja quirúrgica de metal y la empuñó para golpear la cabeza de Barry.

Al girarse para golpear, un viejo bisturí cayó de la bandeja al suelo. Ambos hombres saltaron hacia el instrumento con el que estaban familiarizados. El doctor North lo agarró primero y se abalanzó sobre Barry. Lo apuñaló

CAPÍTULO VEINTITRÉS

repetidamente en el pecho, y Barry cayó al suelo en un montón, rodeado de su propia sangre, mientras el doctor North se ponía en pie a trompicones. Mientras el doctor North cojeaba hacia la puerta, Barry le agarró de los pies y cayó al suelo. Cegado, Barry le golpeó implacablemente con los puños en un violento ataque para impedir su huida.

Cuando sonó el localizador, Cliff corrió al laboratorio y el técnico asiático le dijo que el doctor Hale estaba en el sótano. Subiendo rápidamente las escaleras de tres en tres, llegó al almacén, donde la puerta estaba abierta de par en par. Dentro había un caos total, con equipos esparcidos por todas partes. Cliff encontró a Barry acurrucado en un montón con sangre por todas partes. Mientras el detective lo cogía en brazos, Barry susurró: "Crisis de drepanocitosis. Bolsillo. Y tú crees que los sureños somos lentos. Los californianos sois más lentos". Sus párpados se cerraron mientras Cliff metía la mano en el abrigo de Barry para recuperar la hoja de trabajo del laboratorio. Se la metió en la chaqueta y corrió a buscar a una enfermera en la siguiente planta. Llamó por megafonía, citando un código azul. Cliff se quedó con Barry hasta que se lo llevaron en camilla y la enfermera le indicó que esperara en la sala de espera.

Cliff fue a una cabina telefónica y llamó a su compañera. "Blair, el chico tenía anemia falciforme. Está en el informe del laboratorio".

"¡Ojo de buey! Ahora sal de ahí antes de que nos echen del cuerpo".

"¿Has averiguado algo al respecto?"

"Sí, he estado navegando por ese tramo de la Autopista Uno, y ese mismo jardinero está allí todos los días. Tiene que saber algo".

"¡Ve tras él!"

"No se puede, amigo. El tipo no habla ni una palabra de inglés. Necesito al Romeo puertorriqueño. Trae tus nalgas aquí ahora".

"Reúnete conmigo en el lugar por donde pasaron y tenlo allí." Colgó.

Al llegar más tarde, Cliff condujo junto al destartalado Volkswagen de su compañero. Blair se quedó a un lado de la carretera con el jardinero hispano y su destartalada camioneta. El anciano parecía visiblemente agitado y extremadamente nervioso. Cuando Cliff le interrogó en un español fluido, mantuvo que no sabía nada. Agitado y molesto por Barry Hale, lanzó al anciano contra su camión y le pidió sus papeles de inmigración. Pidiendo clemencia, le dijo al detective que tenía nueve hijos y primos que alimentar. Gritando en español, Cliff le dijo que empezara a hablar o iba a llamar a inmigración.

Amenazó al pobre hombre y le dijo que nunca volvería a ver a su familia. Mientras se aferraba físicamente a él, el jardinero se lo contó todo. Había alimentado y alojado a los tres, pero el bebé enfermó, así que los llevó al convento de la Misión Dolores, donde se escondían con las monjas.

Cliff le soltó y gritó: "¡Vamos! No tengo gasolina. Llevémonos la tuya". Ambos detectives subieron al Volkswagen y se dirigieron al distrito de la Misión, en San Francisco.

Cuando llegaron al convento de la Misión Dolores, la Hermana Superiora abrió la puerta principal y Cliff presentó su placa de policía. "Hijo, tus credenciales no significan nada en la casa del Señor", dijo la monja en voz baja mientras empezaba a cerrar la puerta. Puso el pie en el umbral y la obligó a permanecer abierta. "Escuche, hermana. Estas mujeres tienen muchos problemas. Podemos ayudarlas".

"¿Llamo a la policía, caballeros?", replicó la monja.

"Somos sheriffs -intervino Blair mientras se echaba el pelo rubio hacia atrás-.

"Buenos días, caballeros." Cerró la puerta de un portazo y echó todo su peso tras ella.

"¿Pensé que eras católico?" preguntó Blair con disgusto.

CAPÍTULO VEINTITRÉS

"Seguro que no eres bueno encantando a las monjas. Ahora, tenemos que entrar en este lugar sagrado, y el teniente va a flipar. Por no hablar del Gran Teniente del cielo". Miró hacia el campanario de la iglesia.

"Buena idea, playero". Se fue por detrás con su compañero.

Tras escalar el lateral del convento, entraron por una ventana del segundo piso. En silencio, se asomaron al pasillo vacío, pero oyeron cantos procedentes del piso superior. Hizo un gesto para que fueran a la derecha mientras se alejaba por el pasillo de la izquierda. Los dos hombres abrieron suavemente las puertas por las que pasaban y miraron dentro. Todas las habitaciones estaban vacías, salvo por una cama individual, un crucifijo colgado y una pequeña mesilla de noche.

Cuando Blair abrió la última puerta, una mujer rubia gritó al verle. Cerró la puerta de un portazo y le dijo que no tuviera miedo. Sacó su placa y la mostró. "No se asuste. Estoy aquí para ayudarte. Soy Blair Radcliff, del Departamento del Sheriff del Condado de Monterey".

"Me has dado un susto de muerte", respondió Trisha nerviosa.

"Seguro que no lo pareces. ¡Pareces un refugiado de una película de playa! ¿Siempre trabajas en bañador?".

Cliff oyó el grito, corrió por el pasillo y entró. "Caramba, Srta. Bibbs, se supone que no debería estar viva. Los socorristas tenían razón sobre su habilidad para nadar".

"Soy una gran flotadora", dijo. "¡Mis muslos son los mejores dispositivos de flotación jamás creados!"

"¿Llegaron los demás?" Cliff sacó su placa del bolsillo para presentarla. "¿Fuiste enviado por los Von Westerkamps para terminar su chapuza?"

"Ahora estarás perfectamente a salvo", le aseguró Cliff.

"Dame una razón por la que debería confiar en vosotros dos. Probablemente estés en su nómina".

"Estamos aquí para ayudar, y realmente no tienes muchas opciones", argumentó Cliff.

"Ahora, ¿la Sra. Von Westerkamp está viva o no? Barry Hale quiere saberlo".

"¿Qué acabas de decir?" preguntó Trisha emocionada. Cliff se sentó junto a la cama para explicárselo todo.

"¿Dejaste a Barry en ese hospital? ¿Estás loco? Si no está muerto, lo estará pronto. Los Von Westerkamp controlan ese hospital. No saldrá vivo de allí", soltó y se levantó de un salto.

"¡Tenemos que sacarle de ahí ya!". Cliff sabía que ella tenía razón y se enfadó consigo mismo por no haber previsto lo que podía ocurrir. Trisha les mostró una salida del convento por una puerta trasera. Cruzaron corriendo el patio y los tres se subieron al Volkswagen de Blair y salieron hacia el Hospital Pacific.

El Doctor Lance Paine se sintió totalmente responsable del asalto al Doctor Hale. Le controló todo lo posible tras la operación de las graves heridas en el pecho. El Departamento de Policía de San Francisco no tenía pistas sobre quién había cometido el ataque.

En pocos minutos, el Volkswagen rugió hasta la entrada del hospital. Trisha y los dos detectives corrieron al vestíbulo y pidieron a la recepcionista el número de habitación del doctor Hale. Sólo podían verle los familiares directos. Trisha mintió y dijo que el doctor Hale era su marido, por lo que la recepcionista les indicó el camino hacia el ascensor. Sabiendo que no se les permitía entrar, los detectives se pasearon despreocupadamente hasta que la empleada les dio la espalda. Entonces, corrieron hacia las escaleras y esprintaron hasta la cuarta planta.

Cuando se abrió el ascensor, Trisha corrió por el pasillo, leyendo los números de las puertas. Al entrar en la habitación, se fijó en un par de brillantes zapatos negros expuestos bajo la cortina. Al descorrerla, vio el rostro salvajemente golpeado del doctor Richard North inclinado sobre Barry con una aguja en la mano. Al instante le reconoció de la boda y supo que era amigo íntimo de Alexander Von Westerkamp. "¿Qué estás haciendo? gritó Trisha a pleno pulmón, lo que sobresaltó al doctor North. Se abalanzó hacia delante para coger la aguja y derribó el soporte de la intravenosa, que cayó

CAPÍTULO VEINTITRÉS

sobre el cuerpo de Barry. Agarró al doctor North y forcejeó con él mientras éste cogía la aguja y se la clavaba accidentalmente en el brazo. Trastabillando hacia atrás, cayó al suelo contra la cama.

El doctor North desapareció por el pasillo y entró en una salida de emergencia mientras llegaban los dos detectives. A toda velocidad, Cliff y Blair le siguieron en su persecución, pasando junto al cuerpo desplomado de Trisha mientras la enfermera les gritaba que se detuvieran. Le persiguieron por la escalera hasta que atravesó otra salida de emergencia. Llevaba a la obra del nuevo ala Von Westerkamp que se estaba construyendo. Los carpinteros habían terminado por hoy y el entramado estaba completamente desierto, dejando ver las luces de la ciudad a lo lejos. No había paredes, sólo el armazón de vigas de acero para la nueva ampliación y el suelo de hormigón. Los detectives entraron en la obra.

El doctor North estaba agazapado detrás de una sierra eléctrica y de madera sin cortar. Los compañeros se hicieron señas para que se separaran. Al cabo de unos instantes, Blair lo vio y se acercó por detrás.

El doctor North se dio la vuelta con un hacha de carpintero en la mano derecha y un martillo neumático en la izquierda. Golpeó salvajemente con ambas manos mientras Blair cogía un taladro y lo golpeaba. Rápidamente se lo quitó de las manos con el hacha. Blair cogió un martillo de grapas de un banco de trabajo cercano y volvió hacia el médico.

El doctor North agarró una sierra mecánica portátil mientras Blair cogía un trozo de madera para protegerse. El doctor aserró la madera que sostenía por la mitad mientras Blair retrocedía, sacaba su pistola y le decía que soltara la sierra. El doctor North le lanzó la sierra directamente mientras el detective disparaba. La bala rebotó en la sierra mecánica, que seguía funcionando. El doctor lanzó un cubo a Blair mientras éste intentaba quitarle la pistola de la mano. Una lluvia de clavos cayó encima de Blair, pero éste pudo aferrarse a su pistola mientras Cliff se acercaba por detrás. El doctor North encendió la pistola de clavos eléctrica que tenía en la mano y le roció clavos directamente mientras se giraba. Blair volvió a disparar y le dio al doctor North en el brazo. Se tambaleó hacia atrás con una expresión de horror absoluto en el rostro y se estrelló contra una estructura inacabada, gritando mientras caía hacia la muerte. Se acercaron a la cornisa y contemplaron el cuerpo amontonado en la superficie, seis pisos más abajo. Los guardias de seguridad del hospital llegaron al lugar con las armas desenfundadas. Los detectives levantaron las manos en señal de rendición y gritaron: "Sheriff del condado de Monterey". Tras mostrar sus placas, los guardias los escoltaron fuera de la obra. Se enteraron de que Trisha se encontraba en estado crítico y luchaba por su vida. Sus posibilidades de sobrevivir no eran buenas, ya que le habían inyectado una sustancia muy tóxica.

"Tenemos que llegar al convento. Acelera. ¡Haz que esta calesa se mueva!" Cliff gritó.

Cuando llegaron al convento, una joven novicia abrió la puerta, y Blair coqueteó descaradamente con la joven monja mientras ella reía a su vez. La hermana superiora aún no había regresado del hospital Saint Mary, pero podían esperar si querían. En lugar de eso, la empujaron y empezaron a revisar todas las habitaciones, baños y armarios del edificio. Vanessa y su bebé no estaban en el edificio, así que volvieron al aparcamiento y subieron al Volkswagen.

"Cliff, los Von Westerkamps tenían previsto jugar hoy en el Torneo de Golf de Pebble Beach. Esto es demasiado bueno para ser verdad. Han vuelto a nuestra jurisdicción", exclamó Blair. Subió el volumen de la radio mientras el coche avanzaba bruscamente. "Incluso el dinero dice que para cuando lleguemos, estarán en el hoyo diecinueve".

En Pebble Beach, el club privado más exclusivo del país, Cliff y Blair observaban desde la barrera mientras los golfistas hacían sus rondas por el magníficamente ajardinado campo, enclavado en el bosque Del Monte.

CAPÍTULO VEINTITRÉS

Esperaron pacientemente a que los hombres de Von Westerkamp terminaran. Los carros de golf estaban ingeniosamente dispuestos en filas fuera de la casa club, que daba al océano Pacífico. El golfista les dijo que los Von Westerkamp estaban en el Tap Room, en su mesa habitual, junto al muro conmemorativo dedicado a Bing Crosby.

Cuando entraron, el bar estaba lleno. Hombres vestidos con trajes de golf bromeaban y reían entre ellos. Cliff vio a Tod Von Westerkamp sentado en una mesa con ocho caballeros. Frente a él estaba su padre, Alexander. Cliff se acercó despreocupadamente a la mesa, repleta de bebidas mezcladas, y arrojó su placa delante de Tod.

"Quedan detenidos por el intento de asesinato de Vanessa Von Westerkamp, Brett Von Westerkamp y Trisha Bibbs. Tienen derecho a guardar silencio", Cliff les leyó sus derechos Miranda.

Blair se acercó a Alexander por detrás y lo esposó mientras gritaba: "¡Charles, llama a la policía!".

El camarero cogió inmediatamente el teléfono que había detrás de la barra para llamar al 911.

"Lo siento, cariño, somos los sheriffs", replicó Blair mientras arrastraba a Alexander fuera.

Tod gritó mientras corría: "¡Esto es una trampa! No son policías de verdad". Cliff le persiguió y le abordó por detrás. Lo tiró al suelo para reducirlo y le esposó las muñecas a la espalda. Se hizo el silencio en el bar cuando los detectives empujaron a los dos hombres fuera. Los golfistas guardaron un silencio atónito mientras Cliff lo arrastraba hasta el Volkswagen y lo metía en el asiento trasero con su padre. Blair puso la primera marcha y salió en silencio del club de golf de Pebble Beach. Al pasar por la entrada arbolada, los coches de policía con sus sirenas ululando y sus luces parpadeando pasaron a toda velocidad junto a ellos.

Cliff y Blair fueron llamados al despacho de su teniente. Dio un portazo tras ellos y ladró: "Cabrones, vamos a repasar el caso del que os eché personalmente hace dos semanas. Uno, tengo un muerto en el hospital. Dos, tengo una Trisha Bibbs casi muerta. Tres, tengo un doctor casi muerto de Carolina del Sur. ¡Sólo Dios sabe qué tiene que ver con esto! Y por último, pero no menos importante, tengo a todos los malditos políticos de este estado sobre mi culo y el culo del alcalde. Con una llamada, los Von Westerkamps han reunido suficiente fuerza legal para cerrar este departamento permanentemente. Tenemos un batallón de abogados encima para liberarlos. Sabes, Radcliff, siempre pensé que tenías daño cerebral por pasar demasiado tiempo en esa tabla de surf tuya. El sol te frió el cerebro, y lo que te quedaba lo golpeaste contra esa maldita tabla. Pero, Sillman, ¡nunca tuviste un puto cerebro para empezar! ¡Eres un gran jodido imbécil! Ahora, ¿dónde está Vanessa Von Westerkamp, o ustedes dos malditos se las arreglaron para matarla también?"

Blair se revolvió incómodo en su asiento. "No estamos seguros, señor".

"¿Qué coño?", rugió el teniente.

"No estamos completamente seguros, señor". Cliff intentó proteger a su compañero de la ira que estaba a punto de caer sobre ellos. "Trisha Bibbs se negó a revelar su ubicación".

"Señoritas", despotricó el teniente con absoluta furia en su voz. "Sacad vuestros culos de ahí y no volváis sin ella. Y por el amor de Dios, no la maten en el proceso. Ahora, ¡fuera de mi vista!"

Cliff y Blair se apresuraron hacia la puerta. "Señoras, una barcaza trajo el coche hoy. Parece que ustedes dos, vaginas jodidas, tuvieron suerte". Él quedó inexpresivo.

"¿Alguien manipuló los frenos?" Blair preguntó, queriendo una confirmación positiva.

"Has tenido suerte, playero. ¡Eso es todo! ¡Ahora lárgate de aquí antes de que tengamos más muertos llenando la morgue!", gritó. "Encuéntrenla a ella y al niño, idiotas."

CAPÍTULO VEINTITRÉS

Una vez abajo, subieron al Volkswagen de Blair y partieron hacia San Francisco. "¿Dónde crees que está?" preguntó Cliff, mientras su compañero ponía la marcha atrás.

"Esas monjas deben saberlo, así que ¿qué tal si esta vez intento usar algo de mi encanto de chico californiano con ellas?". Blair cogió sus gafas de sol del salpicadero.

"No puedes hacerlo peor que yo".

"Pasaste doce años en una escuela católica", se quejó Blair. "¡Vámonos!"

"¿Adónde?" preguntó Cliff, desconcertado.

"Al único lugar donde una madre estaría con un bebé que tiene anemia falciforme", gritó Blair. "Dios, voy a ser una gran madre", declaró mientras conducía rápidamente hacia el hospital Saint Mary.

* * *

Entraron corriendo y fueron directamente a la planta de pediatría. Se escabulleron entre las enfermeras, haciéndose pasar por padres visitantes. Vagaron de una habitación a otra, miraron dentro de cada una y se disculparon con los padres por invadir su intimidad. Finalmente, entraron en una habitación privada donde una monja acunaba en sus brazos a un niño pequeño.

"Lo siento, hermana", se disculpó Blair mientras Cliff ponía la mano en el pomo de la puerta e impedía que su compañero la cerrara. Al no responder, la monja miró al suelo para protegerse la cara.

Cliff entró en la habitación y se colocó frente a la monja mientras contemplaba el rostro de impresionante belleza de Vanessa Van Westerkamp. Ella estrechó a su hijo contra su pecho y lo abrazó con fuerza mientras mantenía la mirada fija en el suelo.

Cliff habló primero. "No se alarme, señora Van Westerkamp. Estamos aquí para ayudarla. Somos detectives del Departamento del Sheriff del Condado de Monterey y llevamos mucho tiempo buscándola. Ahora está a salvo y no tiene nada que temer porque está bajo nuestra protección."

Vanessa miró a Cliff. Era la mujer más hermosa que había visto en su vida; él se arrodilló y apoyó las manos en los brazos de la mecedora para consolarla.

Ninguno de los dos intentó hablar mientras ella lloraba en silencio. Cuando recuperó la compostura, preguntó por Trisha. Ambos bajaron la mirada y Blair contestó que estaba en el hospital con Barry Hale. Al cabo de unos segundos, Cliff le preguntó si quería verlos. Vanessa lo miró incrédula pero movió la cabeza afirmativamente. Con voz consoladora, Cliff le explicó que había ido a Charleston en busca de la ayuda de Barry y que éste se encontraba cerca. Le preguntó si era necesario que el bebé se quedara allí, así que ella le explicó que Brett estaba bien, pero que las monjas pensaban que el hospital católico era el mejor lugar y el más seguro para esconderse. El pequeño estaba dormido, así que ella confió su cuidado a las enfermeras pediátricas que entraron en la habitación del hospital.

Salieron del Saint Mary's y condujeron hasta el Pacific Hospital. En silencio, se colaron entre las enfermeras y acompañaron a Vanessa a la habitación de Barry. Una vez detrás de la cortina, vio a Barry por primera vez en más de veinte años. Sus ojos se abrieron y parpadearon de reconocimiento cuando ella se inclinó y enterró la cara en su pecho. Barry la rodeó con el brazo mientras ella sollozaba incontrolablemente, pero logró dedicar una gran sonrisa a los dos detectives que estaban detrás de ella.

"Oh, Barry, nunca deberías haber venido", gritó. "Yo causé esto. Todo es culpa mía".

"Estoy bien. En mi campo, llamamos a esto una siesta de goteo IV ". Él la abrazó mientras su IV colgaba.

Vanessa levantó la vista y le miró a la cara por primera vez en dos décadas. A escasos centímetros, estudió sus rasgos. Tenía la cara cortada e hinchada y un ojo totalmente ennegrecido. Tenía las mejillas amoratadas y ensangrentadas. Aunque parecía mucho más viejo que la última vez que lo había visto, su expresión no había cambiado y su aspecto seguía siendo encantadoramente atractivo. Dentro de su pecho, sintió el latido que siempre había sentido en su presencia. Sus sentimientos eran tan fuertes ahora como lo habían sido cuando era una adolescente. Se inclinó hacia él y lo besó suavemente en sus

CAPÍTULO VEINTITRÉS

maltratados labios. Le pasó las manos por el pelo y dejó que sus dedos se quedaran allí. "Todavía te quiero. Nunca he dejado de quererte", le susurró Vanessa al oído mientras lo besaba.

"Yo también", respondió Barry en voz tan baja que ella no estaba segura de si realmente lo había dicho. "Yo también". Le acarició la espalda. "Yo también", dijo por tercera vez mientras sus ojos castaños se entrecerraban.

"Ahora tendrá que marcharse", anunció una enfermera con voz severa.

"Ella se queda, enfermera. Usted es el que tiene que irse", ordenó Barry mientras los detectives se encogían de hombros ante la enfermera. "Cliff, ¿por qué no os largáis tú y tu colega? El espectáculo ha terminado, así que captad la indirecta, chicos". Volvió a centrarse en Vanessa y, subiéndola a la cama del hospital con sus fuertes y musculosos brazos, la besó apasionadamente. "Vanessa, no me dejes. No me dejes nunca más. Te he amado a ti y a nadie más desde que era un adolescente. Ahora nos toca estar juntos. Y te lo prometo; pasaremos el resto de nuestras vidas juntos, así que ayúdame, Dios".

NOTAS DE LA TRADUCTORA

North Charleston: Ciudad de Carolina del Sur, parte del área metropolitana de Charleston, conocida por su importancia histórica debido a sus primeros asentamientos coloniales y su posterior desarrollo industrial, sobre todo en el siglo XX con las industrias naval y aeroespacial.

Escuela parroquial: Escuela privada afiliada a una organización religiosa, normalmente católica, que ofrece a los alumnos tanto instrucción religiosa como un currículo académico estándar.

Martin Luther King Jr: Figura fundamental del Movimiento por los Derechos Civiles en Estados Unidos, Martin Luther King Jr. abogó por la protesta no violenta contra la discriminación racial y la desigualdad, pronunciando el famoso discurso "Tengo un sueño" durante la Marcha sobre Washington de 1963.

Guardia Nacional: Componente de reserva de las Fuerzas Armadas de Estados Unidos, a menudo movilizado por los gobernadores de los estados para responder a emergencias como catástrofes naturales o disturbios civiles, incluso durante periodos de tensión racial.

Río Ashley: Un pintoresco río que fluye a través de Charleston, Carolina del Sur, históricamente significativo por su papel en los primeros asentamientos coloniales y la agricultura de plantación, reflejo de la historia y la cultura locales.

Negros: Término anticuado utilizado históricamente para referirse a las personas de ascendencia africana, ahora considerado ofensivo y sustituido por términos más respetuosos como afroamericano o negro.

Rednecks: Término coloquial utilizado a menudo para describir a los estadounidenses blancos rurales de clase trabajadora, a veces asociado a estereotipos culturales conservadores o sureños, incluido un estilo de moda y un estilo de vida característicos.

Orfanato de San Pablo: Orfanato de Charleston, Carolina del Sur, conocido por su papel histórico en la atención y educación de niños huérfanos, gestionado por organizaciones benéficas.

Las Hermanas de Nuestra Señora de la Merced: Orden religiosa católica dedicada a obras de caridad, como la creación y gestión de orfanatos, escuelas y otros servicios comunitarios.

Charleston: Ciudad histórica de Carolina del Sur, famosa por su bien conservada arquitectura colonial y de antebellum, su importante papel en la historia de Estados Unidos y sus aportaciones culturales, sobre todo en las artes y la gastronomía.

Charlestoniano: Término que hace referencia a un residente o nativo de Charleston, Carolina del Sur, que encarna la identidad cultural y el legado histórico característicos de la ciudad.

Cielos a Betsey (Ross): Expresión caprichosa de sorpresa o exasperación, posiblemente en referencia a Betsy Ross, figura asociada a la creación de la primera bandera estadounidense durante la Guerra de la Independencia.

Declaración de Independencia de Estados Unidos en 1776: Documento fundacional en el que se declaraba la independencia de las colonias americanas de Gran Bretaña, redactado principalmente por Thomas Jefferson y adoptado el 4 de julio de 1776, en el que se afirmaban los principios de libertad y autogobierno.

Primer Congreso Continental: Reunión de delegados coloniales en 1774 en Filadelfia, Pensilvania, para coordinar las respuestas a las políticas británicas percibidas como opresivas, marcando un paso significativo hacia la unidad y la resistencia estadounidenses.

Henry Middleton: Un prominente líder colonial de Carolina del Sur, involucrado en la política y la diplomacia americana temprana, que sirvió como Presidente del Primer Congreso Continental.

Arthur Middleton: Hijo de Henry Middleton y firmante de la Declaración de Independencia en representación de Carolina del Sur, conocido por su defensa de los derechos coloniales y la independencia.

La Declaración de Independencia: La proclamación formal que afirmaba la independencia de las colonias americanas del dominio británico, articulando los principios de los derechos naturales, la soberanía popular y el derecho a la revolución.

Edward Rutledge: Abogado y político de Carolina del Sur, el firmante más joven de la Declaración de Independencia, defensor de los intereses del Sur durante el periodo revolucionario.

Rey Jorge III de Inglaterra: Rey de Gran Bretaña durante la Revolución Americana, considerado negativamente por los colonos estadounidenses por sus políticas consideradas contrarias a las libertades coloniales, lo que condujo a la Guerra de la Independencia.

Francis Marion, el Zorro del Pantano, de Charleston: Héroe de la Guerra de la Independencia de Carolina del Sur conocido por sus tácticas de guerra de guerrillas contra las tropas británicas, lo que le valió el apodo de "Zorro del Pantano".

Ivy League: Grupo de prestigiosas universidades del noreste de Estados Unidos conocidas por su excelencia académica, como Harvard, Yale y Princeton, entre otras, con criterios de admisión selectivos y una sólida tradición de logros académicos.

Juju: Término originario de África Occidental que hace referencia a creencias, prácticas o amuletos espirituales que se cree que poseen poderes sobrenaturales, a menudo asociados a las religiones africanas tradicionales y a la magia.

Ku Klux Klan (KKK): Grupo de odio supremacista blanco de Estados Unidos conocido por sus acciones violentas y tácticas de intimidación contra los afroamericanos y otras personas.

Miembros del Ku Klux Klan: Miembros del Ku Klux Klan, conocidos históricamente por su ideología de supremacía blanca y por perpetrar actos de violencia racial y terror contra afroamericanos, judíos y otros grupos minoritarios.

Fish-eaters [Comedores de pescado]: Término despectivo utilizado históricamente para describir a los inmigrantes de países mediterráneos, en particular los italianos, en los Estados Unidos de principios del siglo XX. También se utiliza en el argot para referirse a una persona que es un "lameculos" (persona que se comporta de forma servil para ganarse el favor de los demás).

Hospital de Cannon Street: Hospital histórico de Charleston, Carolina del Sur, conocido por su papel en la prestación de servicios sanitarios a la comunidad local, reflejo de la historia médica de la ciudad.

Nipsey Russell: Comediante y actor estadounidense destacado en la televisión y el cine a mediados del siglo XX, conocido por su ingenio y humor en diversos papeles de entretenimiento.

Posición de Trendelenburg: Posición médica en la que el cuerpo de un paciente se inclina con la cabeza baja y las piernas elevadas por encima del corazón, a menudo utilizada en cirugía para mejorar la circulación o durante ciertos procedimientos médicos.

Sasafrás: Árbol caducifolio originario del este de Norteamérica, conocido por su corteza aromática y sus raíces utilizadas históricamente en infusiones y medicinas, lo que refleja su importancia cultural y medicinal.

Papa Pío IX: Papa del siglo XIX conocido por su política conservadora y su oposición al liberalismo y el modernismo dentro de la Iglesia católica, que influyó en los movimientos religiosos y sociales durante su pontificado.

Black Buck: insulto racial despectivo utilizado para estereotipar a los hombres afroamericanos durante la época posterior a la Reconstrucción como violentos, agresivos y sexualmente promiscuos, perpetuando estereotipos perjudiciales.

Deadpan [Inexpresivo/a]: Un estilo cómico caracterizado por la entrega de chistes o líneas de una manera deliberadamente impasible o inexpresiva, a menudo en contraste con el humor absurdo o la ironía.

Charleston's Newless Courier: El Charleston Courier es un periódico histórico de Charleston, Carolina del Sur, conocido por su papel en el periodismo y la comunicación locales.

Liar Liar Pants on Fire: Rima lúdica que se utiliza para acusar a alguien de mentir, sobre todo entre los niños, haciendo hincapié en las consecuencias de la falta de honradez de una forma humorística.

Pebble Beach Golf Club: Campo de golf y complejo turístico de Pebble Beach, California, famoso por sus vistas panorámicas de la costa y por albergar importantes torneos de golf, como el Abierto de Estados Unidos.

KGO-TV: Cadena de televisión afiliada a ABC que presta servicio en el área de la bahía de San Francisco, conocida por su cobertura informativa, su programación de entretenimiento y su compromiso con la comunidad.

El Graduado: Clásica película estadounidense de 1967 dirigida por Mike Nichols, protagonizada por Dustin Hoffman en el papel de un joven desilusionado que navega por la vida postuniversitaria y las relaciones en la década de 1960.

John C. Calhoun, natural de Carolina del Sur: Destacado estadista y teórico político estadounidense del siglo XIX originario de Carolina del Sur, conocido por su defensa de la esclavitud, los derechos de los estados y los intereses sureños.

Exposición y Protesta de Carolina del Sur: Documento escrito por John C. Calhoun en 1828, en el que se opone a los aranceles federales, considerados perjudiciales para la agricultura y los intereses económicos del Sur, y aboga por la anulación.

John Quincy Adams: Sexto presidente de Estados Unidos, que ocupó el cargo entre 1825 y 1829, conocido por sus logros diplomáticos, su oposición a la esclavitud y su defensa de la educación y el desarrollo de infraestructuras.

Andrew Jackson: Séptimo presidente de Estados Unidos, entre 1829 y 1837, conocido por su papel en la expansión del territorio estadounidense, su controvertida política respecto a los nativos americanos y su atractivo populista.

Canción de los Drifters, Under the Boardwalk: Canción popular de The Drifters, publicada en 1964, que celebra la cultura playera y el romanticismo, con una letra nostálgica sobre las escapadas veraniegas bajo un paseo marítimo.

Robert Francis ("Bobby") Kennedy: Destacado político estadounidense y hermano del Presidente John F. Kennedy, conocido por su mandato como Fiscal General de Estados Unidos y su defensa de los derechos civiles y la justicia social.

Malcolm X: destacado activista de los derechos civiles y líder de la Nación del Islam durante las décadas de 1950 y 1960, defensor de la autonomía, la autodefensa y el orgullo cultural de los negros.

Convención Nacional Demócrata de 1860: Acontecimiento político crítico en el que el Partido Demócrata se dividió por la cuestión de la esclavitud, lo que dio lugar a convenciones demócratas separadas en el Norte y el Sur y contribuyó a la elección de Abraham Lincoln.

Presidente confederado Jefferson Davis: Presidente de los Estados Confederados de América durante la Guerra Civil estadounidense, abogó por la secesión del Sur y dirigió la Confederación hasta su derrota en 1865.

Organización Nacional de Mujeres: Organización feminista estadounidense fundada en 1966, que aboga por los derechos de la mujer, la igualdad de género y la libertad reproductiva a través del activismo y la reforma legal.

La CBS: Probablemente se refiere a la cadena de televisión CBS, una de las principales cadenas de televisión estadounidenses conocida por sus noticias, programas de entretenimiento y cobertura deportiva.

Heavens to Betsey: Exclamación o expresión humorística de sorpresa, confusión o incredulidad, similar a decir "¡Dios santo!" o "¡Oh, cielos!".

WNOK-TV-AM-FM: Indicativos de emisoras de radio y televisión con sede en Columbia, Carolina del Sur, conocidas por emitir noticias, música y programas de entretenimiento para el público local.

KPIX-TV: Es una cadena de televisión afiliada a la CBS que presta servicio a la zona de la bahía de San Francisco, en California. Es conocida por su cobertura informativa, su programación de entretenimiento y su participación en la comunidad local. KPIX-TV tiene una larga historia que se remonta a su fundación en 1948 y ha sido una destacada fuente de noticias y entretenimiento para los espectadores del norte de California.

General Joseph Hooker: Nacido el 13 de noviembre de 1814, fue un destacado general del Ejército de la Unión durante la Guerra Civil estadounidense. Conocido por sus tácticas agresivas y su estilo de liderazgo, Hooker estuvo al mando del Ejército del Potomac desde enero de 1863 hasta junio de 1863. Se le asocia sobre todo con la batalla de Chancellorsville, en mayo de 1863, en la que su ejército fue derrotado por el general confederado Robert E. Lee a pesar de superar en número a las fuerzas confederadas. El mandato de Hooker como comandante del Ejército del Potomac se caracterizó por una importante reorganización y mejoras en la moral y la disciplina de sus tropas. Tras su dimisión del mando activo, siguió desempeñando diversos cargos en el Ejército de la Unión hasta el final de la guerra.

Ya mon: Es una expresión popular del patois jamaicano que se traduce como "sí, hombre" en inglés. Suele utilizarse de manera informal y entusiasta en una conversación para expresar acuerdo, afirmación o aprobación. La frase refleja el espíritu relajado y amistoso de la cultura jamaicana, donde el patois (criollo jamaicano) se habla habitualmente junto con el inglés.

www.ingramcontent.com/pod-product-compliance
Lightning Source LLC
LaVergne TN
LVHW021759060526
838201LV00058B/3162